韩非子译注

（战国）韩非 著
张松辉 张景 译注

北京联合出版公司
Beijing United Publishing Co.,Ltd.

目录

前　言

韩非，约生于周赧王三十五年（公元前 280 年），死于秦王政十四年（公元前 233 年），是战国末期的政治理论家，是我国先秦时期法家思想的集大成者。

根据《史记·老子韩非列传》记载，韩非出身于韩国贵族，为人口吃，不善言谈，长于著书，与李斯一起师从荀子，而李斯自以为不如韩非。韩非看到韩国逐渐走向衰亡，于是多次上书韩王，希望韩王能够变法图强，然而都未被采纳。于是韩非便发愤著书，写下《韩非子》一书，共计十多万字。

《韩非子》一书传入秦国，秦王嬴政（也即后来的秦始皇）见到其中《孤愤》《五蠹》等篇，曾感叹说："嗟乎！寡人得见此人与之游，死不恨矣！"（《史记·老子韩非列传》）当时李斯正在秦国做官，于是他就把韩非介绍给秦王嬴政。秦王嬴政为了得到韩非，便出兵进攻韩国，韩王迫不得已，便派遣韩非作为使者出使秦国。

秦王很爱惜韩非这个人才，但在秦王还没有真正信任、重用韩非的时候，李斯和姚贾二人诬陷韩非说："韩非，韩之诸公子也。今王欲并诸侯，非终为韩不为秦，此人之情也。今王不用，久留而归之，此自遗患也。不如以过法诛之。"（《史记·老子韩非列传》）秦王听信两人的谗言，把韩非关入监狱。李斯此时派人送去毒药，令他自杀。韩非想申诉自己的冤枉，却无法见到秦王。不久，秦王悔悟，派人去赦免韩非，而韩非已经在狱中服毒自杀。

因此，司马迁在《史记·老子韩非列传》中感叹说："韩非知说之难，为《说难》书甚具，终死于秦，不能自脱。"意思是说，韩非知道游说君主十分困难，还专门写了一篇《说难》，把游说君主的困难和技巧阐述得十分详尽，然而自己最终还是因为游说君主而葬送了性命。

《韩非子》一书的核心思想就是批判地继承商鞅的"法"、申不害的"术"和慎到的"势"，从而建立了自己较为完整的法治思想体系。

所谓的"法"，就是国家的法律法规。韩非解释说："法者，宪令著于官府，刑罚必于民心，赏存乎慎法，而罚加乎奸令者也。此臣之所师也。"（《韩非子·定法》）韩非认为，法令是由君主制定的，官府必须执行，百姓必须遵守，法令一旦确定，就不得任意改变，一切都要依法行事。除此，有关法制的问题，韩非还提出了要严刑峻法、法不阿贵、执法公平、施行连坐制度等一系列较为具体的主张。

所谓的"术"，就是君主驾驭臣民的权术。韩非对此解释说："术者，因任而授官，循名而责实，操杀生之柄，课群臣之能者也。此人主之所执也。"（《韩非子·定法》）"术"是君主驾驭臣民的手段，换句话说，"术"就是君主驾驭臣民的权术，"术"要紧紧地掌握在君主自己的手中。

所谓的"势"，就是君主所占有的权势。韩非对君主的权势十分重视，他把"势"定义为"胜众之资也"（《韩非子·八经》）。他说："民者固服于势，势诚易以服人，故仲尼反为臣而哀公顾为君。仲尼非怀其义，服其势也。故以义则仲尼不服于哀公，乘势则哀公臣仲尼。"（《韩非子·五蠹》）韩非认为权势是君主最为有力的武器，只要有了"势"，即使下等的君主也能够制服上等的贤人。

韩非还主张，国家的法令要向全国百姓宣布，要让所有的百姓都清楚地知道自己应该干什么，不应该干什么。也就是说，法令宣传得越清楚越好。而君主用来驾驭臣民的权术则要深深地藏在君主自己的心中，千万不可以示人。至于君主的权势，则是君主之所以能够成为君主的最为基本的条件。因此，韩非反复地告诫君主，千万不要把自己的权势任意假借给别人。

韩非除了注重法、术、势之外，还提出了其他许多或属于哲学范畴、或属于政治范畴的主张，其中主要有：

第一，吸收了老子思想，比较重视道。《史记·老子韩非列传》说，韩非"喜刑名法术之学，而其归本于黄老"。韩非专门写作了《解老》和《喻老》两篇文章，对老子的部分思想进行了解释和说明。老子重道，韩非也重道，并对道做了描述："道在不可见，用在不可知。虚静无事，以暗见疵。"（《韩非子·主道》）虽然老子和韩非都重视道，但二人对道的解释并不完全一样。老子的道的内容主要是顺应自然，无为而治；而韩非所说的道，其内容重点在于依法治国，变法图强。

第二，主张人性恶。韩非继承了其师荀子的思想，认为人性恶。《韩非子·六反》说："且父母之于子也，产男则相贺，产女则杀之。此俱出父母之怀衽，然男子受贺，女子杀之者，虑其后便，计之长利也。故父母之于子也，犹用计算之心以相待也，而况无父子之泽乎？"人与人之间完全是一种利害关系，根本无恩爱可言。可以说，人性恶是韩非提倡君主独裁专制思想的哲学基础。

第三，承认社会的不断变化。韩非把社会分为上古、中古、今世三个不同的发展时期，认为时代变了，政治措施也应跟着变化，不能守株待兔，泥古不化。这种历史观大体上是正确的，但韩非在此基础上得出了"上古竞于道德，中世逐于智谋，当今争于气力"（《韩非子·五蠹》）的结论，否定了德治在战国时代的作用，则显得过于偏颇。

第四，重视耕战，轻视工商。韩非的另一重要思想就是重视耕战之士，轻视工商之人。《韩非子·五蠹》说："夫明王治国之政，使其商工游食之民少而名卑，以寡趣本务而趋末作。"因此，韩非把工商之人与学者、言谈者、带剑者、患御者一起合称为损害国家的“五蠹”，认为“五蠹”不除，国家就很难强大繁荣。

第五，对先秦诸子思想进行了自己的评议。韩非在《显学》中先回顾了儒、墨两大学派的发展历史，指出儒、墨两家思想的杂乱与矛盾，认为两家的政治主张是“无参验而必之”“弗能必而据之”，因此两家的理论要么是愚蠢之言，要么是欺骗之辞。另外，韩非对名家、纵横家也提出了自己的批评。

除了以上所述，韩非的其他思想主张还有很多。从总体来看，韩非对如何治理国家提出了许多发人深省的合理建议，因此受到历代统治阶级的重视。但也不能否认，韩非的不少观点较为偏颇，正像司马迁批评的那样：“韩子引绳墨，切事情，明是非，其极惨礉少恩。”（《史记·老子韩非列传》）韩非重法治，轻仁义；重情欲，轻温情，这种偏于一端的学说不仅不利于社会真正的和谐安定，最终也把自己送上绝路。

《韩非子》原书共计五十五篇，我们选出其中广为人知的名篇和可以反映出韩非思想各个侧面的一些主要论说文，加以译注。需要说明的是，韩非的文章是先秦时期较为成熟的散体文章，其特征主要是观点鲜明，中心突出；说理透彻，逻辑性强；笔锋犀利，文风峻峭；用词准确，比喻生动。因而，韩非的文章风格在其后世备受推崇。

本书的正文以王先慎《韩非子集解》为底本，在写作过程中，还参考了高华平、王齐州、张三夕的《韩非子》以及张觉的《韩非子全译》，特向他们致谢。由于学识有限，本书的译注肯定有许多不当之处，恳请读者指正。

张松辉　张景

2013 年 8 月

初见秦

题解

初见秦，初次觐见秦王。关于本篇的作者，争议很多，一般认为不太可能是韩非的作品，因为本篇中的“亡韩”主张与韩非的“存韩”主张矛盾，且与韩非的文风也大不相同。由于本文又被编入《战国策·秦策一》，所以有人认为是张仪游说秦王的说辞，另外还有范雎作、蔡泽作、吕不韦作等各种说法。本篇的主旨是劝告秦王统一天下，成就霸业。作者认为秦国之所以当霸不霸，原因就是秦国谋臣的不忠和愚蠢。作者贬人扬己，是在为自己谋求受到重用而张本。

臣闻①：“不知而言，不智；知而不言，不忠。”为人臣②，不忠，当死③；言而不当，亦当死。虽然，臣愿悉言所闻④，唯大王裁其罪⑤。

注释

①臣：作者自称。关于本篇的作者存有争议，详见“题解”。

②人臣：大臣，臣下。古代大臣又叫作“人臣”。

③当：应当。另外，判罪也叫“当”。

④悉：全部。

⑤唯：句首语气词。表示希望。大王：因为本篇作者未定，则“大王”所指也无法确定。如果作者为张仪，则“大王”指秦惠王；如果作者为韩非，则“大王”指秦始皇；但根据文中所述历史事实，一般认为是指秦昭襄王。

译文

我听说：“不知道就随便发表意见，是不明智的；知道了而不说出来，就是对君主的不忠。”做臣子的，如果对君主不忠，就应该判处死罪；发表的意见不恰当，也应该判处死罪。即使这样，我还是愿意把我所知道的全部讲出来，希望大王来裁决我的罪过。

臣闻：天下阴燕阳魏[①]，连荆固齐[②]，收韩而成从[③]，将西面以与秦强为难[④]。臣窃笑之。世有三亡，而天下得之，其此之谓乎！臣闻之曰：“以乱攻治者亡，以邪攻正者亡，以逆攻顺者亡。”今天下之府库不盈，囷仓空虚[⑤]，悉其士民，张军数十百万[⑥]，其顿首戴羽为将军断死于前不至千人[⑦]，皆以言死。白刃在前，斧锧在后[⑧]，而却走不能死也[⑨]。非其士民不能死也，上不能故也。言赏则不与，言罚则不行，赏罚不信[⑩]，故士民不死也。

注释

①阴燕 yān阳魏：联合北边的燕国与南边的魏国。阴，北面。燕，周代诸侯国名。在今河北北部和辽宁南部。阳，南面。魏，周代诸侯国名。在今河南北部和山西西南部一带。本句是以赵国为中心而言，因为合纵是由苏秦首先在赵国发起的。赵国在今山西北部、河北西部与南部一带。

②连荆固齐：联络楚国，巩固与齐国的关系。荆，诸侯国名，也即楚国。在今河南南部、湖北、湖南一带。齐，诸侯国名，在今山东地区。

③收：纠合，联合。韩：诸侯国名，在今山西东南部和河南中部。从 zòng：通“纵”，指合纵。战国时期，苏秦游说齐、楚、燕、韩、赵、魏六国联合共同抗秦叫“合纵”，张仪游说六国以事秦叫“连横”。

④西面：面向西。秦：诸侯国名。在今陕西及四川一带。为难：为敌。

⑤囷 qūn：圆形的谷仓。这里泛指仓库。

⑥张军：部署军队。一说“张”为虚张声势的意思。

⑦顿首：叩头。戴羽：佩戴着羽毛。羽，头盔上的一种装饰品。于前：在君主面前。不至：疑作“不止”。

⑧斧锧 zhì：斧子与铁砧板。古代刑具，用于斩首。

⑨却走：逃跑。却，后退。走，跑。

⑩不信：不讲信用。

译文

我听说：天下（以赵国为中心）要联合北边的燕国和南面的魏国，要联络楚国并加强与齐国的关系，还要纠合韩国以形成合纵之势，计划与西面的强大秦国为敌。我个人对此感到十分可笑。世上有三种导致亡国的情况，而天下各国都具备了，这说的大概就是目前这六国的形势吧！我曾听说过这样的话："让混乱的国家去进攻安定的国家必亡，让邪恶的国家去进攻正义的国家必亡，让倒行逆施的国家去进攻顺应民心的国家必亡。"如今天下各国府库的财物都不充足，谷仓里空虚无粮，他们却动员所有的民众，发动数十百万的军队，其中佩戴着羽毛饰品跪在君主面前宣誓愿意决一死战的将军不止千人，都说要为君主献上生命。然而当白晃晃的刀刃在前，行刑的斧锁在后面督战时，他们还是选择逃跑而不能拼死战斗啊。这并非是因为他们的民众不能拼死一战，而是他们的统治者不能使他们拼死一战。说好的奖赏不颁发，说好的惩罚不执行，赏罚不讲信用，因此民众们不愿意拼死一战。

今秦出号令而行赏罚，有功无功相事也[①]。出其父母怀衽之中[②]，生未尝见寇耳。闻战，顿足徒裼[③]，犯白刃，蹈炉炭，断死于前者，皆是也。夫断死与断生者不同，而民为之者，是贵奋死也。夫一人奋死可以对十，十可以对百，百可以对千，千可以对万，万可以克天下矣[④]。今秦地折长补短，方数千里，名师数十百万[⑤]。秦之号令赏罚，地形利害，天下莫若也。以此与天下[⑥]，天下不足兼而有也。是故秦战未尝不克，攻未尝不取，所当未尝不破，开地数千里，此其大功也。然而兵甲顿[⑦]，士民病[⑧]，蓄积索[⑨]，田畴荒，囷仓虚，四邻诸侯不服，霸王之名不成。此无异故，其谋臣皆不尽其忠也。

注释

①相 xiàng：观察；考察。

②衽：衣襟。这里引申为怀抱。

③顿足徒裼 xī：跺着双脚，脱去上衣。徒，光着脚。裼，脱去上衣，赤膊。

④克：战胜。

⑤名师：精锐的军队。

⑥与：对付。这里引申为进攻、讨伐。

⑦兵甲：兵器与甲衣。顿：通“钝”，不锋利，不

精良。

⑧病：困顿；疲惫不堪。

⑨索：用尽；没有。

译文

现在秦国颁布号令施行赏罚，有功还是无功完全依据事实的考察。人们离开父母的怀抱，生来就未曾见过敌寇。然而秦国将士一听说有了战事，就跺着双脚脱去上衣，冒着白刃，赴汤蹈火，决心战死于阵前的人，比比皆是。决心战死与一心求生是大不一样的，而秦国民众之所以愿意决心战死，这是因为他们以奋勇战死为可贵。如果一个人拼死奋战就可以抵得上十人，十个人就可以抵得上百人，百人就可以抵得上千人，千人就可以抵得上万人，一万个人拼死奋战就可以征服整个天下了。如今秦国的土地截长补短，方圆有数千里，精锐的军队有数十百万。秦国的号令赏罚，以及有利的地形，天下各国都无法比上。凭借着这些去攻占整个天下，天下各国不难被秦国兼并占有。因此秦国作战从来没有不胜利的，攻击敌国从来没有不占领的，敢于阻挡的没有不被击败的，开拓疆土数千里，这是秦国的丰功伟绩啊。然而秦国现在的兵器甲衣不够精良，士民疲惫不堪，积蓄用光，田地荒芜，谷仓空虚，四面的诸侯国不曾宾服，霸王的功名也无法成就。这没有别的缘故，是那些谋臣没有竭尽他们的忠诚啊！

臣敢言之[①]：往者齐南破荆，东破宋[②]，西服秦，北破燕，中使韩、魏，土地广而兵强，战克攻取，诏令天下。齐之清济浊河[③]，足以为限[④]，长城巨防[⑤]，足以为塞。齐，五战之国也[⑥]，一战不克而无齐[⑦]。由此观之，夫战者，万乘之存亡也[⑧]。

注释

①敢：谦辞。有冒昧的意思。

②宋：周代诸侯国名。在今河南商丘一带。

③清济浊河："济"指济水，流经今河南、山东。因其水清澈，故称"清济"。"河"指黄河，因其水浑浊，故称"浊河"。

④限：险阻。

⑤巨防：又叫"防门"，是齐国长城的一处要塞，在今山东平阴。

⑥五战：指上文提到的"南破荆，东破宋，西服秦，北破燕，中使韩、魏"的五次胜利。

⑦一战不克而无齐：指燕、赵等五国击败齐国事。齐湣王十七年（公元前284年），燕国乐毅率各国联军占领齐国七十余城，齐湣王被杀。

⑧万乘shèng：指拥有万辆战车的大国。乘，古时一车四马叫一乘。

译文

我冒昧地谈谈以下事实：从前齐国向南打败了楚国，向东攻破了宋国，向西征服了秦国，向北击败了燕国，在中部地区能够驱使韩国与魏国，疆域广大而兵力强盛，战无不胜而攻无不取，号令整个天下。齐国的清澈济水和混浊黄河，足以用来当作防线；齐国长城的巨防要塞，足以用来作为堡垒。齐国，是一个五战五胜的国家，然而由于一次战争失败就差不多灭亡了。由此看来，战争，关系着万乘大国的生死存亡啊。

且臣闻之曰："削株无遗根，无与祸邻，祸乃不存。"秦与荆人战，大破荆，袭郢[①]，取洞庭、五湖、江南[②]，荆王君臣亡走，东服于陈[③]。当此时也，随荆以兵，则荆可举；荆可举，则民足贪也[④]，地足利也。东以弱齐、燕，中以凌三晋[⑤]。然则是一举而霸王之名可成也，四邻诸侯可朝也[⑥]。而谋臣不为，引军而退，复与荆人为和。令荆人得收亡国，聚散民，立社稷主[⑦]，置宗庙[⑧]，令率天下西面以与秦为难。此固以失霸王之道一矣。天下又比周而军华下[⑨]，大王以诏破之，兵至梁郭下[⑩]。围梁数旬，则梁可拔；拔梁，则魏可举[⑪]；举魏，则荆、赵之意绝[⑫]；荆、赵之意绝，则赵危；赵危，而荆狐疑[⑬]；东以弱齐、燕，中以凌三晋。然则是一举而霸王之名可成也，四邻诸侯可朝也。而谋臣不为，引军而退，复与魏氏为和。令魏氏反收亡国，聚散民，立社稷主，置宗庙，令率天下西面以与秦为难。此固以失霸王之道二矣。前者穰侯之治秦也[14]，用一国之兵而欲以成两国之功[15]，是故兵终身暴露于外，士民疲病于内，霸王之名不成。此固以失霸王之道三矣。

注释

①郢 yǐng：楚国的都城，在今湖北江陵附近。

②洞庭：即洞庭湖，在今湖南。五湖：应作“五渚”，楚国地名，具体所在不详。江南：泛指楚国的江南地区。

③东服于陈：向东逃亡到陈。服，依附，这里指逃奔。陈，诸侯国名，在今河南淮阳一带，后被楚国所灭。

④贪：贪占；占有。

⑤凌：欺凌；进攻。三晋：春秋时期韩、赵、魏三家瓜分晋国，所以后人称此三个国家为三晋。

⑥朝：使他们朝拜。

⑦社稷：土地神和谷神。主：神主，也即牌位。另外，先秦时诸侯王也叫“社稷主”。

⑧宗庙：祖庙。祭祀祖先的地方。

⑨比周：团结；勾结。华下：华阳城下。华，地

名，在今河南密县东北，时为韩国管辖。

⑩梁：指魏国都城大梁，在今河南开封。郭：外城。古代重要的城市一般有两道城墙，内城叫“城”，外城叫“郭”。

⑪举：攻占。

⑫意：指两国联合抗秦的意愿。

⑬狐疑：犹豫不决。

⑭穰 rǎng 侯：人名，即魏冉，原为楚国人，秦昭襄王之母宣太后的异父弟，昭襄王时任相，因封于穰（在今河南邓州市），所以称为穰侯。

⑮成两国之功：为两个国家谋取成功。两国，一个指秦国，一个指穰侯自己的封国。

译文

我还听说过这样的话：“砍树不要留根，就不会与灾祸为邻，灾祸就不会发生。”秦国与楚国作战，秦大破楚国，袭取了郢都，夺取了洞庭、五湖、江南一带，楚国君臣都亡命逃走，一直向东逃到陈地。在这个时候，如果出兵追击楚国君臣，那么整个楚国就可以攻取；楚国可以攻取，那么楚国的百姓就可以完全占有，土地就可以完全被利用。然后向东削弱齐国、燕国，在中部可以进攻三晋。这样做就可以一举而成就霸王之名，就可以使四邻诸侯前来朝拜。然而那些谋臣们却没有这样做，而是率领军队撤了回来，还与楚国讲和。这样就使楚国人得以收拾已经灭亡的国家，召聚已经四散的百姓，建立起社稷坛上的神主，建筑自己的宗庙，使得楚国能够率领天下各国向西与秦国为敌。这确实是失去了一次称霸天下的机会。天下各国又相互勾结屯兵于华阳城下，大王下令击败他们，军队一直进攻到大梁的城下。此时如果能够围困大梁数十天，那么大梁就可以攻下；攻下大梁，那么魏国就可以占有；魏国占领了，那么楚国与赵国联合抗秦的意图就无法实现；楚国与赵国联合抗秦的意图无法实现，那么赵国就危险；赵国危险，那么楚国就会疑虑重重而犹豫不决；然后再向东削弱齐国、燕国，在中部就可以进攻三晋。这样做就可以一举而成就霸王之名，使四邻诸侯前来朝拜。然而那些谋臣们却没有这样做，而是率领军队撤回来，还与魏国讲和。这样就使魏国人能够回过头来收拾即将灭亡的国家，召聚已经四散的民众，建立社稷坛上的神主，设置宗庙，使得魏国能够率领天下各国向西与秦国为敌。这确实是失去了第二次称霸天下的机会。从前穰侯魏冉在治理秦国的时候，想用秦国一个国家的兵力来完成秦国与他的封国这两个国家的功业，因此秦军在国外终年奔波不休，民众在国内疲惫不堪，霸王的功名无法成就。这确实是失去了第三次称霸天下的机会。

赵氏，中央之国也，杂民所居也，其民轻而难用也[1]。号令不治，赏罚不信，地形不便，下不能尽其民力。彼固亡国之形也，而不忧民萌[2]，悉其士民军于长平之下[3]，以争韩上党[4]。大王以诏破之，拔武安[5]。当是时也，赵氏上下不相亲也，贵贱不相信也，然则邯郸不守[6]。拔邯郸，筦山东、河间[7]，引军而去，西攻修武[8]，逾羊肠[9]，降代、上党[10]。代四十六县，上党七十县，不用一领甲[11]，不苦一士民，此皆秦有也。以代、上党不战而毕为秦矣，东阳、河外不战而毕反为齐矣[12]，中山、呼沲以北不战而毕为燕矣[13]。然则是赵举，赵举则韩亡，韩亡则荆、魏不能独立，荆、魏不能独立，则是一举而坏韩、蠹魏、拔荆[14]，东以弱齐、燕，决白马之口以沃魏氏[15]，是一举而三晋亡，从者败也。大王垂拱以须之[16]，天下编随而服矣[17]，霸王之名可成。而谋臣不为，引军而退，复与赵氏为和。夫以大王之明，秦兵之强，弃霸王之业，地曾不可得[18]，乃取欺于亡国，是谋臣之拙也。且夫赵当亡而不亡，秦当霸而不霸，天下固量秦之谋臣一矣。乃复悉士卒以攻邯郸，不能拔也，弃甲兵弩，战竦而却[19]，天下固已量秦力二矣。军乃引而复，并于李下[20]，大王又并军而至，与战不能克之也，又不能反，军罢而去，天下固量秦力三矣。内者量吾谋臣，外者极吾兵力[21]。由是观之，臣以为天下之从，几不难矣。内者，吾甲兵顿，士民病，蓄积索，田畴荒，囷仓虚；外者，天下皆比意甚固。愿大王有以虑之也。

注释

①轻：性格轻佻而不持重。

②民萌：民众；百姓。萌，通“氓”，百姓。

③军：用作动词，驻扎。长平：地名，赵国的城邑，在今山西高平西北。

④上党：地名，韩国的城邑，在今山西长治一带。

⑤武安：地名，赵国的城邑，在今河北武安西南。

⑥邯郸：地名，赵国都城，在今河北邯郸。

⑦筦：通“管”，管控，控制。山东：指崤山以东地区。崤山在今河南境内。河间：地名，在今河北。战国时属赵国，因地处黄河与永定河之间，故称“河间”。

⑧修武：地名，赵国的城邑，在今河南获嘉。

⑨羊肠：地名，为军事要塞，在今山西壶关东南。

⑩代：地名，赵国的城邑，在今河北蔚县一带。

⑪一领甲：一件甲衣。这里代指一个士兵。

⑫东阳：地名，赵国的城邑，在今河北南部、太行山以东地区。河外：指滹沱河以南地区。

⑬中山：诸侯国名，在今河北中部，后被赵国所

灭。呼沲：即滹沱河，在今河北境内。毕：全部。

⑭蠹 dù：虫名，蛀蚀树木、器物的虫子。这里用作动词，侵蚀、消耗的意思。拔：攻占。

⑮白马：地名，古代的黄河渡口，在今河南滑县东北。沃：溉灌。这里指淹没的意思。

⑯垂拱：垂衣拱手，形容轻松的样子。须：等待。

⑰编随：一个跟着一个。编，编队，排列。

⑱曾：副词。用来加强语气，常与“不”连用。

⑲战竦而却：惊恐万分地退却。战，战战兢兢。竦，通“悚”，恐惧。却，后退。

⑳李下：地名，在今河南温县。

㉑极：疲困；消耗。

译文

赵国，是一个地处中部的国家，是各类民众杂居的地方，这里的民众性格轻佻而难以使用。赵国的法令制度没有健全，赏罚也不讲信用，地形不便于防守，下面的百姓也不能为国竭尽自己的力量。赵国确实具备了亡国的形势，而又不体恤民众，发动所有的民众组成军队驻扎于长平城下，想要争夺韩国的上党郡。大王下令击败他们，攻克武安。在这个时候，赵国上下互不团结，贵族与百姓相互猜疑，赵国都城邯郸已无法守住。如果此时攻占邯郸，就能够控制崤山以东、河间地区，然后再率领军队离开邯郸，向西进攻修武，跨过羊肠要塞，征服代郡、上党。代郡有四十六县，上党郡有七十县，可以不使用一个士兵，不辛苦一个民夫，这些土地就会为秦国所占有。如果代郡、上党不战而全部归秦国所有，那么东阳、河外之地就会不战而全部归齐国所有，中山、滹沱河以北地区就会不战而全部归燕国所有。那么赵国就会被诸侯占领，赵国被占领，那么韩国就会灭亡，韩国灭亡后，那么楚国、魏国就不能独自存在，楚国、魏国不能独自存在，那么就可以一举破坏韩国，消耗魏国，攻占楚国，向东可以削弱齐国、燕国，可以决开黄河上的白马渡口以淹没魏国，这样就可以一举灭掉三晋，合纵的联盟就被瓦解了。大王只需垂衣拱手轻松等待，天下各国就会一个接着一个地前来归服，称霸天下的名声也就可以成就了。然而您的谋臣却不去这样做，反而率领军队撤回来，还与赵国讲和。以大王的圣明，以秦国的强盛兵力，却放弃了称霸天下的功业，土地竟然一点儿也没有得到，还受到即将灭亡的国家的欺骗，这都是由于谋臣的笨拙啊。而且赵国应该灭亡而没有灭亡，秦国应该称霸而没有称霸，天下各国确实已经第一次衡量出秦国谋臣的笨拙。秦国又发动所有的兵力去攻打邯郸，结果却攻不下来，丢掉了许多铠甲兵器弓弩，惊恐万分地向后退却，天下各国又第二次衡量出秦国的军事实力。秦军退却后又再次返回，聚集在李下，大王还另外派去援军，与敌军作战既不能取胜，又不愿退却，直到军队疲惫不堪时方才撤回来，天下各国第三次衡量到秦国的军事实力。各国看出秦国国内谋臣的笨拙，又在国外消耗了秦国的军事实力。由此看来，我认为天下各国合纵抗秦，基本上不是什么难事。在国内，我们的甲衣兵器不够精良，士民百姓疲惫不堪，积蓄用完了，田地荒芜了，谷仓空虚了；在国外，天下各国相互勾结的意向又非常坚定。希望大王对这些情况能够有所考虑啊。

且臣闻之曰："战战栗栗①，日慎一日，苟慎其道，天下可有。"何以知其然也？昔者纣为天子②，将率天下甲兵百万，左饮于淇溪③，右饮于洹谿④，淇水竭而洹水不流，以与周武王为难⑤。武王将素甲三千⑥，战一日，而破纣之国⑦，禽其身⑧，据其地而有其民，天下莫伤。

注释

①栗：通"慄"，害怕得发抖。

②纣：即商纣王，商朝的最后一个国君，是著名的暴君。

③淇溪：水名，即淇水，在今河南东北部。

④洹 huán 谿：水名，即安阳河，在今河南北部。

⑤周武王：姓姬名发，周文王之子，周朝的开国君主。

⑥素甲：白色的甲衣，也即丧服。周武王出兵讨伐

商纣王时，文王刚刚去世，武王还在服丧期间，故作素甲。素，白色。

⑦国：国都。

⑧禽其身：活捉了商纣王本人。禽，同“擒”。这里应理解为击败商纣王，因为实际上商纣王是于战败后自杀身亡的。《史记·殷本纪》：“周武王于是遂率诸侯伐纣，纣亦发兵距之牧野。甲子日，纣兵败。纣走入，登鹿台，衣其宝玉衣，赴火而死。周武王遂斩纣头，县之大白旗。”

译文

而且我还听说过这样的话：“战战兢兢，一天比一天更加谨慎，如果能够慎重地遵循治国之道，天下就可以占有。”凭什么知道是这样呢？从前商纣王当天子时，率领天下百万军队，左边在淇溪喝水，右边在洹溪喝水，淇溪的水被他们喝干了，洹溪的水也被他们喝得断流了，他凭借着如此庞大的军队与周武王为敌。而周武王率领着身穿丧服的三千士兵，仅仅战斗一天，就攻破商纣王的国都，击败商纣王，占领了他的土地并拥有了他的百姓，而整个天下没有任何人同情商纣王。

知伯率三国之众以攻赵襄主于晋阳[①]，决水而灌之三月。城且拔矣，襄主钻龟筮占兆[②]，以视利害，何国可降。及使其臣张孟谈③，于是乃潜行而出，反知伯之约④，得两国之众以攻知伯，禽其身，以复襄主之初。

注释

①知伯：人名。“知”，通“智”。智伯，荀氏，名瑶，春秋末期晋国六卿之一，势力最大。三国之众：指智伯、韩、魏三家大夫的军队。赵襄主：人名，即赵襄子，春秋末期晋国六卿之一。智伯先与韩、赵、魏三家灭掉范氏、中行氏两家晋国贵族，瓜分了他们的土地，后又联合韩、魏进攻赵襄子。晋阳：地名，在今山西太原南，是赵襄子的封地。

②钻龟：指占卜时灼钻龟甲，然后根据龟甲的裂纹判断吉凶。筮：用蓍草占卜叫作“筮”。占兆：根据兆象以占卜吉凶。

③张孟谈：人名，赵襄子的家臣，足智多谋。

④反知伯之约：说服韩、魏两家背叛与智伯签订的盟约。反，违背。

译文

智伯率领自己与韩氏、魏氏三家的军队在晋阳围攻赵襄子，决开河水灌入晋阳城达三个月之久。就在晋阳城即将被攻破的时候，赵襄子钻龟算卦进行占卜，以便权衡利害得失，看看应该投降哪一个国家。他还派出他的家臣张孟谈，于是张孟谈就秘密出城，说服韩、魏两家背叛与智伯签订的盟约，获得两家军队的支持，攻打智伯，活捉了智伯本人，从而恢复了赵襄子原有的一切。

今秦地折长补短，方数千里，名师数十百万。秦国之号令赏罚，地形利害，天下莫如也。以此与天下，可兼而有也。臣昧死愿望见大王①，言所以破天下之从，举赵，亡韩，臣荆②、魏，亲齐、燕，以成霸王之名，朝四邻诸侯之道。大王诚听其说，一举而天下之从不破，赵不举，韩不亡，荆、魏不臣，齐、燕不亲，霸王之名不成，四邻诸侯不朝，大王斩臣以徇国③，以为王谋不忠者也。

注释

①昧死：冒着死罪。

②臣荆：使楚国臣服，也即征服楚国。荆，楚国。

③徇国：在全国示众。

译文

如今秦国的土地截长补短，方圆有数千里，精锐的军队有数十百万。秦国的号令赏罚制度，地形的便利，天下没有任何国家能够比得上。凭借着这些去攻取天下，天下各国就可以全部被兼并而占有了。我冒着死罪希望面见大王，就是想谈谈用来瓦解各国合纵联盟、占领赵国、灭掉韩国、让楚国与魏国俯首称臣、使齐国与燕国前来亲附、从而成就霸王之名、使四方诸侯都来朝拜秦国的方略。大王能够真正采纳我的建议，如果一举而不能瓦解合纵联盟，赵国没能占领，韩国没能灭掉，楚国与魏国不来俯首称臣，齐国与燕国不来亲附，霸王之名不能成就，四方诸侯不来朝拜，那么大王您就可以砍掉我的脑袋以示众全国，以便作为为大王出谋划策却不够忠诚者（的警诫）。

爱臣

题解

爱臣，指受到君主宠爱的大臣。取篇首二字作为题目。本篇认为君主不可过于宠爱、亲近自己的大臣，否则这些大臣就会凭借手中的权力伺机篡夺君主的权位。韩非接着列举了商王朝与周王朝的衰落、晋国与齐国政权的被篡夺等历史事例，以说明诸侯、大臣在强大之后对君主所造成的严重危害。因此韩非主张对臣下要用法律进行严格监管，有罪绝不宽恕，并提出大臣不许有不正当的私人交往、不许拥有私人军队等主张，这些主张无疑都有利于君主的集权统治。

爱臣太亲，必危其身①；人臣太贵，必易主位②；主妾无等③，必危嫡子④；兄弟不服⑤，必危社稷。臣闻：千乘之君无备⑥，必有百乘之臣在其侧⑦，以徙其民而倾其国⑧；万乘之君无备⑨，必有千乘之家在其侧⑩，以徙其威而倾其国。是以奸臣蕃息，主道衰亡。是故诸侯之博大，天子之害也；群臣之太富，君主之败也。将相之管主而隆国家，此君人者所外也⑪。万物莫如身之至贵也，位之至尊也，主威之重，主势之隆也。此四美者，不求诸外，不请于人，议之而得之矣[12]。故曰：人主不能用其富，则终于外也。此君人者之所识也[13]。

注释

①其身：指君主自身。

②易：改变。这里指篡夺。

③主妾：妻与妾。这里主要指诸侯王的正夫人与妃妾。

④嫡子：正夫人生的儿子称嫡子。这里专指正夫人生的长子。

⑤兄弟：主要指诸侯王的儿子们。不服：主要指弟弟不服从兄长。

⑥千乘shèng之君：指拥有千辆战车的中等国家君主。

⑦百乘之臣：指拥有百辆战车的大夫。这里指中等国家的大臣。先秦时期，诸侯国的大夫也拥有私家军队。

⑧徙：夺走。

⑨万乘之君：指拥有万辆战车的大国君主。

⑩千乘之家：指拥有千辆战车的大夫。这里指大国的大夫。家，大夫的封地，这里代指大夫。

⑪君人者：当别人君主的人，也即君主。所外：所要排除的。

⑫议：通“义”，适宜。这里指措施得当。

⑬识zhì：记得；记住。

译文

君主对自己所宠爱的大臣太亲近，必然会危及君主自身；作为大臣的过于尊贵，必然会夺取君主的位置；正夫人与妃妾没有等级区别，必然会危及嫡长子的地位；王子中的弟弟不服从他的兄长，必然会危及社稷。我听说：拥有千辆战车的君主如果没有防备，必然会有拥有百辆战车的大夫在他的身旁，夺走他的百姓而颠覆他的国家；拥有万辆战车的君主如果没有防备，必然会有拥有千辆战车的大夫在他的身旁，夺走他的权势而灭掉他的国家。因此奸臣如果得以繁衍滋长，那么君主就会失败衰亡。因此诸侯发展壮大了，就是天子的祸害；群臣太富有了，就是君主的失败。将相大臣控制君主而使自己的家族兴旺起来，这是君主所要竭力排除的事情。世间的万物没有什么比君主自身更为宝贵的，没有什么比君主的位置更为尊贵的，没有什么比君主的权威更为重要的，没有什么比君主的势力更为高贵的。这四种美好的东西，不能求之于外面，不能求之于别人，只要君主的措施得当就能够得到。因此说：如果君主不能恰当地使用自己的财富，那么最终就会被别人夺走。这是做君主的人所必须记住的事情。

昔者纣之亡[1]，周之卑[2]，皆从诸侯之博大也[3]；晋之分也[4]，齐之夺也[5]，皆以群臣之太富也。夫燕、宋之所以弑其君者[6]，皆以类也。故上比之殷、周[7]，中比之燕、宋，莫不从此术也。是故明君之蓄其臣也[8]，尽之以法，质之以备[9]。故不赦死，不宥刑[10]。赦死宥刑，是谓威淫[11]，社稷将危，国家偏威[12]。是故大臣之禄虽大，不得藉威城市[13]；党与虽重[14]，不得臣士卒[15]。故人臣处国无私朝，居军无私交，其府库不得私贷于家。此明君之所以禁其邪。是故不得四从[16]，不载奇兵[17]；非传非遽[18]，载奇兵革[19]，罪死不赦。此明君之所以备不虞者也[20]。

注释

①纣：商纣王。商朝的亡国之君。

②卑：衰落。

③从：源于；由于。

④晋之分：晋国的土地被瓜分。公元前403年，晋国的三家大夫韩、赵、魏瓜分了晋国的土地，从而建立了三个国家。

⑤齐之夺：齐国的政权被篡夺。公元前481年，齐国的大夫田成子杀死齐简公，控制了齐国的政权。

⑥弑其君：杀害他们的君主。弑，古代称臣杀君、

子杀父为“弑”。

⑦殷：指商朝。商朝在商王盘庚时迁都于殷（在今河南安阳西北），因此商朝又被称为“殷”。

⑧蓄：蓄养；对待。

⑨质之以备：监察他们以便加强防备。质，质询；监察。

⑩宥 yòu：宽恕。

⑪淫：过度；不适当。

⑫偏威：权威旁落。指君主的权威落入大臣之手。

⑬藉威城市：把城池、市场据为己有以加强自己的权威。藉，通“籍”，登记。这里指进行登记归为己有。城市，城池与市场。

⑭党与：党羽。

⑮臣士卒：把军队当作自己的臣属，也即私自拥有军队。

⑯四从：四匹马拉的车作为随从车辆。四，通“驷”，指四匹马拉的车辆。从，指随从的车辆。

⑰奇 jī 兵：一件武器。奇，一个。

⑱传：传车；驿车。遽 jù：送信的快车或快马。

⑲兵革：兵器和战衣。革，皮革，这里指用皮革做成的战衣。

⑳不虞者：没有预料到的意外事件。虞，意料；预料。

译文

从前商纣王的灭亡，周王朝的衰落，都是由于诸侯国的领土太多、势力太大；晋国的土地被瓜分，齐国的政权被篡夺，都是因为大臣们过于富有。燕国、宋国之所以出现君主被杀的事情，也都是由于这一类的原因。因此古代时考察一下商朝、周朝的衰落灭亡，中世考察一下燕国、宋国的君主被杀，没有不是出于这种原因的。因此明智的君主对待自己的大臣，完全用法律来规范他们，对他们进行监察以加强防范。因此对他们的死罪不予赦免，对他们的惩罚不予宽恕。赦免死罪、宽恕用刑，这种行为可以说是在滥用权威，社稷将会出现危险，国家的权威就会旁落于大臣之手。因此大臣的俸禄即使很丰厚，但也不能占有城池与市场以增强他们的权势；他的党羽虽然众多，但也不能拥有自己的军队。因此大臣们在国都之中不许有自己的私人朝会，在军队任职时也不许有私人交往，他们府库里的钱财也不许私自借贷给别人。这是明智的君主用来禁止邪恶势力的办法。因此大臣们不许用四匹马拉的车作为自己的随从车辆，车上不许放置一件兵器；除了递送紧急公文的驿马传车，如果敢于私自携带一件兵器、战衣，都要判处死罪而决不赦免。这就是明智的君主用来防备意外事件的办法。

主 道

题解

本篇讲的是做君主的原则。在继承并改造道家思想的基础上，提出了以下几点：第一，君主要保持虚静无为的态度，不能让臣下窥测出君主的思想意向，以免臣下迎合君主以侥幸取宠。第二，君主不要插手具体政务，要以静制动，以虚控实，在暗中监察百官的是非功过。第三，告诫君主要牢牢控制国家大权，不可假借于人，不可受人蒙蔽，以免出现篡政的奸臣贼子。第四，强调有功必赏，有过必罚，而且还要赏罚恰当，不可随心所欲。

道者[①]，万物之始，是非之纪也[②]。是以明君守始以知万物之源，治纪以知善败之端。故虚静以待令[③]，令名自命也[④]，令事自定也。虚则知实之情，静则知动者正[⑤]。有言者自为名，有事者自为形；形名参同[⑥]，君乃无事焉，归之其情。故曰：君无见其所欲[⑦]，君见其所欲，臣自将雕琢[⑧]；君无见其意，君见其意，臣将自表异[⑨]。故曰：去好去恶[⑩]，臣乃见素[⑪]；去旧去智[⑫]，臣乃自备。

注释

①道：是古代哲学思想中一个非常重要的概念，一般指规律、原则、方法等。

②纪：丝线的头。引申为纲领、头绪。

③虚静：指内心清虚，行为安静。

④令名自命：让事物依据自己的内容自然而然地为自己命名。

⑤静则知动者正：行为清净的人就可以了解别人行动是否正确。一说本句应作“静则为动者正”。

⑥形名参同：让事物的内容与它们的名字相互参照。也即法家说的“循名责实”，根据一个事物的名称去考察这个事物的实际情况。比如，一个人所担任的职务是县令，那么君主就根据县令这一职务去要求他尽到县令的实际责任。

⑦见 xiàn：通“现”，表现出。

⑧雕琢：指精心粉饰自己的言行，以迎合君主的欲求。

⑨表异：外部表现与内心想法不同，以迎合君主的意思。

⑩去恶 wù：不要表现出自己的厌恶。

⑪素：本色；真实情况。

⑫旧：指旧有的经验。

译文

大道，是万物的本源，是判定是非的准则。因此明智的君主要坚守住这个本源以了解万物的由来，要研究这个准则以明白事情成败的缘由。因此君主要以清虚安静的态度来应对万物，让万物依据自己的内容自然而然地去为自己命名，让万事根据自己的实际情况自然而然地去形成。内心清虚的人就可以知道事物的真实情况，行为清净的人就可以了解别人的行为是否正确。发言的人会为自己带来应有的名声，办事的人会自然而然地显露出自己的行踪；根据一个人的名声去考察这个人的实际行踪，君主也就可以不用多事，而能够使万事呈现出各自的真相。因此说：君主不要显露出自己的欲望，如果君主显露出了自己的欲望，那么臣下就会粉饰自己的言行以迎合君主的欲望；君主不要表现出自己的意愿，君主如果表现出了自己的意愿，那么臣下就会有虚情假意的表现以迎合君主的意愿。因此说：君主如果能够不表现出自己的好恶，那么臣下就会显露出自己的真实情况；君主如果不表现出自己的经验智慧，那么臣下就会处处小心谨慎。

故有智而不以虑，使万物知其处[①]；有行而不以贤，观臣下之所因[②]；有勇而不以怒，使群臣尽其武。

是故去智而有明，去贤而有功，去勇而有强。群臣守职，百官有常；因能而使之，是谓习常[3]。故曰：寂乎其无位而处，漻乎莫得其所[4]。明君无为于上，群臣竦惧乎下[5]。明君之道，使智者尽其虑，而君因以断事，故君不穷于智；贤者敕其材[6]，君因而任之，故君不穷于能；有功则君有其贤，有过则臣任其罪，故君不穷于名。是故不贤而为贤者师[7]，不智而为智者正[8]。臣有其劳，君有其成功，此之谓贤主之经也[9]。

注释

①万物：主要指人。知其处：知道自己该如何处理事情。

②所因：办事的依据。因，依据。

③习常：掌握了永恒的真理。习，熟悉；掌握。常，永恒，这里指永恒的真理，也即治国的原则。《老子·五十二章》："用其光，复归其明，无遗身殃。是为习常。"

④漻 liáo 乎莫得其所：无形无象的，臣下不知道君主处于何种状态。指君主不露行迹，使大臣不知道其思想意向。漻，通"寥"，这里指空虚而不露迹象的样子。

⑤竦惧：战战兢兢。

⑥敕：同"勑"，勤劳，勤勉。材：才能。

⑦不贤：不去表现自己的贤能。

⑧正：领导者；主人。

⑨经：原则。

译文

因此君主虽然有智慧而不思考具体事务，让大臣们自己知道该如何处理事情；君主虽然有才能而不表现在行为上，注意观察大臣们办事的依据；君主虽然有勇气而不表现在威怒上，让大臣们尽情发挥自己的勇武。因此君主不使用自己的智慧却表现得非常明智，不使用自己的才能却能够建立功业，不使用自己的勇敢却会变得十分强大。大臣们各司其职，百官的行为都有各自的常规；君主根据大臣们的各自才能而任用他们，这可以说是掌握了治国的原则。因此说：君主无声无息，让大臣们无法推测君主所处的状态，君主无形无象，让大臣们不知道君主有什么动向。明智的君主在上面清静无为，而大臣们就会在下面战战兢兢。明智君主的治国原则，就是让有智慧的大臣竭尽全力地为国出谋划策，而君主则根据他们的谋划去决断政事，因此君主不会在智慧方面陷入困窘状态；让有才能的大臣勤奋地献出自己的才能，而君主则依据他们的才能使用他们，因此君主在才能方面不会陷入困窘的地步；治国获得成功而君主也就获得贤能的名声，治国有了过失那么大臣们就会担当罪责，因此君主在名声方面不会陷入困窘的境地。因此不表现自己贤能的君主反而可以成为贤能大臣的老师，不使用自己智慧的君主反而可以成为有智慧大臣的主人。大臣承担了治国的劳苦，而君主享有治国的功劳，这可以说是贤明君主的治国原则。

道在不可见，用在不可知。虚静无事，以暗见疵[①]。见而不见，闻而不闻，知而不知。知其言以往[②]，勿变勿更，以参合阅焉[③]。官有一人，勿令通言，则万物皆尽。函掩其迹[④]，匿其端，下不能原[⑤]；去其智，绝其能，下不能意[⑥]。保吾所以往而稽同之[⑦]，谨执其柄而固握之。绝其能望，破其意，毋使人欲之。不谨其闭[⑧]，不固其门，虎乃将存[⑨]。不慎其事，不掩其情，贼乃将生。弑其主，代其所[⑩]，人莫不与[⑪]，故谓之虎。处其主之侧，为奸臣，闻其主之忒[⑫]，故谓之贼。散其党，收其余[⑬]，闭其门，夺其辅，国乃无虎。大不可量，深不可测，同合刑名[⑭]，审验法式[⑮]，擅为者诛，国乃无贼。

注释

①以暗见疵：君主在暗中观察大臣的过失。疵，毛病，过失。

②以往：以后。

③以参合阅焉：以检查他们的言行是否一致。参合，根据大臣的言论来检查他们的行为。焉，指

代词，代指大臣。

④函掩其迹：君主要掩藏自己的行迹。函，包藏。其，代指君主。

⑤原：本原，根源。这里用作动词，探索根源。

⑥意：意料；推测。

⑦保吾所以往而稽同之：保守着我的志向、意愿，而考察大臣是否与我相同。吾，指君主自己。稽，考察。

⑧不谨其闭：没有小心谨慎地关好自己的大门。比喻君主没有能够掌握好自己的权柄。

⑨虎：比喻残害君主的奸臣。

⑩代其所：代替君主的位置，也即篡夺君主的权力。所，处所，也即君位。

⑪与：帮助。

⑫忒：差错；过失。

⑬收其余：逮捕他们的余孽。收，逮捕。

⑭同合刑名：要求大臣的言行一致。刑名，即“形名”，本指名声与实际行为，这里泛指言与行。

⑮审验法式：审核大臣的行为是否合法。法式，法规，制度。

译文

君主的原则在于不可让大臣看出自己的意向，这些原则的作用在于不让大臣知道自己的目的。君主虽然清净无事，却在暗中观察着大臣们的过错。君主看见了就好像没看见，听见了就好像没有听见，知道了就好像不知道。知道了某位大臣的言论主张以后，不要去改变他，而是要根据这位大臣的言论主张去检验他的行为。每个官职配备一人，不要让这些官员之间相互通气交流，那么万事万物就会完全显示出自己的真相。君主要隐藏自己的行踪，藏匿起自己的意向，那么下面的大臣就无法推测出君主的思想；君主不要去使用自己的智慧，不要去施展自己的才能，那么下面的大臣就无法揣摩出君主的意图。君主保守着自己的思想意向而去考察大臣们是否与自己一致，谨慎地执掌住自己的权柄而把它牢固地控制在自己的手中。断绝大臣们的非分欲望，打破大臣们的不良企图，不要让大臣们来图谋自己的君位。如果君主没能谨慎地关好自己的门窗，没能加固好自己的门户，那么企图篡权的奸臣就会像老虎一样出现。不慎重地处理好自己的政事，不掩盖好自己的情绪意图，那么奸贼就会产生。他们杀掉自己的君主，取代君主的地位，人们莫不前来归附帮助，因此要把这样的奸臣称作老虎。他们潜藏在君主的身边，做的是奸臣之事，暗中打探着君主的过失，因此把他们称作贼子。君主要打散这些奸臣的党羽，逮捕他们的残渣余孽，堵塞他们的门路，铲除他们的帮凶，国家就没有老虎一样的奸臣了。君主的思想应该博大得不可度量，深远得无法探测，严格考察大臣们的言行是否一致，审察大臣们的言行是否合乎法规制度，诛杀那些敢于擅权的人，国家就不会再有贼臣了。

是故人主有五壅[①]：臣闭其主曰壅[②]，臣制财利曰壅，臣擅行令曰壅，臣得行义曰壅，臣得树人曰壅[③]。臣闭其主，则主失位；臣制财利，则主失德；臣擅行令，则主失制；臣得行义，则主失明；臣得树人，则主失党。此人主之所以独擅也，非人臣之所以得操也。

注释

①壅：蒙蔽。

②闭其主：封闭他的君主，隔断君主与其他臣民的交往。

③树人：任命官员，培植个人党羽。

译文

因此君主有五种被蒙蔽的情况：臣下隔断君主与其他臣民的交往叫作蒙蔽，臣下控制了国家的财富叫作蒙蔽，臣下擅自发号施令叫作蒙蔽，臣下私自施行仁义叫作蒙蔽，臣下私自培植党羽叫作蒙蔽。臣下隔断君主与其他臣民的交往，那么君主就会失去君位；臣下控制了国家的财富，那么君主就会失去对百姓的恩德；臣下擅自发号施令，那么君主就会失去对国家的控制权；臣下私自施行仁义，那么君主就会失去圣明的美名；臣下私自培植自己的党羽，那么君主就会失去自己的辅佐者。以上这些权力都应该是由君主独自掌控的，不是作为臣下可以操纵的。

人主之道，静退以为宝。不自操事而知拙与巧，不自计虑而知福与咎[①]。是以不言而善应，不约而善增[②]。言已应，则执其契[③]；事已增，则操其符[④]。符契之所合，赏罚之所生也。故群臣陈其言，君以其言授其事，事以责其功。功当其事，事当其言，则赏；功不当其事，事不当其言，则诛。明君之道，臣不得陈言而不当。是故明君之行赏也，暧乎如时雨[⑤]，百姓利其泽[⑥]；其行罚也，畏乎如雷霆，神圣不能解也。故明君无偷赏[⑦]，无赦罚。赏偷，则功臣堕其业[⑧]；赦罚，则奸臣易为非。是故诚有功，则虽疏贱必赏；诚有过，则虽近爱必诛。疏贱必赏，近爱必诛，则疏贱者不怠，而近爱者不骄也。

注释

①咎：灾难。

②不约而善增：不用约束臣下，却善于使臣下做更多的事情。

③契：契约。古代借债时，在木板或竹板上写清借债内容，然后一分为二，债权人保存左边的一半，负债人保存右边的一半。这里的“契”主要指君臣之间的约定。

④符：古代朝廷用作凭证的信物。用竹、木、铜、金等制成，朝廷与地方官员或将军各执一半，验证时则将各自的一半相合。这里的“符”也是指君臣之间的约定。

⑤暧乎：温润的样子。

⑥泽：恩泽；恩惠。

⑦偷赏：随便的赏赐。偷，不恰当的，随便的。

⑧堕其业：懈怠自己的功业。堕，通“惰”，懒惰，懈怠。

译文

做君主的原则，就是把清静和谦让当作自己的法宝。君主不亲自操劳事务，而知道臣下做事的笨拙与工巧，不亲自谋划事情，而知道臣下的谋略是带来幸福还是带来灾祸。因此君主不用讲话而善于回应臣下，不用约束臣下而善于使臣下做成更多的事情。所谓的善于回应臣下，就是要拿出当初臣下签订的“契约”；做成的事情已经增加了，那么就要拿出当初交付的“符信”。把“契约”与“符信”相合以验证臣下的言行之间是否有误差，这就是进行赏罚的依据。因此大臣们陈述各自的建议，而君主就根据他们各自的建议去安排他们的任务，然后根据他们所担任的任务来考核他们的功效。如果他们的功效与他们的任务相称，他们的任务与他们的建议相称，那就赏赐；如果他们的功效不能与任务相称，他们的任务不能与建议相称，那就惩罚。明智君主的原则，就是臣下不可以陈述一些不恰当的建议。因此明智的君主在进行赏赐的时候，温润得就好像及时雨那样，百姓们都获得了君主的恩泽；君主在进行惩罚的时候，使人恐惧得就像听到了霹雳之声，即使神圣的人物也不能免除。因此明智的君主不会随随便便赏赐，也不去赦免应该给予的惩罚。如果随便给予赏赐，那么能够建功立业的大臣就会懈怠他们的功业；如果赦免应有的惩罚，那么奸诈的大臣就容易为非作歹。因此确实建立了功劳，那么即使是关系疏远、地位卑贱的人也一定给予赏赐；确实犯下了过错，那么即使是关系亲近、深受喜爱的人也一定给予惩罚。关系疏远、地位卑贱的人有功必赏，关系亲近、深受喜爱的人有过必惩，那么关系疏远、地位卑贱的人做事就不会懈怠，而关系亲近、深受喜爱的人也就不敢傲慢放纵了。

有　度

题解

本篇讲的是要使用法度治理国家。韩非列举许多历史事实，说明只要君主依法治国，国家就会强盛，否则就一定失败，提醒君主无论是选拔人才还是施行赏罚，都要以法度为准则，这样就不会被臣下所欺骗。韩非还在本篇中要求大臣一心一意侍奉君主，批判了臣民的许多不忠行为。在本文的最后，韩非再次强调只要君主能够紧紧掌握住权力，一切都按照法度行事，那么臣下就不敢欺骗君主，也无法欺骗君主。

国无常强，无常弱。奉法者强，则国强；奉法者弱，则国弱。荆庄王并国二十六[①]，开地三千里；庄王之氓社稷也[②]，而荆以亡[③]。齐桓公并国三十[④]，启地三千里[⑤]；桓公之氓社稷也，而齐以亡。燕襄王以河为境[⑥]，以蓟为国[⑦]，袭涿、方城[⑧]，残齐[⑨]，平中山[⑩]，有燕者重，无燕者轻；襄王之氓社稷也，而燕以亡。魏安釐王攻赵救燕[⑪]，取地河东[⑫]；攻尽陶、魏之地[⑬]；加兵于齐，私平陆之都[⑭]；攻韩拔管[⑮]，胜于淇下[⑯]；睢阳之事[⑰]，荆军老而走[⑱]；蔡、召陵之事[⑲]，荆军破；兵四布于天下，威行于冠带之国[⑳]；

安釐死而魏以亡。故有荆庄、齐桓，则荆、齐可以霸；有燕襄、魏安釐，则燕、魏可以强。今皆亡国者，其群臣官吏皆务所以乱而不务所以治也[21]。其国乱弱矣，又皆释国法而私其外[22]，则是负薪而救火也，乱弱甚矣！

注释

①荆庄王：即楚庄王。春秋时期五霸之一。

②庄王之氓méng社稷：依然是楚庄王时那样的百姓与国家。氓，本指外来的百姓，这里泛指百姓。社稷，国家。

③亡：灭亡。这里实际是指衰落。因为楚庄王去世后，楚国只是衰落，而没有灭亡。以下各国情况与此类似。

④齐桓公：齐国国君，姓姜，名小白。春秋时期五霸之一。

⑤启：开；开拓。

⑥燕襄王：即燕昭王，又称燕昭襄王。战国时期燕国君主。河：黄河。

⑦蓟jì：地名，燕国的都城，在今北京西南。国：国都；都城。

⑧袭：重叠；环绕。这里指环绕在都城之外以拱卫都城。涿：地名，在今河北涿州。方城：地名，在今河北固安西南。另外，楚国也有方城，在今

河南方城。

⑨残齐：攻破齐国。燕昭王派乐毅为将，联合秦、赵、韩、魏等国，攻占了齐国七十余城，几乎灭掉了齐国。

⑩中山：诸侯国名，在今河北灵寿至唐县一带。

⑪魏安釐王：战国时期魏国君主。

⑫河东：地名，在今山西南部、黄河以东地区。

⑬陶：地名，在今山东定陶。魏：当作“卫”，卫国。《韩非子集解》：“顾广圻曰：‘魏’，当作‘卫’。见本书《饰邪》篇。”

⑭私平陆之都：把平陆之都占为私有。平陆，地名，战国时期齐国的五都之一，在今山东汶上西北。

⑮拔：占领。管：地名，在今河南郑州东北，当时属韩国所有。

⑯淇qí下：淇水下游。淇，水名，在今河南东北部。

⑰睢阳：地名，在今河南商丘南。当时属宋国所有。事：战事。

⑱老：疲惫不堪。走：跑；逃跑。

⑲蔡：地名，在今河南上蔡西南。当时属楚国所有。召shào陵：地名，在今河南郾城东。当时属楚国所有。

⑳冠带之国：讲究礼仪的文明之国。冠带，帽子和腰带，本指服饰，后引申为文明礼仪的代称。

㉑务：致力于。所以乱：引起国家动乱的事情。

㉒释国法：抛弃了国法。释，放弃，抛弃。私其外：私下与国外交往。即借助国外的势力来谋取个人的私利。

译文

任何一个国家没有永久不变的强盛，也没有永久不变的衰弱。如果君主能够坚决奉行法制，那么这个国家就会强大；如果君主不能奉行法制，那么这个国家就会衰弱。楚庄王兼并了二十六个国家，开拓了三千里疆土；依然是楚庄王时那样的百姓与国家，而后来的楚国却衰落了。齐桓公兼并了三十个国家，开拓了三千里疆土；依然是齐桓公时那样的百姓与国家，而后来的齐国也衰落了。燕襄王把黄河作为自己的国界线，把蓟作为自己的国都，让涿、方城环绕于都城周围以拱卫都城，他攻破了齐国，平定了中山国，有燕人帮助的国家就受到重视，没有燕人帮助的国家就受到轻视；依然是燕襄王时那么样的百姓与国家，而后来的燕国也衰落了。魏安釐王攻打赵国而救援燕国，获取了黄河以东的土地，又完全占领了陶与卫国的领土；后来又对齐国用兵，把平陆占为己有；攻打韩国占领了管地，在淇水下游大获全胜；在睢阳发生的战事中，楚军疲惫不堪而溃败逃亡；在蔡和召陵的战事中，楚军被打败；魏国的军队遍布天下，威风传遍了讲究文明礼仪的中原各国；安釐王死后而魏国也跟着衰落了。因此有了楚庄王、齐桓公，那么楚国、齐国就可以称霸；有了燕襄王、魏安釐王，那么燕国、魏国就可以强大。如今这些国家都走向衰落的原因，就是因为他们的大臣、官吏一心致力于造成国家混乱的勾当，而不去做使国家安定的事情。这些国家已经动乱衰弱了，而他们又抛弃国法与国外的人勾结以谋取私利，这种行为就是背负着柴草去救火，国家的混乱衰弱将会变得更加严重。

故当今之时，能去私曲就公法者①，民安而国治②；能去私行行公法者，则兵强而敌弱。故审得失有法度之制者，加以群臣之上，则主不可欺以诈伪；审得失有权衡之称者③，以听远事，则主不可欺以天下之轻重。今若以誉进能④，则臣离上而下比周⑤；若以党举官⑥，则民务交而不求用于法。故官之失能者其国乱。以誉为赏，以毁为罚也⑦，则好赏恶罚之人⑧，释公行，行私术⑨，比周以相为也⑩。忘主外交，以进其与⑪，则其下所以为上者薄矣。交众、与多，外内朋党，虽有大过，其蔽多矣⑫。

注释

①私曲：奸邪的谋私行为。就：接近。这里引申为遵守。

②治：安定和谐。

③权衡：本指秤锤与秤杆，后用来比喻法律制度。

④以誉进能：因为有人赞美就把他当作有才能的人进用。

⑤比周：相互勾结。

⑥以党举官：因为朋党众多就举荐他为官员。

⑦以毁为罚：因为别人的毁谤就去惩罚他。

⑧好hào赏恶wù罚：喜欢奖赏，讨厌处罚。好，喜欢。恶，厌恶。

⑨行私术：结党营私。

⑩相为：相互利用。

⑪进其与：举荐他们的党羽。进，举荐。与，结交，这里指结交的人。

⑫蔽：遮盖；遮挡。

译文

因此在当今这个时代，能够排除奸诈谋私行为而遵守公正法令的国家，百姓就能安宁而社会就会稳定；能够排除图谋私利的行为而推行公正法令的国家，就会兵强马壮而使敌人衰败弱小。因此那些能够审查得失、执行法度的君主，就能够凌驾于群臣之上，那么这样的君主就不可能被臣下狡诈的手段所欺骗；能够审查得失而又以法度作为准则的君主，在听取、处理远方事情的时候，就不可能被臣下把天下大事轻重颠倒的手段欺骗。如果根据别人的赞誉来提拔人才，那么臣下就会背离君主，而在下面相互勾结；如果以朋党的多少来举荐官吏，那么百姓就会致力于社交而不必再依法办事以求得任用。因此官吏们缺乏能力，国家就会混乱。因为别人的赞誉就去奖赏，因为别人的毁谤就去惩罚，那么喜好奖赏、厌恶惩罚的人们，就会抛弃正直的行为而结党营私，相互勾结以便相互利用。他们不顾君主的利益而在朝外忙于私交，举用他们的党羽，那么下面的臣民为君主着想的也就很少了。交结广泛，党羽众多，在朝廷内外结成众多的朋党，那么他们即使犯了大罪，为他们掩蔽罪行的人也会很多啊。

故忠臣危死于非罪，奸邪之臣安利于无功。忠臣之所以危死而不以其罪，则良臣伏矣[①]；奸邪之臣安利不以功，则奸臣进矣[②]。此亡之本也。若是，则群臣废法而行私重，轻公法矣。数至能人之门[③]，不壹至主之廷；百虑私家之便，不壹图主之国。属数虽多[④]，非所以尊君也；百官虽具，非所以任国也。然则主有人主之名，而实托于群臣之家也。故臣曰[⑤]：亡国之廷无人焉。廷无人者，非朝廷之衰也[⑥]；家务相益[⑦]，不务厚国；大臣务相尊，而不务尊君；小臣奉禄养交，不以官为事。此其所以然者，由主之不上断于法，而信下为之也。故明主使法择人，不自举也；使法量功，不自度也[⑧]。能者不可弊[⑨]，败者不可饰，誉者不能进，非者弗能退[10]，则君臣之间明辩而易治[11]，故主讎法则可也[12]。

注释

①伏：隐藏；隐退。

②进：进用；提拔。

③数 shuò：屡次；多次。能人：奸佞的大臣。一说指私人。

④属数：下属官员的数量。

⑤臣：韩非自称。

⑥衰：这里是“减少”的意思。

⑦家务相益：各家大臣致力于相互谋利。益，益处，利益。

⑧度 duó：衡量。

⑨弊：通“蔽”，遮蔽，埋没。

⑩非：非难；批评。这里指诽谤。

⑪辩：通“辨”，辨别。

⑫讎：用；使用。

译文

因此忠臣在无罪的情况下，也会遭遇到危难与死亡，而奸臣却在无功的情况下能够安享利益。正因为忠臣没有任何罪过而遭遇到危难与死亡，于是贤良的大臣就会退隐；奸臣没有功劳却能够安享利益，因此奸邪的大臣就能够得到重用。这就是国家灭亡的根本原因。如果是这样的话，那么群臣就会抛弃法度而重视营私舞弊，轻视公正的法度。他们屡次登门拜访奸佞的权臣，一次也不到君主的朝堂上；他们千方百计地谋取私利，一点儿也不为君主的国家考虑。君主的属下大臣虽然很多，但都不是尊重君主的大臣；各种官员虽然一应俱全，也都不是能够担当国家大事的官员。那么君主虽然还有一个君主的名义，而实际上却需要依赖于群臣之家。所以我说：衰亡国家的朝廷上没有臣子。说朝廷上没有臣子，并不是说朝廷的臣子数量减少了，而是说臣下各自都致力于互相谋利，而不致力于国家的富强；大臣们致力于相互推重，而不致力于尊重君主；小臣们拿着俸禄去供养私下结交的党徒，而不把自己的职守当作一回事。之所以会造成这样的局面，就是因为君主在上面不能依据法令决断政事，而是任由臣下胡作非为。因此明智的君主一定要按照法度来选用人才，不能凭着自己的主观意愿用人；一定要按照法度来考核臣下的功劳，不能凭着自己的感觉随便估量。有才能的人不会被埋没，有错误的人不能得到掩饰，徒有虚名的人不能得到举用，遭受诽谤的人也不会被降职罢官，那么君主就能够清楚地辨别臣下的是非功过，而且也容易治理国家，所以说只要君主使用法度就可以了。

贤者之为人臣，北面委质[①]，无有二心；朝廷不敢辞贱[②]，军旅不敢辞难；顺上之为，从主之法，虚心以待令[③]，而无是非也。故有口不以私言，有目不以私视，而上尽制之。为人臣者，譬之若手，上以修头，下以修足；清暖寒热[④]，不得不救；镆铘傅体[⑤]，不敢弗搏。无私贤哲之臣[⑥]，无私事能之士。故民不越乡而交，无百里之感[⑦]。贵贱不相逾[⑧]，愚智提衡而立[⑨]，治之至也。

注释

①北面：古代君主接见大臣时，君主一般面向南而坐，而大臣则面向北朝拜。委质：献身。委，交给，献给。质，自身。一说初次见面向尊者献礼叫作“委质”。质，通“贽”，礼品。一说向尊者屈身行礼叫作“委质”。

②辞贱：推辞卑贱的官职或任务。

③虚心：排除一切私心杂念。

④清：清凉；寒冷。

⑤镆铘：古代宝剑名，这里泛指利剑。傅：靠近；迫近。

⑥无私贤哲之臣：不要私下与贤能的大臣交往。无，通“毋”，不要。

⑦慼：通“戚”，亲戚。

⑧相逾：相互超越自己的名分等级。逾，超越。

⑨提衡：遵守法制。衡，秤杆，比喻法度。立：立身于世。

译文

贤人做别人的臣子，面向北朝拜君主，并把自身献给了君主，就不应该再有二心；在朝廷之上不敢推辞卑贱的职务，在军旅之中不敢拒绝危险的战事；服从君主的指示，遵守君主的法度，排除自己的私心杂念以等待君主的命令，而不要加以自己的是非判断。因此作为臣下的虽然有嘴巴而不为私利开口，虽然有眼睛而不为私利观察，一切都由君主掌控。做臣子的人，打个比方就好像人的双手一样，上面用它修饰头部，下面用它整理腿脚；身体受到寒热的侵袭，不能不用它去护卫身体；当利剑迫近身体时，不得不用它前去搏斗。臣下不可与贤能之人有私人交往，不可与能干之士有私情联络。因此百姓们不跨越自己的乡里到别的地方交游，也没有百里以外的亲戚。贵者与贱者不相互超越各自的名分等级，愚者与智者都遵守着法度而生活于世间，这就是治理国家的最佳境界。

今夫轻爵禄，易去亡，以择其主，臣不谓廉[①]。

诈说逆法，倍主强谏[②]，臣不谓忠。行惠施利，收下为名[③]，臣不谓仁。离俗隐居，而以作非上[④]，臣不谓义。外使诸侯，内耗其国，伺其危险之陂[⑤]，以恐其主曰："交非我不亲，怨非我不解。"而主乃信之，以国听之，卑主之名以显其身，毁国之厚以利其家，臣不谓智。此数物者[⑥]，险世之说也[⑦]，而先王之法所简也[⑧]。先王之法曰："臣毋或作威[⑨]，毋或作利，从王之指[⑩]；无或作恶，从王之路。"古者世治之民，奉公法，废私术，专意一行，具以待任[⑪]。

注释

①臣：韩非自称。廉：正直。

②倍主：违背君主的意愿。倍，通"背"，违背。强谏：强行进谏。

③收下：收买民心。下，指百姓。

④非上：批评君主。非，非议，批评。上，指君主。

⑤伺其危险之陂 bēi：趁着到了危险的山坡时，比喻趁着国家出现危机的时候渔利。陂，山坡。

⑥物：事情；情况。

⑦险世：扰乱社会。险，使……危险，扰乱。

⑧简：通"谏"，规劝。这里引申为阻止、排除。

⑨毋或：不要。作威：独掌惩罚大权。

⑩从王之指：听从君主的意愿。指，通"旨"，旨意，意愿。

⑪具以待任：完全听从君主的任用。具，通“俱”，完全。

译文

如今有些人轻视君主的爵禄，轻易地就离去逃亡，另行选择自己的君主，我不认为这种行为是正直的。进言欺诈而不合法度，违背君主的意愿而强行劝谏，我不认为这种行为是忠诚的。施行恩惠赐人利益，收买民心以抬高自己的名声，我不认为这种行为是仁爱的。离开世俗隐居，批评自己的君主，我不认为这种行为是正义的。对外结交其他诸侯，对内消耗自己的国力，趁着国家出现危险的时候，恐吓君主说：“与他国的交往没有我就无法亲密，与他国的仇怨没有我就不能消解。”而君主竟然相信了他们，把国家拿来听任他们处理，（这时他们就会）贬低君主的名声以显示自身的重要，损耗国家的财富以谋取自家的利益，我不认为这种行为是明智的。这几种情况，都是危害国家的主张，是先王的法度所要排除的。先王的法度是这样规定的：“臣下没有权利擅自施行惩罚，没有权利擅自进行赏赐，一切都要听从君主的旨意；臣下不许为非作歹，要遵从君主指引的道路。”古代太平盛世的民众，奉行国家的法令，抛弃结党营私的行为，思想专一而行为一致，完全听候君主的任用。

夫为人主而身察百官，则日不足[①]，力不给。且上用目，则下饰观[②]；上用耳，则下饰声；上用虑，则下繁辞。先王以三者为不足[③]，故舍己能而因法数[④]，审赏罚。先王之所守要[⑤]，故法省而不侵。独制四海之内，聪智不得用其诈，险躁不得关其佞[⑥]，奸邪无所依。远在千里外，不敢易其辞[⑦]；势在郎中[⑧]，不敢蔽善饰非；朝廷群下，直凑单微[⑨]，不敢相逾越。故治不足而日有余[⑩]，上之任势使然也[⑪]。

注释

①日：这里指时间。

②饰观：修饰自己的容貌行为。观，外观。

③三者：指前文提到的“用目”“用耳”“用虑”。

④因法数：遵循法度。因，遵循。

⑤要：主要的原则，即“因法数，审赏罚”这一原则。

⑥险躁：阴险浮躁。关：关涉；涉及。这里引申为施展、使用。佞：有口才；花言巧语。

⑦易其辞：篡改君主的口令。

⑧郎中：官名。先秦时为近侍之称，秦时始置为官，属郎中令，仍为君主的近侍。

⑨直凑单微：直接把自己的单薄力量献给君主。

⑩治不足：政事不够君主治理。

⑪使然：使情况如此。然，这样。

译文

作为君主，如果要亲自去监察百官，那么时间就会不够，精力就会不足。况且如果君主使用眼睛去观察，那么臣下就会修饰自己的容貌行为；如果君主使用耳朵去听，那么臣下就会修饰自己的声音；如果君主用心去思考，那么臣下就会花言巧语、夸夸其谈。古代的贤君认为君主用目、用耳、用心这三者是不够的，因此就舍弃自己的这些能力而去使用法度，严明赏罚。古代的贤君能够坚守这一主要原则，因此法律虽然简约而没有人敢于侵犯。君主独自控制着整个天下，那些聪明的人也就无法使用他们的欺诈，阴险浮躁的人也就不能玩弄他们的花言巧语，奸邪之人也就失去了他们的依靠。即使远在千里之外，臣下也不敢擅改君主的口令；即使担任了有权有势的郎中，也不敢隐瞒别人的长处而掩饰自己的过失；朝廷的众多官员，都直接把自己的微薄力量献给君主，而不敢互相逾越他们的职守。因此朝中的政务不够君主办理且时间充裕，这就是因为君主使用了权势，才使这种情况得以出现。

夫人臣之侵其主也，如地形焉，即渐以往，使人主失端[①]，东西易面而不自知[②]。故先王立司南以端朝夕[3]。故明主使其群臣不游意于法之外，不为惠于法之内，动无非法。法，所以凌过游外私也[4]；严刑，所以遂令惩下也[5]。威不贰错[6]，制不共门[7]。威、制共，则众邪彰矣；法不信，则君行危矣；刑不断，则邪不能胜矣。故曰：巧匠目意中绳[8]，然必先以规矩为度；上智捷举中事，必以先王之法为比[9]。故绳直而枉木斫[10]，准夷而高科削[11]，权衡县而重益轻[12]，斗石设而多益少[13]。故以法治国，举措而已矣[14]。法不阿贵[15]，绳不挠曲[16]。法之所加，智者弗能辞，勇者弗敢争。刑过不避大臣[17]，赏善不遗匹夫[18]。故矫上之失[19]，诘下之邪[20]，治乱决缪[21]，绌羡齐非[22]，一民之轨[23]，莫如法。属官威民[24]，退淫殆[25]，止诈伪，莫如刑。刑重，则不敢以贵易贱[26]；法审[27]，则上尊而不侵。上尊而不侵，则主强而守要，故先王贵之而传之[28]。人主释法用私，则上下不别矣。

注释

①端：头绪；方向。

②东西易面：东面与西面相互颠倒了方位。易，交换。

③司南：指南。相当于今天说的指南针。端：正；确定。朝夕：早晨与傍晚。借指东面与西面。

④凌：打击。过游：越轨、放纵的违法行为。外私：杜绝谋私。外，排除，杜绝。

⑤遂令：顺利推行政令。遂，顺利地做到。

⑥威不贰错：权威不能让君、臣两种人都去使用。贰，两个方面，指君主与大臣。错，通“措”，措置；使用。

⑦制不共门：权力不能使君、臣共同拥有。制，控制，这里指控制权。

⑧中 zhòng 绳：符合墨线。中，符合。绳，木工划直线用的工具，即墨线。

⑨比：符合，即符合法度。

⑩枉木：弯曲的木头。枉，弯曲。斫 zhuó：砍削。

⑪准：一种测量水平的器具，类似今天的水平尺。夷：平。高科：高出的部分。

⑫权衡县 xuán 而重益轻：用悬挂的秤去称量之后，就可以把重的东西减一些给轻的东西。权衡，秤锤与秤杆。县，通“悬”，悬挂。益，增加。

⑬斗石：两种量器名。十斗为一石。

⑭举措：举起法度而把它放置于万物之上，即把法度作为衡量万事万物的标准。

⑮阿：偏袒。

⑯挠：弯曲。曲：曲木。

⑰刑过：惩罚过失。刑，用刑，惩罚。

⑱匹夫：普通百姓。

⑲矫上之失：纠正上面的过失。矫，矫正，纠正。

⑳诘：诘问；追究。

㉑决缪：判断谬误。缪，通“谬”，谬误。

㉒绌 chù：通“黜”，贬退，减损。羡：贪欲，这里指贪婪之人。齐非：纠正犯错之人。齐，使整齐，纠正。

㉓一民之轨：统一百姓的行为。轨，轨迹，行为。

㉔属：属下。这里指管理。威：威慑。

㉕退淫殆：贬斥过于懈怠的行为。淫，过于。殆，通“怠”，懈怠。

㉖易：轻视。

㉗法审：法制严明。审，明白，清楚。

㉘贵之：看重法度。之，代指法度。

译文

大臣侵害他们的君主，就好像地势的形成一样，是逐渐演变而造成的，这样就会使君主慢慢地迷失方向，东与西方位颠倒了，而君主自己却还没有察觉到。因此从前的贤君要设置司南仪器以确定东、西方位。因此明智的君主要让他们的大臣不得在法度之外使用心思，也不许在法度之内乱施恩惠，一举一动都要合乎法度。法度，是用来打击违法行为、防止谋私的工具；刑罚严酷，是用来贯彻政令、惩罚下属的。威势不能让君、臣两人共同使用，权力不能由君、臣两人共同拥有。威势与权力如果由君、臣共同掌握，那么众多的坏人坏事就会明目张胆地出现；法度不能坚决执行，那么君主将会遇到危险；刑罚不果断，那么就无法战胜邪恶之人。所以说，工巧的木匠即使用肉眼测量也能够符合墨绳，然而还是要以圆规、方矩为标准；具备上等智慧的人即使能够很快地把事情处理恰当，然而还是要以先王的法度作为准则。因此墨线拉直了而弯曲的木材就可以被砍直，水平仪放平了而高出的部分就可以被削平，用悬挂的秤称量后就可以减轻重的东西而加给轻的东西，斗与石设置起来就可以减少多的东西而加给少的东西。因此所谓的以法治国，就是把法度拿来作为万事万物的准则而已。法律不许偏袒权贵，墨线不会屈从曲木。法律所应该制裁的，即使是智者也无法逃避，即使是勇者也不敢抗争。惩罚过失决不能避过大臣，奖赏善行也不会遗漏百姓。因此纠正上面的过失，追究下面的邪恶，治理混乱，判断谬误，贬斥贪人，纠正错误，统一民众的行为，没有什么方法能够比得上法度。管理百官，威震百姓，杜绝过分懈怠的行为，制止欺骗诈伪，没有什么措施能够比得上刑罚。刑罚严峻，那么人们就不敢以尊贵的地位去轻视卑贱的人；法制严明，那么君主就会受到尊重而不会受到侵害。如果君主受到尊重而不会受到侵害，那么君主就会变得强大而能够掌握着治国的主要原则，因此先王重视法度而且传承法度。如果君主抛弃法度而依据自己的意愿办事，那么君臣之间就没有区别了。

二 柄

题解

二柄，两种权柄。所谓的两种权柄，就是指惩罚与赏赐这两种权力。韩非认为，君主用来控制臣下的手段就是罚与赏，因为人们都喜赏而恶罚，所以君主一定要亲自掌握这两种权力，千万不可假借给臣下，否则就会使臣下获取篡权的机会。其次，韩非阐述了赏罚的依据，那就是要严格考核臣下是否能够做到言行一致，是否能够各司其职而不超越自己的权限。最后韩非告诫君主在使用赏罚权力时，不可流露出自己的意图与好恶，否则臣下就会百般伪装，投君主之所好，这样就会蒙蔽君主，使君主无法认清臣下的是非好坏。

明主之所导制其臣者[①],二柄而已矣。二柄者,刑、德也[②]。何谓刑、德？曰:杀戮之谓刑，庆赏之谓德。为人臣者畏诛罚而利庆赏，故人主自用其刑德，则群臣畏其威而归其利矣。故世之奸臣则不然[③],所恶，则能得之其主而罪之[④];所爱，则能得之其主而赏之。今人主非使赏罚之威利出于已也，听其臣而行其赏罚[⑤]，则一国之人皆畏其臣而易其君[⑥]，归其臣而去其君矣[⑦]。此人主失刑德之患也。

注释

①导制：控制。导，领导。一说“导”通“道”，由，用来。

②德：恩惠；恩德。本篇主要指赏赐，因为赏赐也是一种施予恩惠的行为。

③不然：不是这样。指奸臣想把施行刑、德的大权掌握在自己的手中。然，这样。

④能得之其主：能够从他的君主那里窃取惩罚的大权。之，代指惩罚的权力。

⑤听：听任；任凭。

⑥易：看轻；轻视。

⑦去：离开；脱离。

译文

明智的君主用来控制臣下的办法，不过就是两种权柄而已。所谓的两种权柄，就是惩罚的权柄和施恩的权柄。什么叫作惩罚和施恩呢？回答是：杀戮就叫作惩罚，赏赐就叫作施恩。作为臣子的都害怕诛杀惩罚而喜欢庆功赏赐，因此君主就要亲自掌握住惩罚和赏赐的权力，那么群臣就会害怕君主的威势，而接受君主赏赐的利诱。然而如今的奸臣却不是这样，他们对于自己所厌恶的人，就能够从君主那里窃取惩罚的大权去惩处他们所厌恶的人的罪过；对于自己所喜爱的人，就能够从君主那里窃取赏赐的大权去奖赏他们所喜欢的人。如今的君主不能使赏罚的权力掌握在自己的手中，而是听任臣下去行使赏罚的大权，那么全国的民众都会害怕那些大臣而轻视他们的君主，都去归附那些大臣而离开他们的君主。这就是君主失去刑赏大权所造成的祸患啊。

夫虎之所以能服狗者，爪牙也。使虎释其爪牙而使狗用之，则虎反服于狗矣。人主者，以刑、德制臣者也。今君人者释其刑、德使臣用之，则君反制于臣矣。故田常上请爵禄而行之群臣[①]，下大斗斛而施于百姓[②]，此简公失德而田常用之也[③]，故简公见弑[④]。子罕谓宋君曰[⑤]："夫庆赏赐予者，民之所喜也，君自行之；杀戮刑罚者，民之所恶也，臣请当之[⑥]。"于是宋君失刑而子罕用之，故宋君见劫[⑦]。田常徒用德而简公弑[⑧]，子罕徒用刑而宋君劫。故今世为人臣者，兼刑、德而用之，则是世主之危甚于简公、宋君也。故劫杀拥蔽之主[⑨]，兼失刑德而使臣用之，而不危亡者，则未尝有也。

注释

①田常：人名，也称田成子。春秋末年齐国的大夫。后来田常杀齐简公，立齐平公，自任相国，从此控制了齐国政权。上请爵禄：从君主那里请

来爵禄。上，指君主。

②下大斗斛hú而施于百姓：下面用大的斗斛借出粮食以施恩惠于百姓。斗斛，古代的两种量器名。十斗为一斛。史书记载，田常的父亲釐子去世后，田常继续推行他父亲争取民心的办法，用大斗出贷，用小斗收取。《史记·田敬仲完世家》：“田常复修釐子之政，以大斗出贷，以小斗收。齐人歌之曰：‘妪乎采芑，归乎田成子！’”

③简公：齐简公。齐简公在即位的第四年被田常杀害。失德：失去了赏赐臣民的权力。

④见：被。

⑤子罕：人名，又称“皇喜”。姓戴，名喜，字子罕。战国时期任宋国的司城，兼管刑罚。后来他废掉宋桓侯，夺取了宋国政权。宋君：指宋桓侯，战国时宋国的国君。

⑥当之：承担这件事情。当，承担。

⑦见劫：被劫持，被废除。

⑧徒：只是；仅仅。

⑨拥蔽：蒙蔽。拥，通“壅”，蒙蔽。

译文

老虎之所以能够制服狗的原因，是因为它有爪子和牙齿，如果让老虎抛弃爪牙而让狗来使用这些爪牙，那么老虎反而会被狗所制服。所谓的君主，就是用刑罚和赏赐去制服臣下的人。如今的君主却放弃了刑罚和赏赐的权力而让臣下去使用这些权力，那么君主反而会被臣下制服。因此田常向上面的君主请得爵禄而赏赐给群臣，下面用大的斗斛借出粮食以施恩惠于百姓，这样一来，齐简公失去赏赐的大权而田常使用它，所以齐简公就被杀掉。子罕对宋桓侯说："奖赏恩赐这样的事情，是民众所喜欢的，您就亲自施行吧；杀戮刑罚这样的事情，是民众所厌恶的，就请让我来承担吧。"于是宋桓侯失去刑罚的大权而子罕得以使用它，所以最后宋桓侯被废除。田常仅仅使用了赏赐大权，而齐简公就被杀掉，子罕仅仅使用了刑罚大权，而宋桓侯就被废除。如今世上做臣子的人，同时兼用刑罚和赏赐两种大权，那么现在的君主所处的境地比齐简公、宋桓侯更要危险啊。所以说那些被杀害被废除的君主，同时失去了刑罚和赏赐两种大权让臣子们使用，而又不国危身亡的，那是从来没有过的事情啊。

人主将欲禁奸，则审合刑名者[①]，言异事也。为人臣者陈而言[②]，君以其言授之事，专以其事责其功。功当其事，事当其言，则赏；功不当其事，事不当其言，则罚。故群臣其言大而功小者，则罚，非罚小功也，罚功不当名也。群臣其言小而功大者，亦罚，非不说于大功也[③]，以为不当名也害甚于有大功，故罚。

注释

①审合刑名：审查形名是否一致。刑，通“形”，指实际功效。名，指言论、主张。

②而言：他们的言论主张。而，通“尔”，你；你的。

③说 yuè：同“悦”，喜欢。

译文

君主要想禁止奸邪之人，那么就必须审核他们的形与名是否一致，也就是言论主张与实际功效是否一致。做臣子的陈述了自己的主张，君主就根据他的言论主张交付给他们相应的任务，然后专就他承担的任务去责求相应的功效。功效与他的任务相称，任务与他的言论主张相称，就予以奖赏。功效与他的任务不相称，任务与他的言论主张不相称，就予以惩罚。因此群臣中如果有人主张过大而功绩微小，就要惩罚他，并不是惩罚他的功绩太小，而是惩罚他取得的功绩与他的言论主张不相符合；群臣中如果有人主张过小而功绩很大，也要惩罚，这并不是因为不喜欢大的功绩，而是因为他的功绩与他的言论主张不相符合的危害，超过了他所建立的大功，因此也要予以惩罚。

昔者韩昭侯醉而寝[1]，典冠者见君之寒也[2]，故加衣于君之上。觉寝而说[3]，问左右曰[4]："谁加衣者？"左右对曰："典冠。"君因兼罪典衣与典冠[5]。其罪典衣，以为失其事也；其罪典冠，以为越其职也。非不恶寒也，以为侵官之害甚于寒。故明主之畜臣，臣不得越官而有功，不得陈言而不当。越官则死，不当则罪。守业其官，所言者贞也[6]，则群臣不得朋党相为矣[7]。

注释

①韩昭侯：又作韩昭僖侯，战国时期韩国君主。

②典冠者：主管君主帽子的官员。典，主管。

③说yuè：同"悦"。

④左右：指君主身边的人。

⑤典衣：主管君主衣服的官员。

⑥贞：真诚。

⑦朋党：同党，指为名利而结成的集团。相为：相互帮助；相互谋利。

译文

从前韩昭侯酒醉后睡着了，掌管君主帽子的官员看见韩昭侯受了凉，就拿衣服给韩昭侯盖上。韩昭侯睡醒后很高兴，就问身边的侍从："是谁给我盖的衣服？"身边的侍从回答说："是掌管帽子的官员。"韩昭侯因而同时惩处了掌管衣服的官员和掌管帽子的官员。惩处掌管衣服的官员，是认为他没有尽到自己的职责；惩处掌管帽子的官员，是认为他超越了自己的职责范围。韩昭侯并不是不怕受凉，而是认为侵犯他人职权的危害比自己受凉更严重。因此明智的君主对待自己臣下的要求，就是臣下不得超越自己的职权范围去立功，也不许提出了建议而不去施行。超越了自己的职权范围就应处以死罪，言行不一致就应受到惩处。臣下要恪守各自的职责，所说的话要符合事实，那么所有的臣子就无法结党营私、相互谋利了。

人主有二患：任贤，则臣将乘于贤以劫其君[①]；妄举[②]，则事沮不胜[③]。故人主好贤，则群臣饰行以要君欲[④]，则是群臣之情不效[⑤]；群臣之情不效，则人主无以异其臣矣[⑥]。故越王好勇，而民多轻死[⑦]；楚灵王好细腰[⑧]，而国中多饿人；齐桓公妒外而好内[⑨]，故竖刁自宫以治内[⑩]；桓公好味，易牙蒸其子首而进之[⑪]；燕子哙好贤[⑫]，故子之明不受国[⑬]。故君见恶[⑭]，则群臣匿端[⑮]；君见好，则群臣诬能[⑯]。人主欲见，则群臣之情态得其资矣[⑰]。故子之托于贤以夺其君者也；竖刁、易牙，因君之欲以侵其君者也。其卒[18]，子哙以乱死，桓公虫流出户而不葬[19]。此其故何也？人君以情借臣之患也。人臣之情，非必能爱其君也，为重利之故也。今人主不掩其情，不匿其端，而使人臣有缘以侵其主，则群臣为子之、田常不难矣。故曰："去好去恶，群臣见素[20]。"群臣见素，则大君不蔽矣。

注释

①乘于贤：凭借着自己的贤能名声。乘，凭借。劫：劫持。这里指强制。

②妄：胡乱地；随便地。

③事沮：政事失败。沮，失败。不胜：不能成功。

④要：本为迎请的意思。这里引申为迎合。

⑤效：显示；呈现。

⑥异其臣：辨别他的大臣的是非好坏。

⑦故越王好勇二句：因此越王勾践喜好勇士，而越国的民众就不害怕死亡。越王，指勾践，春秋末期的越国君主。《尹文子·大道上》："越王勾践谋报吴，欲人之勇，路逢怒蛙而轼之。比及数年，民无长幼，临敌，虽汤火不避。"

⑧楚灵王：春秋时期楚国君主。好细腰：喜欢身材苗条的女子。一说是喜欢身材苗条的大臣。《晏子春秋》卷七："楚灵王好细腰，其朝多饿死人。"

⑨齐桓公：春秋时齐国国君，春秋五霸之一。妒：

指嫉妒男子。好内：指喜好女色。

⑩竖刁：人名，齐桓公的宠臣。宫：古代的酷刑之一，阉割男子的生殖器。治内：管理后宫嫔妃。

⑪易牙：人名。齐桓公的宠臣，善于烹调。

⑫燕子哙 kuài：指战国时燕国的国君子哙。子哙为了让贤，把燕国禅让给子之，使燕国陷入动乱。

⑬子之：人名，燕王子哙的相。明：表面上。不受国：不接受燕王子哙禅让给自己的燕国。

⑭见恶 xiànwù：表现出自己对某种事物的厌恶。见，通“现”，表现。恶，厌恶。

⑮匿端：藏匿这方面的事情。端，事端，事情。

⑯诬能：假装有这方面的能力。诬，假装。

⑰情态得其资：找到了满足自己情欲的方法。情态，情欲。资，凭借。这里引申为方法。

⑱其卒：事情到了最后。卒，最后。

⑲虫流出户：尸虫爬出了门。户，门。齐桓公不听管仲的临终之言，重用易牙、竖刁等人。齐桓公病时，易牙等作乱，包围桓公于宫中，桓公求食求饮皆不得，死后不得安葬，以至于尸虫流于户外。

⑳素：本色；本来面目。

译文

君主有两种忧患：如果任用贤能的人，那么臣下就会凭借着自己的贤能名声去强制他们的君主；如果胡乱地去举用官员，那么政事就会败坏而无法成功。因此如果君主喜好贤能的人，那么群臣就会修饰自己的行为以迎合君主的要求，这样的话群臣的真实情况就不会显露出来；如果群臣的真实情况显露不出来，那么君主就无法区别群臣的真假好坏了。因此越王勾践喜好勇敢的人，而很多的越国百姓就轻视死亡；楚灵王喜好身材苗条的女子，而楚国就有许多饿肚子的人；齐桓公忌妒男子而爱好女色，因此竖刁就自我阉割而去为桓公管理后宫嫔妃；齐桓公喜好美味食物，易牙就蒸煮了自己儿子的头以进献给齐桓公；燕王子哙喜好贤才，因此子之就表面上假装着不肯接受王位。如果君主对某种事物流露出厌恶之情，那么群臣就会把这方面的事情隐瞒起来；如果君主对某种事物流露出喜好之情，那么群臣就会冒充有这方面的才能。如果君主的欲望表现了出来，那么群臣就会借此来满足自己的欲望。因此子之就假借着贤能的名声去篡夺君主的地位；竖刁、易牙，就迎合着君主的欲望而去侵害他们的君主。事情到了最后，子哙因为燕国的动乱而死去，齐桓公的尸虫爬出门户也得不到安葬。这是什么缘故呢？这就是君主把自己的真情显露给了臣子而招致的灾难。臣子的真实本心，不一定会是真正地爱护他们的君主，而只是因为看重利益的缘故。如今君主如果不掩饰自己的真情，不藏匿自己要做的事情，而使臣下有机会借此侵害他们的君主，那么群臣成为子之、田常那样的人就不是一件困难的事情了。因此说："君主隐藏起自己的好恶，群臣就会显露出自己的真情。"群臣显露出了自己的真情，那么君主就不会受到蒙蔽了。

扬　权

题解

扬权，张扬君主的权力，也即充分利用君主的权力。另外，本篇又名《扬搉》。搉，有“专利”的意思。那么“扬搉”的意思就是“充分利用君主所独有的权力”。韩非在这篇文章中，确实反复强调君主必须独掌政权，千万不可把权力借给他人使用。本篇要求君主要按照大道行事，以虚静的心态来对待臣下，让臣下充分发表自己的主张，而君主则依据臣下的主张去安排他们的职务，考核他们的成效。韩非在本篇中还要求君主应处于一种神秘莫测的状态，以免臣下借君主的好恶来谋取私利；还要求君主果断打击结党营私之人，坚决防止出现尾大不掉的局面，以巩固中央集权。

天有大命[①],人有大命。夫香美脆味,厚酒肥肉,甘口而疾形[②]；曼理皓齿[③]，说情而捐精[④]。故去甚去泰[⑤]，身乃无害。权不欲见[⑥]，素无为也[⑦]。事在四方，要在中央。圣人执要，四方来效。虚而待之[⑧]，彼自以之[⑨]。四海既藏，道阴见阳[⑩]。左右既立[⑪]，开门而当[⑫]。勿变勿易，与二俱行[⑬]。行之不已[⑭]，是谓履理也[⑮]。

注释

①天：指大自然。命：规律；法则。

②疾：疾病。这里引申为伤害。

③曼理皓齿：细腻的肌肤，洁白的牙齿。形容美女的模样。曼，细腻。理，肌肤的纹理。皓，洁白。

④说 yuè：同“悦”，喜悦。揖精：损害精气，揖，捐弃，损害。

⑤去甚去泰：排除过分的享乐行为。甚，过度。泰，通“太”，过分。《老子·二十九章》：“是以圣人去甚、去奢、去泰。”

⑥权不欲见 xiàn：权谋不可表现出来。见，通“现”。表现。

⑦素无为：要做到朴素淳厚、清静无为。

⑧虚而待之：用虚静的心态对待臣下。

⑨以之：发挥自己的才华。以，使用，发挥。之，代指才华。

⑩道阴见阳：处于安静之中而观察臣下的行动。道，由，从，也即“处于”的意思。阴，静。阳，动。古人以静为阴，以动为阳。一说“道阴见阳”是引导臣民去进见君主的意思。古人以臣民为阴，以君主为阳。

⑪左右既立：身边的大臣安排妥当之后。左右，指君主身边的大臣。

⑫开门而当：就可以打开大门处理政务了。当，应对，处理。

⑬与二俱行：遵循自然规律、人事法则而行事。二，指上文讲的“天有大命，人有大命”的天、人之“命”。

⑭不已：不停。已，停止。

⑮履理：遵循事理。履，遵循。

译文

自然有自然的规律，人类也有人类的法则。芳香脆甜的美味，醇厚的美酒和香嫩的肥肉，虽然吃起来香甜可口却会伤害身体健康；肌肤细腻牙齿洁白的美女，虽然使人赏心悦目却会损耗精气。因此要排除过分的享乐行为，身体才不会受到损害。权谋不可以把它表现出来，要做到朴素淳厚、清静无为。事情要由四方各地的官员去处理，而核心的权力却要掌握在中央君主的手中。圣君只要掌握着治国的主要原则，那么四方民众自然就会前来效劳。君主以虚静的心态对待臣民，臣民就会去发挥各自的才华。君主胸怀着整个天下，处于安静的状态以观察臣民的行为。身边的大臣安排妥当之后，就可以开门处理政务了。不要经常地去改变政令，要遵循着自然规律与人类法则去行事。如此坚持不懈地做下去，就可以说是按照事理办事了。

夫物者有所宜[①]，材者有所施[②]，各处其宜，故上下无为[③]。使鸡司夜[④]，令狸执鼠[⑤]；皆用其能，上乃无事。上有所长，事乃不方[⑥]；矜而好能[⑦]，下之所欺；辩惠好生[⑧]，下因其材[⑨]。上下易用[⑩]，国故不治。

注释

①所宜：所适宜的用处。

②材者：才能。所施：可用的地方。施，用。

③无为：顺应着客观规律和各自的天性去做事，叫作“无为”。《文子·自然》：“所谓无为者，非谓其引之不来，推之不去，迫而不应，感而不动，坚滞而不流，卷握而不散。谓其私志不入公道，嗜欲不枉正术，循理而举事，因资而立功，推自然之势……夏渎冬陂，因高为山，因下为池，非吾所为也。”

④司夜：报晓。

⑤狸：猫。

⑥不方：不当；不正确。

⑦矜：傲慢；自高自大。

⑧辩惠好生：即“好生辩惠”，喜欢卖弄自己的口才与聪明。辩，口才好。惠，聪明。

⑨下因其材：臣下就会利用君主的这些才能行骗。

因，利用。

⑩易用：作用颠倒了。易，交换，颠倒。

译文

万物都有各自适宜的用处，才能都有各自施展的地方，万事万物都处于适宜自己的位置上，那么君主与臣民都可以做到顺其天性而行事了。让鸡去报晓，让猫去捉鼠；如果处处都能够使用臣民的才能，那么君主就可以清净无事了。如果君主去使用自己的特长，那么整个政务就无法处理妥当；如果君主自高自大而又喜欢逞能，那么就会受到臣下的欺骗；如果君主喜欢卖弄自己的口才和小聪明，那么下面的臣民就会利用他的口才与小聪明谋利。君主与臣下的作用弄颠倒了，那么国家就没有办法治理好。

用一之道[①]，以名为首[②]。名正物定，名倚物徙[③]。故圣人执一以静，使名自命，令事自定。不见其采[④]，下故素正。因而任之，使自事之；因而予之，彼将自举之；正与处之[⑤]，使皆自定之。上以名举之，不知其名，复修其形。形名参同，用其所生。二者诚信[⑥]，下乃贡情[⑦]。

注释

①一：指独一无二的大道。《老子·三十九章》："昔之得一者：天得一以清，地得一以宁，神得一以灵，谷得一以盈，万物得一以生，侯王得一以为天下贞。"

②以名为首：要把确定事物的名称这件事情放在首位。

③倚：偏斜；偏差。徙：迁徙。这里指捉摸不定。

④不见xiàn其采：君主不要去表现自己的才能。见，通"现"，表现，显露。采，文采，才华。

⑤正与处之：根据正确的原则去安排臣下的位置。

⑥二者：指名与形，也即臣下的言论主张与他们所取得的实际功效。一说指赏与罚。一说指君主与臣下。

⑦贡：现出；显露出。

译文

在使用大道这一治国原则的时候，要把确定事物名称这件事情放在首位。名称正确了而事物的内容也就能确定下来，名称如果不正确而事物的内容也就让人捉摸不定。因此圣君坚守大道以清静无为，使事物根据各自的实际内容而自我命名，以便使事物能够自我确定。君主不要去表现自己的才华，臣下因此就会变得朴素而端正。君主根据臣下的才能去任用他们，让他们去办理各自的事务；君主根据臣下的才能赋予他们各自的职务，他们将会自己去把各自的事情做好；君主根据正确的原则去安排臣下，使他们都能够在各自的位置上安定下来。君主依据臣下的主张去任用他们，如果还不知道他们的主张是否正确，那就要考察他们做事的实际效果。如果他们取得的实效与主张相称，那就去享用他们所取得的成功。如果能够保证实效与主张都是真实的，那么臣下就会显露出自己的真实情况。

谨修所事，待命于天；毋失其要，乃为圣人。圣人之道，去智与巧；智巧不去，难以为常[①]。民人用之，其身多殃；主上用之，其国危亡。因天之道，反形之理[②]；督参鞠之[③]，终则有始[④]。虚以静后[⑤]，未尝用己[⑥]。凡上之患，必同其端[⑦]；信而勿同[⑧]，万民一从。

注释

①常：长期；持久。

②反形之理：反过来还要探求万物的道理。形，指具体的事物。

③督参：考察。鞠：通“鞫”，审讯。这里引申为考察。

④终则有始：周而复始。有，通“又”。

⑤后：处于别人的后面。

⑥用己：使用自己的主观臆断。

⑦端：指事情的一个方面。

⑧信而勿同：态度真诚而不赞同某一方面的意见。

译文

君主要谨慎地处理好自己的政事，以等待天命的到来；不要失去主要的治国原则，这样才能成为一位圣君。圣君的治国原则，就是要去除个人的智巧。个人的智巧如果不去除，就难以持久地治理好国家。百姓使用个人的智巧，自身就会多灾多难；君主使用个人的智巧，他的国家就会危亡。遵循上天的原则，反过来还要探寻万物的道理；研究考察这些原则、道理，如此周而复始研讨不已。君主要内心虚静处于人后，从不根据自己的臆断行事。但凡君主所遇到的祸患，必定是由于赞同臣下的一面之词而造成的；君主态度真诚但不去赞同臣下的一面之词，万民就会一致服从君主了。

夫道者，弘大而无形；德者[①]，核理而普至[②]。至于群生[③]，斟酌用之[④]，万物皆盛[⑤]，而不与其宁[⑥]。道者，下周于事[⑦]，因稽而命[⑧]，与时生死[⑨]。参名异事[⑩]，通一同情。故曰：“道不同于万物，德不同于阴阳[⑪]，衡不同于轻重[12]，绳不同于出入[13]，和不同于燥湿[14]，君不同于群臣。”凡此六者，道之出也。道无双，故曰“一”。是故明君贵独道之容[15]。君臣不同道，下以名祷[16]，君操其名[17]，臣效其形[18]，形名参同，上下和调也。

注释

①德：本性；天性。“德”与“道”是密切相关的一组概念。“道”的本义是道路，我们从某地到某地，必须通过某一条道路。同样的道理，我们办事要想达到某一种目的，必须通过某一种方法、原则。于是在词汇相对贫乏的古代，道就由“道路”义引申出另一种含义，那就是规律、原理、原则等等。“德”就是具体事物的规律，也即事物的天性。德大约有两层含义：一是指先天的德。万物一旦产生，就必定具备自己的本性和本能，而这个本能，古人认为就是道赋予的，所以古人把德看作道的一个部分。二是指后天的德。道是客观存在，人们学习的目的就是得道，然而人们又不可能把所有的道全部掌握，那么已经被人们掌握的这一部分道就叫作“德”。所以古人说：“德，得也……何以得德？由乎道也。”（王弼《老子道德经注》下篇）人得到的那一部分道就是“德”。也就是说，“道”是整体，“德”是部分；“道”属客观，

"德"属主观。

②核理而普至：包含着道理而普遍存在。核，内核。这里引申为包含。

③群生：万物。

④斟酌用之：根据自己的情况去运用大道。斟酌，反复考量。

⑤盛：昌盛繁荣。一说"盛"是成功的意思。

⑥不与其宁：大道不会与万物一同止息。宁，止息。万物有生有灭，而大道永恒存在。

⑦周于事：普遍存在于万事万物之中。周，普遍。

⑧因稽而命：君主根据自己考察的结果而颁布政令。因，依据。稽，考察。

⑨与时生死：与时代一起变化以决定各种政治措施的存废。生死，指政治措施的存废。韩非主张君主治国要因时而变，不可守株待兔。

⑩参名：考察万物的名称。参，考察。异事：辨别不同的事物。

⑪阴阳：指具体的事物。古人认为万物都是由阴阳二气形成的，因此这里用"阴阳"代指具体的事物。

⑫衡：秤杆，这里代指秤。

⑬绳：墨绳，木工用来画直线的工具。出入：这里代指曲直。

⑭和：古代乐器名，用来定音律。燥湿：指乐器随着不同的气候而发出的不同声音，这里泛指音乐声。

⑮贵：看重；重视。独道之容：独一无二的大道的内容。

⑯下以名祷：臣下发表自己的言论主张以向君主求得职位。名，指言论主张。祷，祈求，这里指求得官位。

⑰操其名：记住臣下的言论主张。

⑱效其形：献上自己的实际功效。

译文

大道，宏大无比而又无形无象；天性，包含着道理而又无处不在。至于万事万物，都要根据自己的情况去运用大道，万物因此而能够繁荣昌盛，而大道却不会与万物一起止息。大道，普遍存在于万事万物之中，君主根据自己考察的结果而颁布政令，与时代一起变化以决定各种政治措施的存废。君主考察万物的名称以辨别事物的不同，对万物采取公平统一的态度。所以说："大道和万物不是一回事，天性和具体的事物不是一回事，衡器和东西的轻重不是一回事，墨线和木材的曲直不是一回事，乐器和它发出的声音不是一回事，君主和群臣不是一回事。"所有这六种关系，都是大道所规定的。大道是独一无二的，因此被称为"一"。所以明智的君主重视这个独一无二的大道。君主与臣下的原则不同，臣下发表自己的言论主张以向君主求得职务，君主就记住臣下的这些言论主张，臣下就根据自己言论主张的内容向君主献上自己的实际功效，如果臣下的实际功效与他的言论主张一致，那么君臣之间的关系也就和谐了。

凡听之道，以其所出[①]，反以为之入[②]。故审名以定位，明分以辩类[③]。听言之道，溶若甚醉[④]。唇乎齿乎[⑤]，吾不为始乎[⑥]；齿乎唇乎，愈惛惛乎[⑦]。彼自离之[⑧]，吾因以知之；是非辐凑[⑨]，上不与构[⑩]。虚静无为，道之情也；参伍比物[⑪]，事之形也。参之以比物，伍之以合虚[⑫]。根干不革[⑬]，则动泄不失矣[⑭]。动之溶之[⑮]，无为而改之。喜之，则多事；恶之，则生怨。故去喜去恶，虚心以为道舍[⑯]。上不与共之[⑰]，民乃宠之[⑱]；上不与义之[⑲]，使独为之。上固闭内扃[⑳]，从室视庭[㉑]；咫尺已具[㉒]，皆之其处[㉓]。以赏者赏，以刑者刑，因其所为，各以自成。善恶必及，孰敢不信[㉔]？规矩既设[㉕]，三隅乃列[㉖]。

注释

①以其所出：拿大臣们所提出来的建议。其，代指大臣。

②反以为之入：反过来再拿这些建议去考核大臣们的做事功效。

③明分以辩类：明确分辨功过以区别大臣的类别。辩，通“辨”，辨别。

④溶róng：通“容”，容貌，模样。
⑤唇乎齿乎：描述大臣摇唇鼓舌的模样。
⑥吾不为始：君主从不首先提出话题，即让大臣主动发表意见，而君主从不干扰。吾，代指君主。
⑦惛hūn惛乎：糊糊涂涂的样子。惛，糊涂。
⑧离：分析；解释。
⑨是非辐凑：是是非非都集中地掌握在君主的手中。辐凑，同“辐辏”，车子的辐条集中在车毂上，比喻一切都掌握在君主手中。
⑩构：在一起。这里指在一起讨论、辩驳。
⑪参伍比物：考察事物。参伍，将多种事物放在一起对比考察。比，比照，考察。
⑫虚：指虚静的大道。
⑬根干：根本。指治国的根本原则。革：改变。
⑭动泄不失：做事就不会出现失误。动泄，活动，做事。一说“泄”通“歇”，静止。
⑮溶：通“搈”，动摇，扰乱。
⑯虚心以为道舍：排斥一切杂念以接受大道。道舍，大道所居住的地方，也即“虚心”。舍，住所。
⑰与共之：与臣民共同使用同样的原则。
⑱宠：爱；拥戴。
⑲与义之：与臣民讨论该如何行事。义，如何行事的原则。
⑳扃jiōng：上门闩；关门。

㉑从室视庭：站在室内而观察着庭院。比喻君主安静地站在暗处而观察着大臣们在社会上的行为。

㉒咫尺已具：各种衡量是非功过的标准都已经制定完备。咫尺，两种长度单位，比喻衡量功过的标准。咫，古代以八寸为一咫。

㉓皆之其处：可以对所有的大臣给予恰当的处置。之，到某个地方去，这里引申为安排到某个位置上。

㉔信：诚实。

㉕规矩：木工用来画圆的工具叫作规，用来画方的工具叫作矩。这里用来比喻原则、法规。

㉖三隅乃列：其他各个方面的事情都会安排妥当。三隅，三个角落，代指各个方面的事情。《论语·述而》："子曰：'不愤不启，不悱不发。举一隅不以三隅反，则不复也。'"

译文

大凡君主听取臣下建议时的原则，就是要根据臣下的建议，然后反过来再把这些建议拿去作为考核臣下做事功效的标准。因此君主要审查臣下的建议以确定这些臣下的职位，明确分辨功过以区别臣下的类别。君主听取臣下建议的方法，就是要像喝醉了一样。任凭臣下摇唇鼓舌夸夸其谈，君主从不主动提出话题；任凭臣下摇唇鼓舌夸夸其谈，君主一副糊糊涂涂的模样。臣下在那里分析解释自己的建议，君主因此就明白了臣下的思想；

这些建议的是是非非都集中地掌握在君主的手中，但君主并不与臣下进行辩论。虚静无为，这是大道的本来面目；把各种事物放在一起考核比较，就能够把握住事物的真实情况。把各种事物放在一起比照，考察它们是否合乎清虚无为的大道。只要不去改变治国的根本原则，那么做事就不会出现什么失误。无论臣下如何去干扰君主，而君主都不会因此而改变自己的原则。如果君主表现出对某种事物的喜爱，那么臣下就会为讨好君主而生出许多事端；如果君主表现出对某种事物的厌恶，那么臣下也会对这种事物生出许多怨恨。因此君主不可表现出自己的喜爱和厌恶，排除心中的一切杂念而去接受大道。君主与臣下不使用同样的原则，民众就会尊崇君主；君主不与臣下讨论如何行事，而让臣下独自处理政务。君主紧紧地关闭好自己的门窗，然后站在室内观察着庭院里的一切；只要衡量臣下功过的标准具备了，那么就可以对所有的大臣给予恰当的处置。应该奖赏的就去奖赏，应该惩罚的就去惩罚，一切都根据臣下各自的所作所为，各自的结果都是他们自己造成的。如果善与恶都肯定能够得到相应的赏与罚，那么谁还敢不诚实呢？只要赏与罚的制度建立起来，其他方面的事情也就能够妥当安排。

主上不神[1]，下将有因[2]；其事不当，下考其常[3]。若天若地，是谓累解[4]；若地若天，孰疏孰亲？能象天地[5]，是谓圣人。欲治其内[6]，置而勿亲；欲治其外，官置一人；不使自恣[7]，安得移并[8]？大臣之门，唯恐多人。凡治之极，下不能得[9]。周合刑名[10]，民乃守职；去此更求[11]，是谓大惑；猾民愈众，奸邪满侧。故曰："毋富人而贷焉[12]，毋贵人而逼焉[13]，毋专信一人而失其都国焉[14]。"腓大于股[15]，难以趣走[16]。主失其神，虎随其后[17]。主上不知，虎将为狗。主不蚤止[18]，狗益无已[19]。虎成其群，以弑其母[20]。为主而无臣，奚国之有[21]？主施其法，大虎将怯；主施其刑，大虎自宁。法刑苟信[22]，虎化为人，复反其真[23]。

注释

①神：神秘莫测。

②因：凭借；趁机。这里指臣下凭借着君主的好恶去谋取私利。

③下考其常：臣下就能够窥探出君主的行为常规。考，考察，窥探。

④累解：平正和谐的样子。一说"累解"是解脱了累赘。

⑤象：效法。

⑥内：宫廷之内，也即身边的侍从、后妃等人。

⑦自恣：自己为所欲为。恣，随心所欲。

⑧移并：改变；兼并。这里指越权行事。

⑨不能得：不能够。这里指不能够结党营私。

⑩周合刑名：要让臣下的行为效果与他们的言论主张一致。刑，通“形”，指行为效果。

⑪更求：另外使用别的办法。

⑫富人：使别人富有。人，指臣下。贷：向别人借贷。

⑬贵人：使别人尊贵。逼：受到别人的逼迫。

⑭都国：都城与国家。

⑮腓fěi：小腿后面的肌肉，俗称“腿肚子”。股：大腿。

⑯趣：通“趋”，小步快跑。走：跑。

⑰虎：比喻残害君主的大臣。

⑱蚤止：尽早制止。蚤，通“早”。

⑲狗益无已：这样的狗就会不断地增加。益，增加。

⑳母：比喻君主。

㉑奚国之有：即“奚有国”，怎么能够保有自己的国家。奚，怎么。

㉒苟：如果。

㉓复反其真：会再次恢复他们做大臣的本分。真，本分。

译文

君主如果不能做到神秘莫测，臣下就会凭借着君主的好恶去谋取私利；君主如果处事不当，臣下就会窥探出君主的行为常规。君主如果能够像天地一样，那么这就叫作平正和谐；君主如果能够像天地一样，那么又会与谁疏远与谁亲近呢？君主如果能够效法天地，这才能够被称之为圣君。要想治理好自己身边的人，那就安置好他们但不要亲近他们；要想治理好外面的大臣，那就要为每个官职都安排一个人负责；不许他们为所欲为，他们又如何能够越职侵权呢？大臣的门下，最令君主担心的就是依附他们的人太多。大凡治理国家的最佳状态，就是使臣下不能结党营私。严格地考察臣下言论主张与行为效果是否一致，那么臣民就会安守各自的本职；丢掉这一原则而去使用其他方法，这可以说是最大的迷惑；狡猾的民众会越来越多，奸邪的大臣会站满君主身边(的位置)。因此说："不要使臣下过于富裕而让自己去向他们借贷，不要使臣下过于尊贵而让自己受到他们的威逼，不要专信一人而使自己失去了都城和国家。"如果小腿比大腿还粗，那就难以疾走快跑。如果君主做不到神秘莫测，那么像老虎一样的奸臣就会跟随在君主的后面。如果君主没有察觉，这些老虎一样的奸臣就会伪装成忠实的狗。如果君主没能尽早予以制止，那么这样的狗就会不断增加。当这些老虎一样的奸臣成群结队时，就会杀害他们的君主。作为君主的如果没有忠诚的臣子，又怎么能够拥有自己的国家呢？如果君主能够施行法度，老虎一样的奸臣就会害怕；如果君主能够使用刑罚，老虎一样的奸臣就会自然安宁驯服。如果君主使用刑罚坚决果断决不宽恕，那么老虎一样的奸臣也会重新做人，会再次恢复他们做臣子的本分。

欲为其国[①]，必伐其聚[②]；不伐其聚，彼将聚众。欲为其地[③]，必适其赐；不适其赐，乱人求益。彼求我予，假仇人斧[④]；假之不可，彼将用之以伐我。黄帝有言曰[⑤]："上下一日百战[⑥]。"下匿其私，用试其上；上操度量[⑦]，以割其下。故度量之立，主之宝也；党与之具[⑧]，臣之宝也。臣之所不弑其君者，党与不具也。故上失扶寸[⑨]，下得寻常[⑩]，有国之君，不大其都[⑪]；有道之臣，不贵其家。有道之君，不贵其臣；贵之富之，彼将代之。备危恐殆[⑫]，急置太子，祸乃无从起。

注释

①为：治理。

②聚：指大臣们结成朋党。

③为其地：保住自己的地位。为，保有，拥有。

④假：借给。仇人：指将要篡夺政权的大臣。

⑤黄帝：古代传说中的圣君，后来被尊为华夏民族的始祖。

⑥上下一日百战：君臣之间一天之内就有上百次的战斗。形容君臣之间整天都在尔虞我诈、钩心斗角。

⑦度量：比喻法度、制度。度，测量长短的标准。量，量器。

⑧党与：党羽。

⑨扶寸：又称“肤寸”，古代的长度单位。一指宽为寸，四指宽为肤，这里比喻很小的失误。

⑩寻常：古代长度单位。八尺为“寻”，两寻为“常”，这里比喻很大的私利。

⑪不大其都：不让臣下的封地太大。都，本指都市，这里指臣下的封地。

⑫备危：防备危险的出现。恐殆：防止危险的发生。恐，担心，这里引申为提防。殆，危险。

译文

君主要想治理好自己的国家，必须防止臣下相互勾结；不去防止，他们相互勾结的人数就会越来越多。君主要想保有自己的地位，必须使自己的赏赐适中；赏赐不适中，乱臣贼子的要求就会更多。他们一来求取而君主就慷慨给予，这就等于是把自己的斧子借给自己的仇人；把斧子借给仇人是不可以的，因为他们会反过来用斧子砍杀君主。黄帝有句话说：“君臣之间一天之内就有上百次的斗争。”臣下藏匿着他们的私心，用来试探他们的君主；君主掌握着法度，用来制裁他的臣下。因此健全法度，是君主的法宝；结成朋党，是臣子的法宝。臣子之所以没有杀害他们的君主，是因为他们的朋党还没有完全结成。因此如果君主出现一点儿失误，那么臣下就会获取大量的私利，掌握了国家政权的君主，不能让臣子的封地太大；掌握了正确原则的臣下，也不会使自己的家庭过于尊贵。掌握了正确原则的君主，不会使自己的臣下过于尊贵；臣下过于尊贵过于富有，他们就会取君主而代之。防备危险发生的办法，就是要赶快设立太子，如此灾祸就不会发生了。

内索出圉①，必身自执其度量。厚者亏之②，薄者靡之③。亏靡有量，毋使民比周④，同欺其上。亏之若月⑤，靡之若热⑥。简令谨诛⑦，必尽其罚。

注释

①内索：在宫内搜索坏人。出圉yǔ：在朝外防御奸臣。圉，通“御”，防御。

②厚者亏之：对于权势过大的臣下要削弱他们的势力。亏，减少。

③靡：奢侈。这里指君主要多赋予权势过小的臣下一些权势。

④比周：相互勾结；结党营私。

⑤亏之若月：削弱臣下的权势时应该像月亮亏缺那样慢慢地减少。

⑥若热：像加热那样慢慢地升温。

⑦简令：法令简洁。谨诛：惩罚谨慎。

译文

无论是在宫内搜索坏人还是在朝廷外防御奸臣，君主都必须亲自执掌法度。对于权势过大的大臣要削弱他们的势力，对于权势过于单薄的大臣要加强他们的势力。无论是削弱还是加强都要适度，目的就是不让民众结党营私，共同来欺骗君主。削弱大臣权势时应该像月亮亏缺那样慢慢地减少，加强大臣权势时要像加热一样慢慢地升温。法令要简洁而诛杀要谨慎，惩罚时一定要坚决彻底。

毋弛而弓[①]，一栖两雄。一栖两雄，其斗噞噞[②]。豺狼在牢[③]，其羊不繁。一家二贵，事乃无功；夫妻持政，子无适从[④]。

注释

①毋弛而弓：君主不要放松自己的弓。比喻君主不可放松自己的警惕。弛，放松，松弛。而，你的，指君主的。

②噞yán噞：争斗激烈的样子。

③牢：关养牛马猪羊等牲畜的圈。

④无适从：无所适从，不知该怎么办。

译文

君主不要放松自己的弓箭，不要让一棵树上栖息着两只雄鸟。如果一棵树上栖息两只雄鸟，它们就会斗得你死我活。如果把豺狼养在羊圈里面，羊儿就不会增多。一个家庭如果有两人当家，家事就没有办法做成功；如果夫妻两人共同执掌家政，子女就会无所适从。

为人君者，数披其木①，毋使木枝扶疏②；木枝扶疏，将塞公闾③，私门将实，公庭将虚，主将壅围④。数披其木，无使木枝外拒⑤；木枝外拒，将逼主处。数披其木，毋使枝大本小⑥；枝大本小，将不胜春风；不胜春风，枝将害心⑦。公子既众⑧，宗室忧吟⑨。止之之道，数披其木，毋使枝茂。木数披，党与乃离。掘其根本⑩，木乃不神⑪。填其汹渊⑫，毋使水清⑬。探其怀，夺之威。主上用之，若电若雷。

注释

①数 shuò：屡次；多次。这里指不断地。披：修剪。在这段话中，韩非把国家比作一棵大树，把君主比作树干，把臣下比作枝叶。韩非认为要不断修剪枝叶，不许它们大过树干，以免出现臣强君弱、尾大不掉的现象。

②木枝：树木的枝叶，比喻臣下。扶疏：枝繁叶茂的样子。

③公闾lǘ：君主的大门。公，君主。闾，门。

④壅围：蒙蔽，围困。壅，蒙蔽。围，围困。

⑤外拒：向外伸延。

⑥枝大本小：树枝过大而树干太小。本，树干。这里用树枝比喻大臣，用树干比喻君主。

⑦害心：伤害树心，比喻伤害君主。

⑧公子：君主的儿子。这里指太子之外的君主儿子。

⑨宗室：指太子一系。忧吟：发出忧愁的叹息。

⑩根本：树根与树干，比喻君主和太子。

⑪不神：不旺盛。

⑫填其汹渊：填平水势汹涌的深渊，比喻断绝巨大灾难的根源。

⑬水清：本指水的清澈，比喻臣下向百姓施行恩德。

译文

作为君主，要经常修剪国家这棵大树，不要让树木的枝叶过于茂盛；如果枝叶过于茂盛，就会堵塞住君主的大门，大臣的私人家庭会变得强盛富裕，而君主的朝廷将会变得空虚衰弱，君主将会被蒙蔽、受围困。君主要经常修剪国家这棵大树，不要让它的枝叶向外伸延；如果它的枝叶向外伸延，就会逼迫君主的住处。君主要经常修剪国家这棵大树，不要让它的枝叶茂盛而主干弱小；如果枝叶茂盛而主干弱小，那么树干将承受不了春风的吹拂；如果树干承受不了春风的吹拂，那么枝叶就会伤害树心。如果君主的儿子众多，那么太子一系的人就会发出忧虑的叹息。制止这些灾祸发生的办法，就是要不断地修剪国家这棵大树，不要让它枝繁叶茂。如果国家这棵大树得到不断修剪，那么朋党就会分崩离析。如果挖掉了国家这棵大树的树根与树干，那么这棵大树就不会茂盛。填塞水势汹涌的深渊，不要使深渊的水变得清澈。君主要把手伸入臣下的怀中，夺去他们的权力。君主使用这些权力时，要像雷电那样迅疾果断。

十 过

题解

十过，十种过错。主要指君主所容易犯下的十种过错，具体是奉行小忠、只顾小利、行僻自用而无礼诸侯、不务听治而好五音、贪愎喜利、耽于女乐而不顾国政、离内远游而忽于谏士、过而不听忠臣且独行其意、内不量力而外恃诸侯、国小无礼而不用谏臣。在本篇中，韩非先大致地列出君主及臣下所犯的这十种过错，然后分别用历史事实对这十种过错予以形象地说明。全篇结构严密，具有很强的说服力。

十过[①]：一曰，行小忠[②]，则大忠之贼也[③]。二曰，顾小利，则大利之残也。三曰，行僻自用[④]，无礼诸侯，则亡身之至也。四曰，不务听治而好五音[⑤]，则穷身之事也[⑥]。五曰，贪愎喜利[⑦]，则灭国杀身之本也。六曰，耽于女乐[⑧]，不顾国政，则亡国之祸也。七曰，离内远游而忽于谏士[⑨]，则危身之道也。八曰，过而不听于忠臣，而独行其意，则灭高名为人笑之始也。九曰，内不量力，外恃诸侯，则削国之患也。十曰，国小无礼，不用谏臣，则绝世之势也[⑩]。

注释

①过：过失；错误。

②小忠：小事方面的忠诚。

③贼：伤害。

④行僻自用：行为邪恶而自以为是。僻，邪僻，邪恶。自用，刚愎自用，自以为是。

⑤听治：听政治国。五音：指宫、商、角、徵、羽五个音阶。

⑥穷身：自身陷入困境。穷，困窘。

⑦贪愎：贪婪固执。愎，固执，拒绝接受别人的意见。

⑧耽于：沉溺于。

⑨离内远游：离开都城到远处游玩。

⑩绝世：断绝后代，也即亡国亡家。

译文

有十种过错：第一，奉行一些小的忠诚，那么就会伤害大的忠诚。第二，只顾一些小的利益，那么就会伤害大的利益。第三，行为邪恶而又自以为是，对诸侯无礼，那么自身灭亡的日子就快到来了。第四，不致力于听政治国而喜好靡靡之音，那就是使自己陷入困境的事情。第五，贪婪固执而又喜好金钱，那就是亡国杀身的祸根。第六，沉溺于美女歌舞，不顾国家政事，那就是亡国的祸患。第七，离开朝廷到远处游玩而不理睬劝谏的大臣，那就是危害自身的做法。第八，有了过错而不听忠臣的劝告，一意孤行，那就是丧失美好的名声而被人们耻笑的开始。第九，对内不衡量自己的力量，而去依赖国外的诸侯，那就是国家被削弱的祸患。第十，自己的国家弱小而对大国又无礼貌，不听谏臣的劝告，那就是亡国亡家、断绝后嗣的情势。

奚谓小忠？昔者楚共王与晋厉公战于鄢陵①，楚师败，而共王伤其目。酣战之时，司马子反渴而求饮②，竖谷阳操觞酒而进之③。子反曰："嘻！退！酒也。"谷阳曰："非酒也。"子反受而饮之。子反之为人也，嗜酒，而甘之④，弗能绝于口，而醉。战既罢，共王欲复战，令人召司马子反，司马子反辞以心疾⑤。共王驾而自往，入其幄中⑥，闻酒臭而还⑦，曰："今日之战，不谷亲伤⑧。所恃者，司马也，而司马又醉如此，是亡楚国之社稷而不恤吾众也⑨。不谷无复战矣。"于是还师而去，斩司马子反以为大戮⑩。故竖谷阳之进酒，不以雠子反也，其心忠爱之而适足以杀之。故曰：行小忠，则大忠之贼也。

注释

①楚共王：春秋时期楚国君主。晋厉公：春秋时期

晋国君主。鄢yān陵：地名，在今河南鄢陵，春秋时为郑国所有。

②司马：掌管军事的官员。子反：人名，楚公子侧，字子反，时任司马。

③竖：年轻的侍从。谷阳：人名，司马子反的侍从。觞：一种酒器。

④甘之：喝起来感到非常甜美。

⑤心疾：心口疼痛。

⑥幄中：军帐之中。

⑦酒臭xiù：酒味。臭，气味。

⑧不谷：不善。先秦诸侯王的谦称。谷，善。

⑨亡：通“忘”，忘记。不恤：不关心；不爱护。

⑩大戮：古代的一种酷刑，也即陈尸示众。

译文

什么叫作小的忠诚呢？从前楚共王与晋厉公在鄢陵作战，楚国的军队战败了，而楚共王的眼睛也受了伤。在战斗最激烈的时候，楚国的司马子反口渴了要水喝，年轻的侍从谷阳就拿了杯酒给司马子反，子反说：“哼！拿回去！你拿的是酒。”谷阳说：“不是酒。”子反接过来就喝了。子反这个人，嗜好饮酒，感到这酒喝起来异常甜美，于是就不停地喝起来，结果就喝醉了。战斗结束以后，楚共王想再战，于是就派人去召请司马子反，司马子反就以心口疼为由予以推辞。楚共王亲自驾着马车去见子反，进入子反的军帐中，闻到酒气之后当即返回，说："今日之战，我自身受了伤，楚军所依赖的人，就是司马啊，而司马又烂醉如此，他这是忘记了楚国的社稷而且不爱惜我的将士啊。我不想再与晋军打了。"于是就撤军而去，杀了司马子反又把他的尸体公开示众。所以说年轻的侍从谷阳献酒给子反，并不是因为他仇恨司马子反，而恰好是他对子反的忠与爱把子反给害死了。因此说：奉行一些小的忠诚，那么就会伤害大的忠诚。

奚谓顾小利？昔者晋献公欲假道于虞以伐虢[①]。荀息曰[②]："君其以垂棘之璧与屈产之乘赂虞公[③]，求假道焉，必假我道。"君曰："垂棘之璧，我先君之宝也[④]；屈产之乘，寡人之骏马也。若受吾币不假之道[⑤]，将奈何？"荀息曰："彼不假我道，必不敢受我币。若受我币而假我道，则是宝犹取之内府而藏之外府也[⑥]，马犹取之内厩而著之外厩也[⑦]。君勿忧！"君曰："诺。"乃使荀息以垂棘之璧与屈产之乘赂虞公，而求假道焉。虞公贪利其璧与马而欲许之。宫之奇谏曰[⑧]："不可许。夫虞之有虢也，如车之有辅[⑨]。辅依车，车亦依辅，虞、虢之势正是也。若假之道，则虢朝亡而虞夕从之矣。不可，愿勿许。"虞公弗听，遂假之道。荀息伐虢，克之，还反处三年[⑩]，兴兵伐虞，又克之。荀息牵马操璧而报献公，献公说曰[⑪]："璧则犹是也。虽然，马齿亦益长矣[12]。"故虞公之兵殆而地削者[13]，何也？爱小利而不虑其害。故曰：顾小利，则大利之残也。

注释

①晋献公：春秋时期晋国君主。假道：借路。假，借。虞：诸侯国名，在今山西平陆北。虢guó：诸侯国名，在今河南陕县东南。

②荀息：人名，春秋时期晋国的大夫。

③垂棘之璧：垂棘出产的玉璧。垂棘，地名，具体所在不详。璧，一种平而圆、中心有小孔的玉器。屈产：地名，在今山西石楼东南。据说此地出名马。乘shèng：古代一车四马叫"乘"，这里主要指马。虞公：虞国的君主。

④先君：祖先。也可用作对去世父亲的尊称。

⑤币：礼物。古代用作礼物的玉、马、皮、帛都叫作"币"。

⑥内府：宫中的府库。外库：宫外的国库。

⑦内厩：宫内的马厩。著：放在。外厩：宫外的马厩。

⑧宫之奇：人名，虞国的大夫。

⑨辅：面颊。车：牙床。这几句话用辅与车相互依赖比喻虞国与虢国的关系。《左传·僖公五年》："谚所谓'辅车相依，唇亡齿寒'者，其虞、虢之谓也。"

⑩反：通“返”，返回。处：过了。

⑪说 yuè：通“悦”，高兴。

⑫马齿：马的年龄。齿，年龄。

⑬兵殆：军队战败。殆，危险，这里指战败。

译文

什么叫作只顾小的利益呢？从前晋献公打算向虞国借路去攻打虢国。荀息说：“大王如果用垂棘出产的玉璧和屈产的马匹，拿去贿赂虞国的君主，然后向他要求借路，那么他一定会答应借路给我们。”晋君说：“垂棘出产的玉璧，是我祖先留下来的宝贝；屈产的马匹，是我乘坐的骏马。如果他接受了我的礼物而不借路给我们，那该怎么办呢？”荀息说：“他如果不把道路借给我们，肯定不敢接受我们的礼物。如果接受了我们的礼物而借给我们道路，那么这玉璧就好像是从宫内的府库里取出来把它收藏到宫外的府库里一样，骏马也就好像是从宫内的马厩里牵出来放到了宫外的马厩里一般。大王不必担忧。”晋君说：“好。”于是就派荀息带着垂棘的玉璧和屈产的骏马送给虞国的君主，而向他求借道路。虞公因为贪图玉璧和骏马而想答应晋国的要求。宫之奇进谏说：“不能答应。虞国旁边的虢国，就好像牙床有面颊一样。面颊依靠牙床，牙床也依靠面颊，虞、虢两国的形势正是如此。如果把道路借给晋国，那么虢国早上灭亡，而虞国晚上也就会跟着它一起灭亡。所以不可行，希望您不要答应他们。”虞公没有听从宫之奇的话，于是就把道路借给了晋国。荀息率兵伐虢，攻克了虢国。回到晋国后过了三年，举兵攻打虞国，又战胜了虞国。荀息牵着骏马拿着玉璧向晋献公汇报，晋献公高兴地说：“玉璧还是原来的模样。尽管如此，马的年龄却也增加了。”虞国君主的军队战败而国土被侵占的原因，是什么呢？就是因为他贪图小利而不考虑由此造成的危害。因此说：只顾小的利益，那就是损害了大的利益啊。

奚谓行僻？昔者楚灵王为申之会①，宋太子后至②，执而囚之；狎徐君③；拘齐庆封④。中射士谏曰⑤：“合诸侯，不可无礼，此存亡之机也⑥。昔者桀为有戎之会而有缗叛之⑦，纣为黎丘之而戎、狄叛之⑧，由无礼也。君其图之⑨。”君不听，遂行其意。居未期年⑩，灵王南游，群臣从而劫之。灵王饿而死乾溪之上⑪。故曰：行僻自用，无礼诸侯，则亡身之至也。

注释

①楚灵王：春秋时期楚国君主。申：诸侯国名，在今河南南阳北。楚灵王曾在此召集诸侯会盟。

②宋太子：春秋时期宋国君主宋平公的儿子，名佐。宋，诸侯国名，在今河南商丘一带。

③狎：轻慢；戏弄。徐君：春秋时期徐国君主。

徐，诸侯国名，在今安徽省泗县。

④齐：齐国。庆封：人名，齐国大夫。

⑤中射士：官名。宫中负责侍卫的武官。

⑥机：关键。

⑦桀：夏桀。夏朝的亡国之君，是著名的暴君。有戎之会：夏桀在有戎所主持的一次诸侯聚会。有戎，又作“有仍”，夏朝的诸侯国名，在今山东宁一带。一说“有戎”为少数民族名，即戎族。有缗：诸侯国名，夏时的缗国，在今山东金乡一带。

⑧纣：商纣王。商朝的亡国之君，著名的暴君。黎丘：地名，在今河南虞城北。sōu：古代军礼之一，春天打猎，带有检阅军队的用意。戎：我国古代对西方少数民族的统称。狄：我国古代对北方少数民族的统称。

⑨图之：考虑这件事情。图，考虑。

⑩居未期jī年：过了不到一年。居，过了。期年，一整年。

⑪乾溪：地名，属楚国，在今安徽亳县东南。春秋时期，楚灵王穷兵黩武，滥杀无辜，尽失人心。公元前530年，楚灵王率军讨伐徐国，驻扎乾溪。此时楚国内部发生动乱，楚军听到这一消息后崩溃。楚灵王在众叛亲离的情况下，逃亡到大臣申亥家中，自缢而亡。韩非这里的记载与史书稍异。

译文

什么叫作行为邪恶呢？从前楚灵王在申地召集诸侯会盟，宋国的太子来晚了，楚灵王就把他逮捕囚禁起来；还戏弄了徐国君主；又拘禁了齐国的大夫庆封。楚国中射士进谏说："召集诸侯聚会，不可以无礼，这是关系到国家生死存亡的关键问题。从前夏桀在有戎举行诸侯盟会而有缗国背叛了他，商纣王在黎丘召集诸侯打猎阅兵而戎族、狄族背叛了他，都是由于他们无礼的缘故。大王还是认真考虑一下这些事情吧。"楚灵王不听，依然是一意孤行。过了不到一年的时间，楚灵王到南方游览视察，群臣跟随着他而把他劫持了。后来楚灵王就饿死在乾溪边上。因此说，行为邪恶而刚愎自用，对诸侯无礼，那么自身灭亡的日子很快就要来到了。

奚谓好音？昔者卫灵公将之晋[①]，至濮水之上[②]，税车而放马[③]，设舍以宿[④]。夜分[⑤]，而闻鼓新声者而说之[⑥]。使人问左右，尽报弗闻。乃召师涓而告之曰[⑦]："有鼓新声者，使人问左右，尽报弗闻。其状似鬼神，子为我听而写之[⑧]。"师涓曰："诺。"因静坐抚琴而写之。师涓明日报曰："臣得之矣，而未习也[⑨]，请复一宿习之。"灵公曰："诺。"因复留宿。明日而习之，遂去之晋。晋平公觞之于施夷之台[⑩]。

酒酣，灵公起。公曰："有新声，愿请以示。"平公曰："善。"乃召师涓，令坐师旷之旁[11]，援琴鼓之。未终，师旷抚止之，曰："此亡国之声，不可遂也[12]。"平公曰："此道奚出[13]？"师旷曰："此师延之所作[14]，与纣为靡靡之乐也。及武王伐纣[15]，师延东走[16]，至于濮水而自投。故闻此声者，必于濮水之上。先闻此声者，其国必削，不可遂。"平公曰："寡人所好者，音也。子其使遂之。"师涓鼓究之[17]。平公问师旷曰："此所谓何声也？"师旷曰："此所谓清商也[18]。"公曰："清商固最悲乎？"师旷曰："不如清徵[19]。"公曰："清徵可得而闻乎？"师旷曰："不可。古之听清徵者，皆有德义之君也。今吾君德薄，不足以听。"平公曰："寡人之所好者，音也。愿试听之。"师旷不得已，援琴而鼓。一奏之，有玄鹤二八[20]，道南方来[21]，集于郎门之垝[22]。再奏之，而列[23]。三奏之，延颈而鸣，舒翼而舞，音中宫商之声[24]，声闻于天。平公大说[25]，坐者皆喜。平公提觞而起为师旷寿，反坐而问曰："音莫悲于清徵乎？"师旷曰："不如清角[26]。"平公曰："清角可得而闻乎？"师旷曰："不可。昔者黄帝合鬼神于泰山之上[27]，驾象车而六蛟龙[28]，毕方并辖[29]，蚩尤居前[30]，风伯进扫[31]，雨师洒道[32]，虎狼在前，鬼神在后，腾蛇伏地[33]，凤皇覆上，大合鬼神，作为清角。今主君德薄，不足听之。听之，将恐有败。"平公曰："寡人老矣，所好者音也，愿遂听之。"师旷不得已而鼓之。一奏而有玄云从西北方起[34]；再奏之，大风至，大雨随之，裂帷幕，破俎豆[35]，隳廊瓦[36]。坐者散走，平公恐惧，伏于廊室之间。晋国大旱，赤地三年[37]。平公之身遂癃病[38]。故曰：不务听治，而好五音不已，则穷身之事也。

注释

①卫灵公：春秋时期卫国君主。之：到。晋：诸侯国名，在今山西一带。

②濮pú水：水名，在今河南东北部，今已不存。

③税车：卸下车子。税，释放，解脱。也读作"脱"。

④设舍：安排住处。舍，房屋。

⑤夜分：夜半；半夜。

⑥鼓：弹奏。新声：新的乐曲。说yuè：同"悦"，喜欢。

⑦师涓：人名。卫国的乐师。

⑧写之：把这首新曲谱写下来。写，记载，谱写。

⑨未习：没有练习好。

⑩晋平公：春秋时期晋国君主。觞：一种酒器，用作动词，设酒宴招待客人。施夷：地名，在今山西曲沃西。

⑪师旷：人名，春秋时期晋国的著名乐师。

⑫遂：成功。这里指演奏完毕。

⑬此道奚出：这首曲子是从哪里来的？道，由，从。

⑭师延：人名，商纣王时的乐师。

⑮武王：即周武王。周文王之子，周朝的开国君主。

⑯东走：向东逃亡。走，跑，逃亡。

⑰究之：把这首曲子弹奏完毕。究，穷尽。

⑱清商：古代五音之一。

⑲清徵zhǐ：古代五音之一。

⑳玄鹤：鸟名。黑色的鹤。玄，黑色。二八：十六。

㉑道：由；从。

㉒集：落在。郎门：走廊的大门。郎：通“廊”，指室外有顶的过道或厢房。垝guǐ：高处，这里指屋顶。

㉓列：排成行列。

㉔中：符合。宫商：古代音乐中的两个音调，这里代指音乐。

㉕说yuè：通“悦”，高兴。

㉖清角：古代五音之一。

㉗黄帝：古代传说中的贤君。后来被尊为华夏民族的始祖。泰山：山名。在今山东。

㉘象车：象牙制成的车子。六蛟龙：指用六条蛟龙驾车。

㉙毕方：神名。传说中的木神。并鎋xiá：与车轮并排而立，也即站在车轮的两边。鎋，同“辖”。车轴头上穿着的铁插销，用以阻挡车轮脱落。这里代指车轮。

㉚蚩chī尤：人名，传说时代的九黎族首领，后来被

黄帝在涿鹿擒杀。

㉛风伯：神名，也即风神。

㉜雨师：神名，也即雨神。

㉝螣蛇：传说中一种能飞的神蛇。

㉞玄云：黑色的云。玄，黑色。

㉟俎zǔ：古代祭祀时用来盛放牛羊等祭品的礼器。豆：古代食具，形似高脚盘。

㊱隳huī：毁坏；坠落。

㊲赤地：土地上寸草不生。赤，光秃秃的什么也没有。

㊳癃 lóng 病：也即瘫痪病。

译文

什么叫作喜好靡靡之音呢？从前卫灵公准备到晋国去，走到濮水岸边时，卸下车子放马休息，就地设营所打算在此过夜。到了半夜时分，卫灵公听见有人在弹奏新曲而自己十分喜欢。就派人去询问身边的侍从，大家都说没有听见。于是卫灵公就派人把师涓叫来对他说："我听见有人弹奏新的乐曲，派人询问身边的侍从，他们都说没有听见。这种情形就好像是鬼神在弹奏一样，你帮我仔细听听并把它记录下来。"师涓说："好。"师涓便静静地坐在那里弹着琴把这首新曲记录了下来。第二天师涓汇报说："我已经把这首新曲记录了下来，但还没有练习好，请让我再练习一个晚上。"卫灵公说："行。"于是他们就在此又住了一夜。到了第二天，师涓练习好了这首新曲，然后他们就离开这里到晋国。晋平公在施夷的高台上宴请卫灵公。喝到正高兴的时候，卫灵公站起身子来，说：“我有一支新曲，希望能够演奏给您欣赏。”晋平公说：“好！”于是就把师涓召来，让他坐在师旷的身旁，拿起琴弹奏这首乐曲。乐曲还没有弹完，师旷就伸手按住琴弦阻止师涓，说：“这是一首亡国的音乐，不可以把它弹奏完毕。”晋平公说：“这首曲子是从哪里来的？”师旷说：“这是师延所制作的乐曲，是他为商纣王谱写的靡靡之音。到了周武王讨伐商纣王的时候，师延向东逃亡，逃到濮水边时便自己投水死了。因此能够听到这首乐曲的地方，一定是在濮水岸边。首先听到这首曲子的人，他的国家一定会被削弱，因此不能把这首曲子演奏完毕。”晋平公说：“我平生所喜好的，就是音乐。你就让他把这首曲子弹奏完吧。”师涓于是就把这首乐曲演奏完。晋平公问师旷说：“这属于什么曲调啊？”师旷说：“这就是所谓的清商调。”晋平公问：“清商调是最悲凉动人的吗？”师旷说：“它还比不上清徵调。”晋平公说：“清徵调可以让我听听吗？”师旷说：“不可以。古代能够欣赏清徵调的人，都是一些道德高尚的君主。如今国君您的品德还有点浅薄，还没有资格来欣赏这种音乐。”晋平公说：“我平生所喜好的，就是音乐。希望能够让我试着听听吧。”师旷迫不得已，于是就拿过琴来演奏。演奏第一遍的时候，就有十六只黑色的仙鹤，从南方飞来，落在走廊的屋顶之上。演奏第二遍的时候，仙鹤就排成了行列。演奏第三遍的时候，仙鹤就伸长脖子鸣叫，张开翅膀跳舞，它们发出的鸣叫声符合音乐的曲调，而且声音响彻云霄。晋平公非常欢喜，在座的人们也都很高兴。晋平公举起酒杯，站起身来，为师旷祝寿，回到座位上之后又询问说：“其他乐调没有比清徵调更悲凉动人的吗？”师旷说：“清徵调还比不上清角调。”晋平公说：“清角调可以让我听一听吗？”师旷说：“不可以。从前黄帝在泰山上召集鬼神时，驾着六条蛟龙拉的象牙车，毕方站在车轮的两边，蚩尤走在前面开路，风伯一边向前走一边清扫灰尘，雨神则在道路上洒水，虎狼走在前面，鬼神跟在后面，螣蛇在地下匍匐前进，凤凰在天上盘旋飞翔，为了这次大规模的鬼神聚会，因此谱写了这首清角调的乐曲。如今大王您德行浅薄，还没有资格欣赏这样的曲子。如果您听了这首乐曲，恐怕将会发生灾祸。”晋平公说：“我已经老了，所喜爱的就是音乐，还是希望你能够让我听听吧。”师旷迫不得已，弹奏了这首乐曲。在弹奏第一遍的时候，就有黑色的云彩从西北方向出现；在弹奏第二遍的时候，就有狂风刮来，大雨也随之而至，狂风撕裂了帷幕，打破了俎豆，吹落了廊庑上的瓦片。在座的人们四散逃走，晋平公也十分恐惧，趴在室门与廊道间。其后晋国大旱，连续三年田地里寸草不生。晋平公本人也因此而患上瘫痪病。因此说：不致力于听政治国，而喜好靡靡之音且无休无止，那就是使自己陷入困境的事情。

奚谓贪愎？昔者智伯瑶率赵、韩、魏而伐范、中行[①]，灭之。反归[②]，休兵数年，因令人请地于韩。韩康子欲勿与[③]，段规谏曰[④]："不可不与也。夫知伯之为人也[⑤]，好利而骜愎[⑥]。彼来请地而弗与，则移兵于韩必矣。君其与之。与之，彼狃[⑦]，又将请地他国。他国且有不听，不听，则知伯必加之兵。如是，韩可以免于患而待其事之变。"康子曰："诺。"因令使者致万家之县一于知伯[⑧]。知伯说[⑨]，又令人请地于魏。宣子欲勿与[⑩]，赵葭谏曰[⑪]："彼请地于韩，韩与之。今请地于魏，魏弗与，则是魏内自强，而外怒知伯也。如弗予，其措兵于魏必矣[⑫]。不如予之。"宣子曰："诺。"因令人致万家之县一于知伯。知伯又令人之赵请蔡、皋狼之地[⑬]，赵襄子弗与[⑭]。知伯因阴约韩、魏将以伐赵[⑮]。襄子召张孟谈[⑯]，而告之曰："夫知伯之为人也，阳亲而阴疏。三使韩、魏而寡人不与焉，其措兵于寡人必矣。今吾安居而可[⑰]？"张孟谈曰："夫董阏于[⑱]，简主之才臣也[⑲]，其治晋阳[⑳]，而尹铎循之[㉑]，其余教犹存[㉒]，君其定居晋阳而已矣。"君曰："诺。"乃召延陵生[㉓]，令将车骑先至晋阳[㉔]，君因从之。君至，而行其城郭及五官之藏[㉕]。城郭不治，仓无积粟，府无储钱，库无甲兵，邑无守具。襄子惧，乃召张孟谈曰："寡人行城郭及五官之藏，皆不备具，吾将何以应敌？"张孟谈曰："臣闻：圣人之治，藏于民，不藏于府库；务修其教，不治城郭。君其出令，令民自遗三年之食[26]，有余粟者入之仓；遗三年之用，有余钱者入之府；遗有奇人者使治城郭之缮[27]。"君夕出令，明日，仓不容粟，府无积钱[28]，库不受甲兵。居五日而城郭已治，守备已具。君召张孟谈而问之曰："吾城郭已治，守备已具，钱粟已足，甲兵有余。吾奈无箭何？"张孟谈曰："臣闻董子之治晋阳也[29]，公宫之垣皆以荻蒿楛楚墙之[30]，有楛高至于丈。君发而用之[31]。"于是发而试之，其坚则虽菌簵之劲弗能过也[32]。君曰："吾箭已足矣，奈无金何？"张孟谈曰："臣闻董子治晋阳也，公宫令舍之堂[33]，皆以炼铜为柱、质[34]。君发而用之。"于是发而用之，有余金矣。号令已定，守备已具，三国之兵果至，至则乘晋阳之城[35]，遂战，三月弗能拔。因舒军而围之[36]，决晋阳之水以灌之。围晋阳三年，城中巢居而处[37]，悬釜而炊[38]，财食将尽，士大夫羸病[39]。襄子谓张孟谈曰："粮食匮[40]，财力尽，士大夫羸病，吾恐不能守矣！欲以城下[41]，何国之可下？"张孟谈曰："臣闻之：'亡弗能存，危弗能安，则无为贵智矣。'君释此计者[42]。臣请试潜行而出，见韩、魏之君。"张孟谈见韩、魏之君，曰："臣闻：'唇亡齿寒。'今知伯率二君而伐赵，赵将亡矣。赵亡，则二君为之次。”二君曰：“我知其然也。虽然，知伯之为人也，粗中而少亲[43]，我谋而觉，则其祸必至矣。为之奈何？”张孟谈曰：“谋出二君之口，而入臣之耳，人莫之知也。”二君因与张孟谈约三军之反，与之期日[44]。夜遣孟谈入晋阳，以报二君之反。襄子迎孟谈而再拜之，且恐且喜。二君以约遣张孟谈[45]，因朝知伯而出，遇智过于辕门之外[46]。智过怪其色[47]，因入见知伯，曰：“二君貌将有变。”君曰：“何如？”曰：“其行矜而意高[48]，非他时之节也[49]，君不如先之。”君曰：“吾与二主约谨矣，破赵而三分其地，寡人所以亲之，必不侵欺。兵之著于晋阳三年，今旦暮将拔之而向其利[50]，何乃将有他心？必不然。子释[51]，勿忧，勿出于口。”明旦，二主又朝而出，复见智过于辕门。智过入见曰：“君以臣之言告二主乎？”君曰：“何以知之？”曰：“今日二主朝而出，见臣而其色动，而视属臣[52]。此必有变，君不如杀之。”君曰：“子置勿复言。”智过曰：“不可，必杀之。若不能杀，遂亲之。”君曰：“亲之奈何？”智过曰：“魏宣子之谋臣曰赵葭，韩康子之谋臣曰段规，此皆能移其君之计。君与其二君约，破赵国，因封二子者各万家之县一。如是，则二主之心可以无变矣。”知伯曰：“破赵而三分其地，又封二子者各万家之县一，则吾所得者少。不可！”智过见其言之不听也，出，因更其族为辅氏[53]。至于期日之夜，赵氏杀其守堤之吏而决其水灌知伯军。知伯军救水而乱，韩、魏翼而击之[54]，襄子将卒犯其前。大败知伯之军而擒知伯。知伯身死军破，国分为三，为天下笑。故曰：贪愎好利，则灭国杀身之本也。

注释

①智伯瑶：人名，又称“知襄子”，名瑶。春秋末期晋国六卿之一，势力最大。公元前458年，他与韩、赵、魏三家灭掉范氏、中行氏，瓜分了他们的土地。后来他又联合韩、魏攻打赵襄子，于公元前453年失败而国灭身亡。范、中行háng：春秋末年晋国的两家贵族。智氏、范氏、中行氏、韩氏、魏氏、赵氏六家被合称为晋国的“六卿”。

②反：通“返”，返回。

③韩康子：人名，春秋末期晋国六卿之一。灭智伯后，为晋国三家之一。

④段规：人名，韩康子的家臣。

⑤知伯：即智伯。知，通“智”。

⑥骜ào愎：傲慢固执。骜，通“傲”，傲慢。愎，固执。

⑦狃niǔ：贪得无厌。

⑧万家之县一：一个拥有万户人家的大县。

⑨说yuè：同“悦”，喜悦，高兴。

⑩宣子：人名，即魏宣子，也作“魏桓子”，晋国

的六卿之一。灭智伯之后，为晋国三家执政贵族之一。

⑪赵葭：人名，魏宣子的家臣。

⑫措兵：出兵进攻。措，使用。

⑬蔡：地名。当时属于赵，具体所在不详。皋狼：地名，在今山西离石西北。

⑭赵襄子：人名，春秋末期赵国的六卿之一，赵简子之子。智伯灭后，为晋国三家执政贵族之一。

⑮阴：暗中。

⑯张孟谈：人名，赵襄子的家臣。

⑰安居：居住到什么地方。安，哪里。

⑱董阏于：即董安于，人名，春秋时期晋国人，晋国贵族赵鞅的家臣。另一晋国贵族智伯知道董安于的贤能，担心他将会对自己不利，于是找借口威逼董安于自杀。董安于死后，尸体被陈放在市场上示众。事见《史记·赵世家》。

⑲简主：即赵鞅，又称赵简子，赵襄子的父亲。

⑳晋阳：地名，在今山西太原西南。

㉑尹铎：人名，赵襄子的家臣。循之：遵循了他的治理办法。

㉒余教：教化的余风，也即教化的影响。

㉓延陵生：人名，赵襄子的家臣。

㉔将：率领。

㉕行：巡视。城郭：内城与外城。古代重要的城

市一般有两道城墙，内城叫“城”，外城叫“郭”。五官之藏：各个官府库中的财产。五官，一说指司徒、司空、司马、司士、司寇。一说“五官”是一种官职的名称。

㉖自遗：给自己留下。遗，留。

㉗奇jī人：多余的闲人，也即剩余的劳力。奇，剩余的。

㉘府无积钱：钱库中无法再放进钱币了，也即钱库中堆满了金钱。

㉙董子：董先生，即上文提到的董安于。

㉚公宫：官署。垣：墙壁。荻dí：多年生草本植物，似芦苇。蒿：一种野草名。楛hù：树名，木材可以做箭杆。楚：荆条。

㉛发：挖掘；挖出。

㉜菌簬lù：一种非常坚硬的竹子，可做箭杆。劲：刚劲；坚硬。

㉝令舍：县令的府邸。

㉞质：柱子下面的础石。

㉟乘：爬上；进攻。

㊱舒军：把军队散开。舒，散开。

㊲巢居：筑巢而居。巢，鸟窝。这里指人搭建在树上的住处。

㊳釜：锅。

㊴羸léi：瘦弱。

㊵匮：匮乏。

㊶下：投降。
㊷释此计：放弃这个投降的计划。释，放弃。
㊸粗中：内心粗暴。中，内心。
㊹期日：约定日子。期，约定。
㊺以：通“已”，已经。
㊻智过：人名，晋国大夫，智伯的族人。辕门：军营的大门。
㊼色：表情。
㊽行矜：动作傲慢。矜，傲慢。意高：趾高气扬。
㊾节：模样。
㊿旦暮：早晚，形容时间很快。向：通“享”，享有。
(51)释：放心。
(52)视属zhǔ臣：眼睛盯着我。属，通“瞩”，瞩目。
(53)更其族：改变自己的家族姓氏。更，改变。
(54)翼而击之：从两翼进攻智伯的军队。

译文

什么叫作贪婪固执呢？从前智伯瑶率领赵、韩、魏三家的军队去攻打范氏、中行氏，灭掉了他们。回来以后，让自己的军队休整了几年，然后就派人到韩家去索要土地。韩康子不想给，他的家臣段规就进谏说：“不能不给啊。智伯这个人，贪图利益而又傲慢固执。他来索要土地而不给他，他必然会调动军队来进攻韩家。您还是给他吧。给了他土地，他将会贪得无厌，又会向其他各家索要土地。其他各家将会有不答应他的索要的，如果不答应，那么智伯就一定会对这一家用兵。如此一来，韩家就可以避免灾难而等待着事情的变化。”韩康子说：“好。”于是就派使者向智伯赠送了一个有万户人家的县。智伯很高兴，又派人到魏家去索要土地。魏宣子不想给，他的家臣赵葭进谏说：“智伯向韩家索要土地，而韩家给了他。如今他来向魏家索要土地，如果魏家不给，那么这就是魏家自以为强大，而对外惹怒了智伯。如果不给，他一定会调动军队进攻魏家。不如还是给他吧。”魏宣子说：“好吧。”于是就派人赠送给智伯一个有万户人家的县。智伯又派人到赵家去索要蔡、皋狼这两个地方，而赵襄子不给。于是智伯就暗中联络韩、魏两家准备去攻打赵家。赵襄子召来家臣张孟谈，告诉他说：“智伯的为人，表面上和善而心中充满敌意。三次派人到韩、魏两家去而都没有让我们知道，他肯定要对我们用兵了。如今我们应该到哪里去固守才算安全呢？”张孟谈说：“董阏于，是赵简主手下很有才能的家臣，他曾经治理过晋阳，后来尹铎又遵循着他的政策来治理。他的教化影响至今依然存在，您就定居晋阳吧。”赵襄子说：“好。”于是就召见延陵生，让他率领车马先去晋阳，赵襄子随后也跟着去了。赵襄子到了晋阳以后，便巡视城防及各处官仓的储备。发现城墙没有修好，粮仓里没有粮食，金库里没有钱币，军库里没有兵器，城内也没有防守设施。赵襄子感到害怕了，于是就召见张孟谈说：“我去巡视了城墙以及各处的官库，都没有充足的储备，我们将拿什么去对敌人作战呢？”张孟谈说：“我听说：圣人在治理国家时，粮食钱财都藏于民间，而不藏于国家的仓库之中；致力于对百姓的教化，而不致力于修筑城墙。您可以发布命令，命令百姓们为自己留下三年的粮食，剩下的余粮就要交到国家的粮仓里；为自己留下三年的财用，多余的钱财就要交到国家的金库里；多余的劳动力就派他们来修缮城墙。”赵襄子晚上发布的命令，第二天，国家的粮仓里就满得无法再装进粮食，金库里就满得无法再装进金钱，军库里就满得无法再装进兵器。过了五天，城墙已经修缮完毕，防守的器具也整理完备。赵襄子召来张孟谈询问说：“我们的城墙已经修好，防守器具也已经具备，金钱和粮食也已经充足，甲衣与兵器也绰绰有余。然而我们没有箭怎么办？”张孟谈说：“我听说董先生在治理晋阳的时候，官府的墙壁都是用芦荻、草秆、楛木、荆条等筑成的，其中有的楛木高达一丈，您可以把它们拆出来做箭杆用。”于是就把这些东西拆出来试用了一下，它们的坚硬度就连强劲的竹子也无法相比。赵襄子说：“我们的箭杆已经足够了，可没有金属做箭头怎么办？”张孟谈说：“我听说董先生在治理晋阳的时候，官府与县令家里的厅堂中，都是用冶炼过的铜做柱子和础石，您就把它们拆下来做箭头用吧。”于是就把它们拆下来制作箭头，结果还没有用完。号令已经制定好，防守器具也已经完备，而三国的军队也果然打来了，三国的军队一到就进攻晋阳城，于是仗就打了起来，整整三个月也没能把晋阳城攻下。于是智伯就散开军队包围了晋阳城，并掘开晋阳周围河流上的堤坝放水淹灌晋阳城。如此把晋阳围困了三年，城内的人就只好巢居于树上，把锅子挂起来做饭，财物和粮食快要用完，官员、将士们也都变得体弱多病。赵襄子对张孟谈说："粮食匮乏，财力枯竭，官员和将士们都变得瘦弱多病，我们恐怕守不住了。我想举城投降，你看应该向哪一家投降呢？"张孟谈说："我听说过这样的话：'如果不能使即将灭亡的转化为生存，不能使处于危境的转变为安全，那就没有必要去看重智慧了。'请您放弃这种投降的打算吧。请让我试着偷偷溜出城去，去拜见韩、魏两家的君主。"张孟谈见到韩、魏两家的君主，说："我听说：'唇亡则齿寒'，如今智伯率领你们两位君主来进攻赵家，赵家马上就要灭亡了。赵家灭亡之后，那么两位君主也就会紧随其后而灭亡。"两位君主说："我们也知道事情会是如此。即使知道是如此，智伯这个人，内心粗暴而缺少仁爱，我们的计谋如果被他察觉，那么灾难肯定就会降临。这怎么办呢？"张孟谈说："计谋出于二位君主之口，而进入我的耳中，没有别人会知道的。"于是两位君主就与张孟谈约定了三家军队反击智伯的计划，并与他约定了反击的日期。连夜又送张孟谈进入晋阳，让他报告韩、魏二君的反击计划。赵襄子迎接张孟谈的时候连续两次向他拜谢，又惊又喜。韩、魏二位君主与张孟谈约定并送他回到晋阳后，接着就去拜见智伯，出来后在军营的大门口遇见了智过。智过感到他们的表情有点反常，就进去见智伯，说："那两位君主的表情看上去与平时不同。"智伯说："是怎么回事呢？"智过说："他们的动作傲慢而且趾高气扬，与往日的行为表情大不相同。您不如先下手。"智伯说："我与两位君主的约定是很认真的，攻破赵家以后我们三家平分他的土地，我用这个办法去笼络他们，他们肯定不会欺骗我的。军队进攻晋阳已经三年了，如今很快就能攻占晋阳而分享战胜的成果，他们怎么还会有外心呢？他们肯定不会反叛。你只管放心吧，不要担忧，也不要把这事说出去。"第二天早上，韩、魏二君又在拜见智伯之后出来，又一次在军营的大门口遇见了智过。智过进去见了智伯后说："您把我的话告诉那两位君主了？"智伯说："你怎么知道的？"智过说："今天那两位君主拜见您后出来，一看到我他们的脸色就变了，而且还用眼睛直盯着我。这就说明他们肯定要叛变，您不如把他们杀了。"智伯说："你不要再说这件事情了。"智过说："不行！必须要杀了他们。如果不能杀他们，那就与他们更亲近一些。"智伯说："如何能够与他们更亲近一些呢？"智过说："魏宣子的谋臣叫赵葭，韩康子的谋臣叫段规，这两个人都能够改变他们君主的计划。您与这两位君主约定，等攻破赵家之后，马上封给二位谋臣每人一个万户人家的县。如果能够这样做，那么那两位君主的思想就不会改变了。”智伯说：“攻破赵家之后我们三家平分他的土地，还要再封给那两个谋臣每人一个万户人家的县，那么我所得到的土地就太少了。不行。”智过见自己的谏言不被接受，便出走了，接着还把他的族氏改为辅姓。到了约定反攻的那天晚上，赵家杀死守卫河堤的智伯士兵而决开河堤让水淹没了智伯军队。智伯军队因为救水而乱作一团，韩家与魏家的军队从两翼夹击智伯的军队，赵襄子率领士兵冲在最前面。结果大败智伯军队而活捉了智伯。智伯身死而兵败，他的土地被韩、赵、魏三家瓜分，他也成了天下的笑柄。因此说：贪婪固执而又喜好利益，那就是亡国杀身的祸根。

奚谓耽于女乐？昔者戎王使由余聘于秦[①]，穆公问之曰[②]：“寡人尝闻道而未得目见之也，愿闻古之明主得国失国何常以[③]。”由余对曰：“臣尝得闻之矣，常以俭得之，以奢失之。”穆公曰：“寡人不辱而问道于子[④]，子以俭对寡人，何也？”由余对曰：“臣闻昔者尧有天下[⑤]，饭于土簋[⑥]，饮于土铏[⑦]。其地南至交趾[⑧]，北至幽都[⑨]，东西至日月之所出入者，莫不宾服[⑩]。尧禅天下，虞舜受之[⑪]，作为食器，斩山木而财之[⑫]，削锯修之迹，流漆墨其上，输之于宫以为食器。诸侯以为益侈，国之不服者十三。舜禅天下而传之于禹[13]，禹作为祭器，墨染其外，而朱画其内[14]，缦帛为茵[15]，蒋席颇缘[16]，觞酌有采[17]，而樽俎有饰[18]。此弥侈矣，而国之不服者三十三。夏后氏没[19]，殷人受之[20]，作为大路[21]，而建九旒[22]，食器雕琢，觞酌刻镂，白壁垩墀[23]，茵席雕文[24]。此弥侈矣，而国之不服者五十三。君子皆知文章矣[25]，而欲服者弥少。臣故曰：俭，其道也。”由余出，公乃召内史廖而告之曰[26]：“寡人闻：‘邻国有圣人，敌国之忧也。’今由余，圣人也，寡人患之，吾将奈何？”内史廖曰：“臣闻戎王之居，僻陋而道远，未闻中国之声[27]。君其遗之女乐[28]，以乱其政，而后为由余请期[29]，以疏其谏。彼君臣有间而后可图也[30]。”君曰：“诺。”乃使史廖以女乐二八遗戎王[31]，因为由余请期，戎王许诺。见其女乐而说之[32]，设酒张饮，日以听乐，终岁不迁[33]，牛马半死。由余归，因谏戎王，戎王弗听，由余遂去之秦[34]。秦穆公迎而拜之上卿[35]，问其兵势与其地形。既以得之，举兵而伐之，兼国十二，开地千里。故曰：耽于女乐，不顾国政，亡国之祸也。

注释

①戎王：古代戎族的首领。戎，古代对西部少数民族的统称。由余：人名，春秋时期晋人，后流落

于戎，最后归秦，受到秦穆公的重用，为秦穆公征服戎族、开疆扩土立了大功。聘：出访。《史记·秦本纪》："戎王使由余于秦。由余，其先晋人也，亡入戎，能晋言。闻缪公贤，故使由余观秦。"

②穆公：秦穆公，又作"秦缪公"，秦国君主，春秋五霸之一。

③何常以：即"常以何"，经常因为什么原因。

④不辱：不惜屈身。

⑤尧：我国传说时代的圣君。

⑥簋guǐ：用泥土烧制而成的一种食器，也即陶制食器。

⑦铏xíng：用泥土烧制而成的一种盛汤器皿。

⑧交趾：地名，在今两广及部分越南地区。

⑨幽都：地名，在今河北北部。

⑩宾：服从；归服。

⑪虞舜：我国传说时代的圣君。

⑫财：通"裁"，裁制，制作。

⑬禹：大禹，夏代的第一位君主。

⑭朱：红色的颜料。

⑮缦màn帛：没有花纹的丝织品。茵：坐垫；垫子。

⑯蒋席颇缘：用蒋草编制的席子还装饰了有斜纹的边缘。蒋，植物名，可用来编织席子。颇，斜纹。缘，边缘。

⑰觞：一种酒器。酌：一种有柄的舀酒器具。

⑱樽：一种盛酒器具。俎zǔ：古代祭祀时用来盛放祭品的礼器。

⑲夏后氏：指夏朝。没：灭亡。

⑳殷人：商朝人。殷，指商朝。商朝在商王盘庚时迁都于殷（在今河南安阳西北），因此商朝又被称为“殷”。

㉑大路：大车。路，通“辂”，大车。

㉒九旒liú：旗子下边悬垂的条状饰物。天子的旗帜有九旒或十二旒。

㉓垩è：白色土，可用来粉饰墙壁。墀chí：台阶。

㉔文：通“纹”，花纹。

㉕文章：花纹；文采。

㉖内史：官名，负责财政。廖：人名，秦穆公的大臣。

㉗中国之声：中原的音乐。中国，指中原一带。

㉘遗wèi：赠送。

㉙请期：请求让由余在秦国多住一段时期。

㉚有间：有隔阂；有矛盾。

㉛二八：十六个。

㉜说yuè：同“悦”，喜悦，高兴。

㉝不迁：不变；不改。

㉞去：离开。之：到。

㉟上卿：官名，地位最高的卿。卿在公之下、大夫之上。

译文

什么叫作沉溺于美女音乐呢？从前戎王派由余出访秦国，秦穆公问他说："我曾经听说过治国的道理却从来没有亲眼看见过，我希望听你讲一下古时候明智的君主经常因为什么能够得到一个国家或者失去一个国家。"由余回答说："我曾经听说过其中的原因，他们常常是因为节俭而得到一个国家，因为奢侈而失去一个国家。"秦穆公说："我不惜屈身向您请教治国的道理，而你拿节俭来回答我，为什么呢？"由余回答说："我听说从前尧拥有天下的时候，吃饭时用的是陶碗，喝水用的是陶罐。他的领土南面到了交趾，北面到了幽都，东面和西面分别到了日月出入的地方，没有人不归服他的。尧禅让天下，而虞舜接受了这个天下，虞舜在制作食器时，是砍伐山上的木材来制造，削平锯过的痕迹，用漆把它们涂黑，然后送到宫中作为饮食的器皿。诸侯们认为这太奢侈了，于是不再臣服的国家就有十三个。舜禅让天下而传给禹，禹在制作祭器的时候，用黑色染料染黑它们的外面，用红色的染料描画它们的里面，以没有花纹的丝帛做垫子，用蒋草编织的席子还装饰着带有斜纹的边缘，酒杯酒勺绘上了彩纹，樽杯俎盘也予以装饰。这就更加奢侈了，于是不再臣服的国家就达到三十三个。夏朝灭亡后，商朝人继承了这个天下，他们制作高大的车子，树起有九条飘带作为装饰的大旗，各种食器都进行了雕琢，各种酒杯酒勺也都进行了镂刻，用白灰粉刷墙壁和台阶，坐垫和席子也都绘制了花纹。这就更加奢侈，于是不再臣服的国家就增加到五十三个。君子们都知道要使用花纹装饰，然而愿意臣服的国家却越来越少了。因此我才说，节俭，就是治国的原则。”由余出去以后，秦穆公召来内史廖，告诉他说：“我听说：‘如果邻国有了圣人，那就是敌国的忧患。’如今这位由余，就是个圣人，我为此很是担心，我该怎么办呢？”内史廖说：“我听说戎王所生活的地方，偏僻简陋而且道路遥远，从未听到过中原一带的音乐。大王您就赠送给他一些美女音乐，以搅乱他的政事，然后为由余请求多在秦国居住一段时间，用来减少由余对戎王的劝谏。他们君臣之间一旦有了隔阂之后就可以想办法应对了。”秦穆公说：“好！”于是就派遣内史廖率领十六位能歌善舞的女子去送给戎王，接着又替由余请求延长在秦国的居住时间，戎王同意了。戎王看到美女音乐十分高兴，便安排酒宴开怀畅饮，天天都沉溺于音乐歌舞之中，一年到头不变，而戎族养的牛马死了一半。由余回去以后，就劝谏戎王，而戎王不听，于是由余就离开戎王投奔秦国。秦穆公亲自迎接并拜他为上卿，向他询问戎王的兵力情况及其地理形势。秦穆公在完全了解戎族的情况之后，便出兵进攻戎王，兼并了十二个国家，开拓了上千里土地。因此说：沉溺于美女歌舞，不顾国家政事，那就是亡国的祸患。

奚谓离内远游？昔者齐景公游于海而乐之[1]，号令诸大夫曰："言归者死。"颜涿聚曰[2]："君游海而乐之，奈臣有图国者何[3]？君虽乐之，将安得？"齐景公曰："寡人布令曰：'言归者死。'今子犯寡人之令。"援戈将击之[4]。颜涿聚曰："昔桀杀关龙逢而纣杀王子比干[5]，今君虽杀臣之身，以三之可也[6]。臣言为国，非为身也。"延颈而前曰[7]："君击之矣！"君乃释戈趣驾而归[8]。至三日，而闻国人有谋不内齐景公者矣[9]。齐景公所以遂有齐国者，颜涿聚之力也。故曰：离内远游，则危身之道也。

注释

①齐景公：春秋时齐国的国君。一本作"田成子"。

②颜涿聚：人名，齐国的大夫。

③图国者：阴谋篡夺国家的人。

④援：拿；抓。

⑤关龙逢páng：人名。夏桀的贤臣，因直谏被杀。王子比干：人名。商代贵族，纣王叔父，因屡谏纣王，被剖心而死。

⑥三之：与关龙逢、王子比干一起成为三个忠臣。

⑦延颈：伸着脖子。延，伸。

⑧释：放下。趣cù：通"促"，催促。

⑨国人：都城里的人。内nà：通“纳”，接受。

译文

什么叫作离开都城到远处游玩呢？从前齐景公到海边去游玩而感到非常快乐，于是就向各位大夫发号施令说：“提议回都城的就处死。”颜涿聚说：“君主您在海边游玩感到非常快乐，但是如果都城里有大臣想篡夺您的国家又该怎么办呢？大王虽然感到这里的生活非常快乐，可失去了国家后又怎么能够得到这些快乐呢？”齐景公说：“我发号施令说：‘敢于提议回都城的人就处死。’如今你违犯了我的命令。”于是就拿起长戈要去击杀他。颜涿聚说：“从前夏桀杀死关龙逢，而商纣王杀死王子比干，现在君主您即使杀死了我，使我能够与关龙逢、比干一起成为三个忠臣，那我也没有什么遗憾。我提出这样的建议是为了国家，而不是为了我自己。”于是就伸出脖子走向前说：“君主您请击杀我吧！”于是齐景公就放下长戈，急忙催促驾车回都城。回到都城三天之后，就听说都城里已经有人计划拒绝齐景公回去。齐景公之所以能够拥有齐国，靠的是颜涿聚的力量啊。因此说：离开都城到远处游玩，那就是危害自身的做法。

奚谓过而不听于忠臣？昔者齐桓公九合诸侯①，一匡天下②，为五伯长③，管仲佐之④。管仲老，不能用事[5]，休居于家。桓公从而问之，曰："仲父家居有病[6]，即不幸而不起此病[7]，政安迁之[8]？"管仲曰："臣老矣，不可问也。虽然，臣闻之：'知臣莫若君，知子莫若父。'君其试以心决之。"君曰："鲍叔牙何如[9]？"管仲曰："不可。鲍叔牙为人，刚愎而上悍[10]。刚则犯民以暴，愎则不得民心，悍则下不为用。其心不惧，非霸者之佐也。"公曰："然则竖刁何如[11]？"管仲曰："不可。夫人之情莫不爱其身。公妒而好内[12]，竖刁自獖以为治内[13]。其身不爱，又安能爱君？"曰："然则卫公子开方何如[14]？"管仲曰："不可。齐、卫之间不过十日之行，开方为事君，欲适君之故[15]，十五年不归见其父母，此非人情也。其父母之不亲也，又能亲君乎？"公曰："然则易牙何如[16]？"管仲曰："不可。夫易牙为君主味[17]，君之所未尝食唯人肉耳，易牙蒸其子首而进之，君所知也。人之情莫不爱其子，今蒸其子以为膳于君，其子弗爱，又安能爱君乎？"公曰："然则孰可？"管仲曰："隰朋可[18]。其为人也，坚中而廉外[19]，少欲而多信。夫坚中，则足以为表；廉外，则可以大任；少欲，则能临其众[20]；多信，则能亲邻国。此霸者之佐也，君其用之。"君曰："诺。"居一年余，管仲死，君遂不用隰朋而与竖刁。刁莅事三年[21]，桓公南游堂阜[22]，竖刁率易牙、卫公子开方及大臣为乱。桓公渴馁而死南门之寝[23]，公守之室[24]，身死三月不收，虫出于户。故桓公之兵横行天下，为五伯长，卒见弑于其臣，而灭高名，为天下笑者，何也？不用管仲之过也。故曰：过而不听于忠臣，独行其意，则灭其高名为人笑之始也。

注释

①齐桓公：春秋齐国君主，五霸之一。九合诸侯：九次主持诸侯会盟。

②一匡：统一，匡正。

③为五伯bà长：为五霸之首。伯，通“霸”。五霸，春秋五霸。说法不一，一说指齐桓公、晋文公、楚庄王、吴王阖闾、越王勾践；一说指齐桓公、晋文公、宋襄公、楚庄王、秦穆公。春秋五霸都是凭借着武力取得霸主地位。

④管仲：人名，名夷吾，春秋时期齐国的政治家，协助齐桓公建立霸业。

⑤用事：执政；处理政务。

⑥仲父：齐桓公对管仲的尊称。

⑦不起此病：此病无法痊愈。

⑧政安迁之：政务转交给谁。安，哪里，哪个。

⑨鲍叔牙：人名，春秋时期齐国的大臣，也是管仲的朋友。

⑩刚：刚强。愎：固执。上悍：非常凶猛。

⑪竖刁：人名，齐桓公的宠臣。

⑫妒：嫉妒男子。好内：喜好女色。

⑬猜fén：同“豮”，阉割。

⑭公子：君主的儿子。开方：人名，卫国君主的儿子，在齐国做官，得到齐桓公宠信。

⑮适君：使您舒适，也即讨您的欢心。

⑯易牙：人名，齐桓公时一位善于烹调的人。

⑰主味：主管食物方面的事务。

⑱隰xí朋：春秋时期齐国的大臣。

⑲坚中：内心坚定。中，内心。廉外：外面廉洁方正，也即行为廉洁方正。

⑳临：监临；管理。

㉑莅事：管理政事。莅，莅临，管理。

㉒堂阜：地名，在今山东蒙阴西北。

㉓馁：饥饿。寝：寝宫；卧室。

㉔公守之室：齐桓公坚守的地方。一说指齐桓公的侍卫居住的地方。

译文

什么叫作有了过错而不听忠臣的劝告呢？从前齐桓公九次主持诸侯会盟，一举匡正整个天下，成为五霸之首，这都是管仲辅佐他的结果。后来管仲老了，不能治理政事，退休居住在家里。齐桓公到他家里去慰问，说：“仲父在家养病，假如不幸您的病无法痊愈，那么国家的政事该交给谁呢？”管仲说：“我老了，政事不可以再问我。虽说如此，我也听说过：‘没有比君主更了解臣下的，没有比父亲更了解儿子的。’您还是试着按照您的想法来决定吧。”齐桓公说：“鲍叔牙这个人怎么样？”管仲说：“不行。鲍叔牙这个人，性格刚强、固执而又凶猛。刚强了就会以粗暴的态度去侵害百姓，固执了就会不得民心，凶猛了就会使下级不愿听从他使唤。他的心里无所恐惧，因此他不适合当霸主的辅佐大臣。”齐桓公说：“那么竖刁这个人怎么样？”管仲说：“不行。人们的真实情感就是没有不爱惜自己身体的。您嫉妒男性而喜好女子，而竖刁就自我阉割来为你管理后宫。他自己的身体都不去爱惜，又怎么能够爱护他的君主呢？”齐桓公说：“那么卫国的公子开方怎么样？”管仲说：“不行。齐国与卫国之间不过只有十天的路程，开方为了侍奉您，为了讨得您的欢心，竟然十五年不回去看望他的父母，这不符合人之常情。他对自己的父母都不去亲近，又怎么能够真正去亲近他的君主呢？”齐桓公说：“那么易牙这个人怎么样？”管仲说：“不行。易牙为您主管食物方面的事情，您所没有品尝过的就只有人肉了，而易牙就把自己儿子的头蒸熟了进献给您品尝，这件事情您是知道的。人们的真实情感就是没有人不爱自己儿子的，而如今他竟然蒸了自己的儿子作为您的菜肴，他连自己的儿子都不爱，又怎么能够去爱他的君主呢？”齐桓公说：“那么谁可以呢？”管仲说：“隰朋可以。隰朋这个人，内心坚强而行为廉洁方正，清心寡欲而极守信用。内心坚强，那就足以成为大家的表率；行为廉洁方正，那就可以担当大的重任；清心寡欲，就能够治理好民众；极守信用，就能够与邻国亲密相处。这种人适合成为霸主的辅佐大臣，您就任用他吧。”齐桓公说：“好的。”过了一年多，管仲去世，齐桓公就没有任用隰朋而把政事交给竖刁。竖刁执掌政事三年，齐桓公到南方的堂阜去游玩，竖刁便率领易牙、卫国的公子开方以及其他大臣造反。齐桓公又渴又饿地死在南门的卧室里，这里是齐桓公最后坚守的地方。齐桓公死后三个月也没有收葬，尸体上的蛆虫都爬到了门外。齐桓公的军队曾经横行天下，自己也成了五霸之首，然而最后被臣下杀害，丧失了自己的美好名声，受到天下人的讥笑，这是为什么呢？就是因为他没有听从管仲的劝告而造成的过错啊。因此说：有了过错而不听从忠臣的劝告，一意孤行，那就是丧失美好的名声而被人们耻笑的开始。

奚谓内不量力？昔者秦之攻宜阳[①]，韩氏急。公仲朋谓韩君曰[②]：“与国不可恃也[③]，岂如因张仪为和于秦哉[④]！因赂以名都而南与伐楚[⑤]，是患解于秦而害交于楚也。”公曰：“善。”乃警公仲之行[⑥]，将西和秦。楚王闻之[⑦]，惧，召陈轸而告之曰[⑧]：“韩朋将西和秦[⑨]，今将奈何？”陈轸曰：“秦得韩之都一，驱其练甲[⑩]，秦、韩为一以南向楚，此秦王之所以庙祠而求也[⑪]，其为楚害必矣。王其趣发信臣[⑫]，多其车，重其币以奉韩，曰：‘不谷之国虽小[13]，卒已悉起[14]，愿大国之信意于秦也[15]。因愿大国令使者入境视楚之起卒也。’”韩使人之楚[16]，楚王因发车骑陈之下路[17]，谓韩使者曰：“报韩君，言弊邑之兵今将入境矣[18]。”使者还报韩君，韩君大悦，止公仲。公仲曰：“不可。夫以实害我者，秦也；以名救我者，楚也。听楚之虚言而轻诬强秦之实祸，则危国之本也。”韩君弗听，公仲怒而归，十日不朝。宜阳益急，韩君令使者趣卒于楚[19]，冠盖相望而卒无至者[20]。宜阳果拔，为诸侯笑。故曰：内不量力，外恃诸侯者，则国削之患也。

注释

①宜阳：地名，在今河南宜阳。当时属于韩国领地。

②公仲朋：人名，韩国的相国。韩君：指韩国君主韩宣惠王。

③与国：盟国。与，帮助。

④因：通过。张仪：人名，战国时著名的纵横家，在秦国做官。

⑤名都：大都市。

⑥警：敕戒；告诫。也即命令。

⑦楚王：指楚国君主楚怀王。

⑧陈轸：人名，楚国的大臣。

⑨韩朋：即韩国的大臣公仲朋。

⑩练甲：训练有素的将士，也即精锐部队。甲，甲

衣，这里指穿甲衣的将士。

⑪庙祠而求：在宗庙中祈求神灵。

⑫趣cù：通“促”，催促，赶快。信臣：可靠的使臣。信，可靠。

⑬不谷：先秦时期诸侯君主的谦称。谷，善。

⑭卒已悉起：将士已经全部发动。卒，士兵。悉，全部。

⑮大国：对韩国的尊称，类似“贵国”。信shēn意：申述不屈的决心。信，通“申”，申述，表明。

⑯之：到。

⑰下路：即夏路，也即通向韩国的大路。下，通“夏”，华夏地区，也即中原地区。韩国地处中原。

⑱弊邑：对自己国家的谦称，犹言“敝国”。弊，通“敝”。

⑲趣cù卒：催促援军。趣，通“促”，催促。

⑳冠盖：使者的帽子和车上的伞盖，这里代指使者。相望：彼此能够看见，一个接着一个。

译文

什么叫作不对内衡量一下自己的力量呢？从前秦国攻打宜阳，韩国的君主十分着急。公仲朋就对韩国君主说：“盟国是不可以依靠的，不如通过张仪去与秦国讲和！借此拿一个大都市去贿赂秦国而和秦国一起向南讨伐楚国，这样就解除了秦国给韩国造成的灾难而把这一灾难转嫁给楚国。”韩国君主说：“很好！”于是就命令公仲朋出使，将到西边的秦国去和谈。楚王听说这件事后，深感恐慌，于是就召见陈轸对他说：“韩国的公仲朋要到西边的秦国与秦国和谈，如今我们该怎么办呢？”陈轸说：“秦国得到韩国的一座大都市，然后派遣它的精锐部队，与韩国结成一体向南进攻楚国，这是秦王在宗庙中祭祀时所特别祈求的事情，这肯定会为楚国造成灾难。大王还是赶快派遣一位可靠的使臣，多给他一些车辆，多带一些礼物去送给韩国，对韩国说：‘我的国家虽然很小，但是所有的军队已经全部动员起来（去救贵国），希望贵国能够向秦国表明坚决不会屈服的决心。为此也希望贵国派使者到我们国家里来视察一下楚国所动员起来的军队。’”韩国派使者到了楚国，楚王于是就调动车马士卒陈列在通向韩国的大路上，对韩国的使者说：“请你回去向韩王报告，就说敝国的军队马上就要进入韩国的国境了。”使者回去报告韩王，韩王十分高兴，便不再让公仲朋出使秦国。公仲朋说：“不行。以实际行动危害我们的，是秦国；拿空话来救援我们的，是楚国。听信楚国的空话而轻视强大秦国给我们带来的实际灾难，那是危害我们国家的祸根啊。”韩王没有听从公仲朋的劝告，公仲朋满腔怒火地回家，十天都没有来上朝。宜阳城的形势越来越危急，韩王就派使者去楚国催促援军，韩国的使者一个接着一个而援军最终也没有到来。宜阳城最终被攻破，韩王受到了诸侯的嘲笑。因此说：

对内不衡量自己的力量，而去依赖国外的诸侯，那就是国家被削弱的祸患。

奚谓国小无礼？昔者晋公子重耳出亡[①]，过于曹[②]，曹君袒裼而观之[③]。釐负羁与叔瞻侍于前[④]。叔瞻谓曹君曰："臣观晋公子，非常人也。君遇之无礼，彼若有时反国而起兵[⑤]，即恐为曹伤。君不如杀之。"曹君弗听。釐负羁归而不乐，其妻问之曰："公从外来，而有不乐之色，何也？"负羁曰："吾闻之：'有福不及，祸来连我。'今日吾君召晋公子，其遇之无礼。我与在前，吾是以不乐。"其妻曰："吾观晋公子，万乘之主也[⑥]，其左右从者，万乘之相也。今穷而出亡[⑦]，过于曹，曹遇之无礼。此若反国，必诛无礼，则曹其首也。子奚不先自贰焉[⑧]？"负羁曰："诺。"盛黄金于壶，充之以餐，加璧其上，夜令人遗公子。公子见使者，再拜，受其餐而辞其璧。公子自曹入楚，自楚入秦。入秦三年，秦穆公召群臣而谋曰："昔者晋献公与寡人交，诸侯莫弗闻。献公不幸离群臣[⑨]，出入十年矣[⑩]。嗣子不善[⑪]，吾恐此将令其宗庙不被除而社稷不血食也[⑫]。如是弗定，则非与人交之道。吾欲辅重耳而入之晋，何如？"群臣皆曰："善。"公因起卒，革车五百乘[⑬]，畴骑二千[⑭]，步卒五万，辅重耳入之于晋，立为晋君。重耳即位三年，举兵而伐曹矣。因令人告曹君曰："悬叔瞻而出之[15]，我且杀而以为大戮[16]。"又令人告釐负羁曰："军旅薄城[17]，吾知子不违也[18]。其表子之间[19]，寡人将以为令，令军勿敢犯。"曹人闻之，率其亲戚而保釐负羁之间者七百余家。此礼之所用也。故曹，小国也，而迫于晋、楚之间，其君之危犹累卵也[20]，而以无礼莅之，此所以绝世也。故曰：国小无礼，不用谏臣，则绝世之势也。

注释

①重耳：人名，也即五霸之一的晋文公。重耳是春秋时期晋国国君晋献公的儿子，因为受到晋献公宠妾骊姬的陷害，出亡国外达十九年之久，后返国即位，是为晋文公。

②曹：诸侯国名，在今山东定陶西。

③曹君：春秋时期曹国国君，即曹共公。袒裼tǎn xī：脱去上衣，露出上身，这里是指重耳露出上身。据说重耳的肋骨连在一起，因此曹共公趁着重耳洗浴的时候前去观看。裼，脱去上衣。《左传·僖公二十三年》："（重耳）及曹。曹共公闻其骈胁，欲观其裸。浴，薄而观之。"

④釐负羁：人名，即僖负羁。春秋时期曹国大夫。叔瞻：人名。春秋时期曹国大夫。

⑤反国：回到晋国当君主。反，通"返"，返回。

⑥万乘shèng之主：指拥有万辆战车的大国君主。乘，一辆战车叫作一乘。

⑦穷：困窘；走投无路。

⑧自贰：自己表示与曹君不一样。

⑨离群臣：离开群臣，也即死去。

⑩出入：前后；差不多。

⑪嗣子：继承君位的儿子。重耳逃亡之后，他的兄弟与侄子先后当了晋国君主。

⑫宗庙：晋国君主的祖庙。祓fú除：古代除凶去的祭祀仪式，每年岁首在宗庙举行。这里泛指祭祀。社稷：土神与谷神。血食：古代杀牲取血，用以祭祀，故称“血食”。

⑬革车：用皮革包裹的战车。革，皮革。

⑭畴骑：整齐的战马。畴，同类，这里引申为整齐。

⑮悬：悬挂，这里指用绳子从城墙上吊下来。

⑯大戮：陈尸示众的一种酷刑。

⑰薄：通“迫”，迫近。

⑱不违：不会与我作对。一说指釐负羁不敢违抗曹君的命令。

⑲表：做记号、标记。闾：里巷；住所。

⑳累卵：叠放起来的鸡蛋。

译文

什么叫作国家弱小而又对人无礼呢？从前晋国公子

重耳出国流亡，经过曹国的时候，曹共公在重耳脱去上衣洗浴时前去观看。釐负羁与叔瞻陪在曹共公跟前。叔瞻就对曹君说："我观察这位晋国公子，不是一般人。君主对待他如此无礼，他如果有机会返回晋国当了君主而举兵讨伐，恐怕会对曹国造成伤害。您不如现在就杀了他。"曹共公不听。釐负羁回到家里闷闷不乐，他的妻子就问他说："您从外面回来，而带着闷闷不乐的脸色，是为了什么？"釐负羁回答说："我听说：'君主有福轮不到我，有祸却会连累我。'今天我们国君召见晋国公子，对待他很是无礼。我当时也在跟前，我为此而闷闷不乐。"他的妻子说："我观察那位晋国公子，真是一位大国君主的模样；他身边的臣子，也是大国卿相的样子。如今他穷困潦倒而出国逃亡，路过曹国，曹国对他们无礼。这些人如果返回晋国掌了权，必然要诛杀对他们无礼的人，那么曹国就会首当其冲。您为什么不早点表明自己与曹君不是一样的人呢？"釐负羁说："好的。"于是就把黄金装在壶里，里面装满了饭食，又在上面加放了一块玉璧，夜里派人送给了晋公子。晋公子重耳见了釐负羁的使者，连拜了两拜，接受了饭食而没有接受玉璧。晋公子重耳从曹国到了楚国，又从楚国到了秦国。在秦国住了三年，秦穆公召集群臣商议说："从前晋献公与我交往密切，各国诸侯没有不知道的。晋献公不幸逝世，离开了他的大臣，前后也有十个年头了。他那些继承君位的儿子都不贤良，我担心这些人将会使晋国的宗庙得不到祭祀而晋国的土神、谷神也得不到供奉。晋国已经如此而我不去帮助平定，就不是和别人交朋友的原则了。我想帮助重耳回到晋国去，怎么样？”群臣都回答说：“很好！”秦穆公于是就发动军队，派出兵车五百辆，整整齐齐的战马两千匹，步兵五万人，帮助重耳回到晋国，立他为晋国君主。重耳登上君位三年，就出兵讨伐曹国。他派人告诉曹共公说：“把叔瞻用绳子吊出城来，我准备杀了他并把他陈尸示众。”又派人告诉釐负羁说：“我的军队逼近了曹国都城，我知道您不会和我对着干。您在自己居住的地方做好标记，我将根据标记下达命令，让军队不得侵犯。”曹国人听到这个消息，于是就有七百多户人家带着他们的亲人来到釐负羁居住的地方以求取保护。这就是讲究礼貌的作用啊。曹国，是一个弱小的国家，而且夹在晋国、楚国之间，曹君的危险程度就像叠放起来的鸡蛋一样，然而他对待别人还是如此无礼，这就是他断绝后嗣的原因啊。因此说：自己的国家弱小而对大国又无礼貌，不听谏臣的劝告，那就是亡国亡家、断绝后嗣的情势啊。

孤　愤

题解

孤愤，孤独与愤慨。《史记索隐》对本篇篇名解释说："《孤愤》，愤孤直不容于时也。"也即那些善于治国的贤良之士因孤独无援、壮志难酬而产生的愤慨之情。在本篇中，韩非主要描述了智能之士与奸邪之臣之间的尖锐矛盾与斗争。奸邪之臣结党营私，蒙蔽君主，以至于造成国破君亡的悲惨局面。而那些一心维护君主与国家利益的贤良之士，因不愿与奸邪之臣沆瀣一气，从而受到奸邪之臣的百般阻挠与打击，根本无法得到君主的理解和重用，甚至还会为此付出生命的代价。这种强烈的孤独悲愤，既是当时贤能之士的真实情感，也是韩非个人的真实感受。

智术之士[①]，必远见而明察；不明察，不能烛私[②]；能法之士，必强毅而劲直；不劲直，不能矫奸。人臣循令而从事，案法而治官[③]，非谓重人也[④]。重人也者，无令而擅为，亏法以利私，耗国以便家，力能得其君，此所为重人也。智术之士明察，听用[⑤]，且烛重人之阴情；能法之士劲直，听用，且矫重人之奸行。故智术能法之士用，则贵重之臣必在绳之外矣[⑥]。是智法之士与当涂之人[⑦]，不可两存之仇也。

注释

①智术之士：懂得治国之术的人。智，通“知”，懂得。

②烛：照亮；洞察。

③案：同“按”，按照。

④重人：指弄权谋私且能深得君主信任的大臣。

⑤听用：信任且予以重用。听，听从，信任。

⑥在绳之外：被法律所铲除。绳，木匠用来画直线的工具，这里比喻法度。

⑦当涂之人：当道掌权的人。涂，通“途”，道路。

译文

懂得治国之术的人，必然具有远见且能明察秋毫；不能明察秋毫，就不能洞察人们的私情；能够执行法令的人，必然是坚定果断而又刚劲正直，不能刚劲正直，就不能矫正奸邪的行为。一般的大臣遵照法令而处理政事，依照法度来履行职责，这不能叫作弄权谋私的人。所谓的弄权谋私之人，是指没有命令而擅自行动，破坏法度而谋取私利，耗费国家的财富以使自家富有，而他的力量又能够取得君主的信任，这就是弄权谋私的人。懂得治国之术的人能够明察秋毫，如果信任并重用他们，那么他们将能够洞察弄权谋私之人的私情；能够执行法令的人刚劲正直，如果信任并重用他们，那么他们就能够纠正弄权谋私之人的奸邪行为。因此如果懂得治国之术的人与能够执行法令的人得到重用，那么弄权谋私的权贵重臣肯定会按照法律而被铲除了。这就是懂得治国之术和能够执行法令的人与当朝掌权之人，成为势不两立的仇敌的原因啊。

当涂之人擅事要，则外内为之用矣。是以诸侯不因[①]，则事不应[②]，故敌国为之讼[③]；百官不因，则业不进[④]，故群臣为之用；郎中不因[⑤]，则不得近主，故左右为之匿[⑥]；学士不因，则养禄薄礼卑，故学士为之谈也。此四助者，邪臣之所以自饰也。重人不能忠主而进其仇[⑦]，人主不能越四助而烛察其臣，故人主愈弊而大臣愈重[⑧]。

注释

①因：通过；依靠。指依靠弄权谋私的大臣。

②不应：得不到回应，也即办不成事情。

③敌国：地位平等的诸侯国。敌，相当，匹敌。讼：通“颂”，颂扬。

④业不进：功业无法进步，也即功业无法成功，官位无法升迁。

⑤郎中：官名。先秦时为近侍之称，秦时始置为官，属郎中令，仍为君主的近侍。

⑥匿：藏匿。这里指隐瞒他们的罪行。

⑦进其仇：举荐他们的仇人。仇，即上文提到的懂得治国之术与能够执行法令的人。

⑧弊：通“蔽”，蒙蔽。

译文

当权的大臣独自掌握了国家的大权，那么国外的诸侯和国内的大臣都要为他们效劳了。因为诸侯们如果不去依靠他们，那么事情就无法办理成功，因此地位相当的诸侯国也要对他们歌功颂德；群臣百官如果不依靠他们，那么自己的功业就无法建立，因此群臣都要为他们效劳；郎中如果不依靠他们，那么就无法接近君主，因此君主身边的郎中侍从都为他们隐瞒罪恶；从事学术的人如果不依靠他们，那么就会俸禄微薄而待遇低下，因此从事学术的人也都为他们吹捧。这四种人的帮助，就是奸邪之臣用来自我粉饰的手段。弄权谋私的大臣不会忠于君主而且也不会举荐自己的仇人，君主又不能越过那四种帮助奸臣的人而洞察自己的臣下，因此君主被蒙蔽得越来越深，而大臣们的权力也就会越来越大。

凡当涂者之于人主也，希不信爱也[①]，又且习故[②]。若夫即主心[③]，同乎好恶，固其所自进也。官爵贵重，朋党又众，而一国为之讼。则法术之士欲干上者[④]，非有所信爱之亲，习故之泽也，又将以法术之言矫人主阿辟之心[⑤]，是与人主相反也。处势卑贱，无党孤特[⑥]。夫以疏远与近爱信争，其数不胜也[⑦]；以新旅与习故争[⑧]，其数不胜也；以反主意与同好争，其数不胜也；以轻贱与贵重争，其数不胜也；以一口与一国争，其数不胜也。法术之士操五不胜之势，以岁数而又不得见[⑨]；当涂之人乘五胜之资，而旦暮独说于前。故法术之士奚道得进，而人主奚时得悟乎？故资必不胜而势不两存，法术之士焉得不危？其可以罪过诬者，以公法而诛之；其不可被以罪过者，以私剑而穷之[⑩]。是明法术而逆主上者，不僇于吏诛[⑪]，必死于私剑矣。朋党比周以弊主，言曲以便私者[⑫]，必信于重人矣。故其可以功伐借者[⑬]，以官爵贵之；其不可借以美名者，以外权重之[⑭]。是以弊主上而趋于私门者，不显于官爵，必重于外权矣。今人主不合参验而行诛，不待见功而爵禄[⑮]，故法术之士安能蒙死亡而进其说？奸邪之臣安肯乘利而退其身[⑯]？故主上愈卑，私门益尊。

注释

①希：通“稀”，稀少；很少。

②习故：亲昵熟悉。

③即主心：投合君主的心意。即，接近，投合。

④干：要求。这里指求得任用。

⑤阿辟之心：邪恶之心；不正确的思想。阿，偏袒，不正。辟，通“僻”，邪恶。

⑥孤特：孤独无助。特，独。

⑦数：规律；必然性。这里指必然发生的结果。

⑧新旅：新来的人。

⑨岁数：即数岁，几年。

⑩私剑：私家养的剑客。穷：尽头，终结，也即杀死。

⑪僇：通“戮”，杀害。

⑫言曲：讲话不正直，也即颠倒是非。

⑬功伐：功劳。

⑭外权：国外诸侯的势力。

⑮见功：看见功劳。一说“见”通“现”，表现。

⑯乘利：正处于有利的地位。

译文

凡是掌权的大臣在君主那里，很少是不被信任和宠爱的，而且又是君主所亲昵熟悉的人。至于迎合君主的心意，与君主保持同样的好恶，这本来就是他们能够得到晋升的手段。他们官大权重，党羽众多，而且还有全国人对他的颂扬。那么那些懂得治国法术的人想要求得君主的任用，既没有君主的信任宠幸这样的亲情，又没有与君主亲昵熟悉所获得的恩泽，还想用符合法度的言论去纠正君主的不正确思想，这些都是与君主的心意相违背的。这些懂得法术之人所处的地位卑贱，没有党羽而孤独无助。以关系疏远的身份与关系亲近深受宠信的人竞争，其情势必然是无法取胜；以新来者的身份与亲昵熟悉的人竞争，其情势必然是无法取胜；以违背君主意见者的身份与好恶同于君主的人竞争，其情势必然是无法取胜；以地位微贱的身份与地位高贵的人竞争，其情势必然是无法取胜；以自己的一张嘴与全国的人竞争，其情势必然是无法取胜。懂得治国法术的人处于这五种无法取胜的形势下，再加上几年也见不到君主一面；掌权的大臣凭借着这五种能够取胜的条件，而且还能够从早到晚独自在君主面前进言。因此那些懂得治国法术的人通过什么途径才能够得到进用，而君主什么时候才能够醒悟呢？处于肯定无法取胜的情势而又与弄权谋私的大臣势不两立，那些懂得治国法术的人又怎么能够不处于危险的境地呢？对于他们之中可以用罪名来加以诬陷的，权臣就使用国家法律来把他们杀掉；对于他们之中不能强加以罪名的，权臣就使用私家剑客来结束他们的生命。这就说明那些与君主思想不同的、懂得治国法术的人，如果不是死于官吏的诛杀，肯定就是死于刺客的暗杀。结党营私以蒙蔽君主，是非颠倒以方便私家的人，必然会取信于那些弄权谋私的大臣。对于他们之中可以用功劳作为借口的，就会用官爵来使他们显贵；对于他们之中没有美名可作借口的，就可以利用外国势力来使他们显贵。因此那些蒙蔽君主而依附权臣之家的人，如果不是因为官爵而显贵，必然会凭借着外国势力而显贵。如今的君主不去考核实际情况就去行使刑罚，没有看到任何功劳就去奖赏爵禄，因此那些懂得治国法术的人又怎么能够冒着死亡的危险来献上他们的政治主张呢？奸邪之臣又怎么肯在处于有利的地位上而自动隐退呢？因此君主的地位就会变得越来越低下，而权臣私家的地位就会变得越来越尊贵。

夫越虽国富兵强[①]，中国之主皆知无益于己也[②]，曰："非吾所得制也。"今有国者虽地广人众，然而人主壅蔽，大臣专权，是国为越也。智不类越[③]，而不智不类其国，不察其类者也。人之所以谓齐亡者[④]，非地与城亡也，吕氏弗制而田氏用之[⑤]；所以谓晋亡者，亦非地与城亡也，姬氏不制而六卿专之也[⑥]。今大臣执柄独断，而上弗知收，是人主不明也。与死人同病者，不可生也；与亡国同事者，不可存也。今袭迹于齐、晋[⑦]，欲国安存，不可得也。

注释

①越：诸侯国名，在今浙江一带。

②中国之主：中原地区的君主。中国，中原地区。

③智不类越：知道自己的国家不是越国。智，通"知"，知道。类，类似，这里引申为"是"。

④齐：诸侯国名，在今山东一带。这里说的“齐”，指齐国的吕姓政权。

⑤吕氏：指春秋以前的齐国君主吕氏。西周初，周武王把齐地封给开国功臣吕尚，也即姜太公。后由吕尚的子孙世袭齐国的君位，所以称吕氏。田氏：指战国时代齐国君主田氏。齐简公四年，齐国大臣田常杀死齐简公，控制了齐国的政权。公元前386年，田常的曾孙田和立为诸侯，齐国的政权从此完全落入田氏家族手中。

⑥姬氏：指晋国君主。周天子姓姬，而晋国的开国君主是周成王的弟弟唐叔虞，因此晋国的君主也姓姬。六卿：指晋国末年的六家贵族，即范氏、中行氏、智氏、赵氏、韩氏、魏氏。

⑦袭迹：效法。袭，沿袭。

译文

越国虽然国富兵强，而中原的各国君主都知道它对自己没有任何益处，他们说：“越国不是我们所能够控制得了的。”现在拥有国家的那些君主虽然他的国家地大物博人口众多，然而君主受到蒙蔽，大臣专擅朝政，那么这样的国家也就像越国一样不受自己的君主控制了。这些君主知道自己的国家并不是越国，却不知道自己的国家也已经不是自己的国家了，这就是不懂得事物的类似性啊。人们之所以说齐国灭亡，并不是说它的土地和城市不存在，而是说吕氏已经不能控制齐国而由田氏占有了它；之所以说晋国灭亡，也并不是说晋国的土地和城市不存在，而是说姬氏已经不能控制晋国而由六卿专擅了它的朝政；如今的大臣执掌权柄而独断专行，然而君主却不知道应该收回这些权柄，这就是君主的不明智啊。与病死的人患上了同样的疾病，就不可能再活下去；与灭亡的国家干同样的事情，也不可能再生存下去。如今效仿齐国、晋国的做法，而想让国家安全地存在下去，那是不可能的。

凡法术之难行也，不独万乘[①]，千乘亦然[②]。人主之左右不必智也，人主于人有所智而听之，因与左右论其言，是与愚人论智也；人主之左右不必贤也，人主于人有所贤而礼之，因与左右论其行，是与不肖论贤也。智者决策于愚人，贤士程行于不肖[③]，则贤智之士羞而人主之论悖矣[④]。人臣之欲得官者，其修士且以精洁固身[⑤]，其智士且以治辩进业[⑥]。其修士不能以货赂事人，恃其精洁而更不能以枉法为治。则修智之士不事左右，不听请谒矣。人主之左右，行非伯夷也[⑦]，求索不得，货赂不至，则精辩之功息，而毁诬之言起矣。治辩之功制于近习，精洁之行决于毁誉，则修智之吏废，则人主之明塞矣。不以功伐决智行，不以参伍审罪过，而听左右近习之言，则无能之士在廷，而愚污之吏处官矣。

注释

①万乘 shèng：指拥有万辆战车的大国。乘，古时一车四马叫一乘。

②千乘：指拥有千辆战车的中等国家。

③程：衡量；估量。

④悖：违背。指违背了真实情况。

⑤修士：修养自身的人。精洁：高洁；高尚。固身：严格约束自我。

⑥治辩 bàn：办事；治理。辩，通“办”，办事。

⑦伯夷：人名。伯夷和他的弟弟叔齐是商代孤竹国君的两个儿子。他们先为相互推让君主之位逃到周，后因反对周武王灭商，坚决不食周粟而饿死于首阳山。古人把他们视为廉洁的典范。

译文

大凡治国的法术难以推行，不仅大国如此，即使中小国家也是如此。君主身边的近臣不一定都有智慧，君主认为某人有智慧然后听取了他的意见，接着却与身边的近臣来评论这些有智慧人的意见，这实际就是在和愚蠢的人讨论什么是智慧；君主身边的近臣不一定都贤良，君主认为某人贤良而礼遇他，然后又与身边的近臣评论这位贤良人的行为，这实际就是在和不贤良的人讨论什么是贤良。智者的决策是否施行最终要听从愚蠢人的决断，贤人的行为要由不贤良的人去评判，那么贤良而有智慧的人就会感到羞耻而君主的论断必然也会与事实不符。臣子中有想获得官爵的，其中那些善于修养自身的人就会用高洁的品德严格约束自己，那些有智慧的人就会用自己的办事能力去建功立业。那些善于修养自身的人不会用财物去贿赂别人，他们坚持自己的高尚品德而更不会贪赃枉法去处理事务；那么那些有修养有智慧的人也就不会去侍奉君主的近臣，不会接受别人的私下请托了。君主的近臣，品行并不会像伯夷那样清正廉洁，他们的求索没有得到满足，贿赂也没有送来，那么具有办事能力者所建立的功业就会被他们埋没，而诬陷诋毁的言论也就会随之而起了。具有办事能力者的功业是否被埋没控制在近臣的手中，品行高尚者的行为是否高尚取决于别人的诋毁或赞誉，那么有修养有智慧的官吏就会被废黜，而君主的明察之路也就会被阻塞。君主如果不根据功劳的大小来评定臣下的智慧和品行，不进行多方面的比较检验来审查臣下的罪行过错，而是一味听信身边近臣的话，那么无能之辈就会在朝廷中掌权，而愚蠢龌龊的官吏就会窃据各种职务了。

万乘之患，大臣太重；千乘之患，左右太信：此人主之所公患也[①]。且人臣有大罪，人主有大失，臣主之利与相异者也。何以明之哉？曰：主利在有能而任官，臣利在无能而得事[②]；主利在有劳而爵禄，臣利在无功而富贵；主利在豪杰使能，臣利在朋党用私。是以国地削而私家富，主上卑而大臣重。故主失势而臣得国，主更称蕃臣[③]，而相室剖符[④]。此人臣之所以谲主便私也[⑤]。故当世之重臣，主变势而得固宠者[⑥]，十无二三。是其故何也？人臣之罪大也。臣有大罪者，其行欺主也，其罪当死亡也。智士者远见而畏于死亡，必不从重人矣；贤士者修廉而羞与奸臣欺其主，必不从重臣矣。是当涂者之徒属，非愚而不知患者，必污而不避奸者也。大臣挟愚污之人，上与之欺主，下与之收利侵渔，朋党比周，相与一口，惑主败法，以乱士民，使国家危削，主上劳辱，此大罪也。臣有大罪而主弗禁，此大失也。使其主有大失于上，臣有大罪于下，索国之不亡者，不可得也。

注释

①公患：共有的灾难。

②得事：得到政事。也即掌握大权。

③主更称蕃臣：君主反而改称臣下。蕃，通“藩”。领有封地的臣下叫作“藩臣”。

④相室：丞相；辅佐大臣。剖符：古代君主授予诸侯和功臣的凭信，竹制，剖分为二，君主与诸侯大臣各执其一。剖符本来是君主的权力，而现在

的大臣也可以使用剖符的权力，说明大臣已经反客为主。

⑤谲：欺骗。

⑥主变势：君主的情势变化之后，也即君主改变了。

译文

大国的灾难，就是大臣的权势太重；中小国家的灾难，就是对身边的侍臣过于信任：而这是所有君主的共同灾难。再说臣下之所以犯下大罪，就是由于君主有了大的失误，因为臣下和君主的利益是不一致的。怎么能够证明这一点呢？回答是：君主的利益在于有才能的才授予官职，臣下的利益在于自己没有才能还能够执掌政事；君主的利益在于有功劳的才赏赐爵禄，臣子的利益在于自己没有功劳还能够获得富贵；君主的利益在于让那些豪杰充分发挥他们的才能，臣子的利益在于结党营私。因此国家的土地被侵占而大臣的财富却在增加，君主的地位卑下而大臣的地位反而尊贵。因此君主失去了权势而大臣获取了国家政权，君主反而改称藩臣，而执政的相国却掌管了剖符的权力。这就是大臣之所以欺骗君主以谋取私利的目的。因此当代的那些掌权大臣，在君权更替之后能够继续得到君主宠信的，十个之中还不到二、三个。这是什么缘故呢？就是因为这些大臣的罪过实在太大了。这些犯下大罪的大臣，他们的所作所为就是欺骗君主，他们的罪行应该处以死刑。有智慧的人目光远大而畏惧死亡，肯定不会依附于那些弄权谋私的大臣；贤能的人修身廉洁而耻于与奸臣一起欺骗君主，必然也不会依附于权臣。那些掌权谋私的大臣的党羽徒众，如果不是愚蠢而不知道什么是祸患的人，就一定是品行污浊而不怕行为奸邪的坏人了。大臣挟持着这么一群愚蠢而又污浊的人，对上和他们一起欺骗君主，对下和他们一起搜刮民财侵害民利，他们结党营私，统一口径，迷惑君主而败坏法纪，以此扰乱民众，让国家处于危险削弱的境地，使君主受尽了劳苦屈辱，这就是臣下的大罪啊。臣下有了大罪而君主不去禁止惩罚，这就是君主的大过失啊。使君主在上面犯下大的过失，使臣子在下面犯下大的罪过，要想使自己的国家不灭亡，那是不可能的。

说 难

题解

说难，指游说君主的困难。本篇主要阐述了游说君主时应该注意的一些问题。首先，游说者应该弄清楚君主的心思，不可漫无目的地盲目游说。其次，指出了一些十分危险的游说方式，比如触及君主的一些隐私、无意间的泄密、明确指责君主的过错等等。第三，提出了一些有助于游说成功的方法，比如多讲君主感到自豪的事情、想办法满足君主的虚荣心、尽量避免与君主发生冲突等等。第四，韩非还提醒游说者一定要审视清楚自己与君主关系的深浅，因为同样的建议，由于关系的不同，将会产生截然不同的效果。最后，韩非特别告诫游说者，千万不可触碰君主的逆鳞，也即不可触碰君主的隐痛。

凡说之难①，非吾知之有以说之之难也②，又非吾辩之能明吾意之难也，又非吾敢横失而能尽之难也③。凡说之难，在知所说之心④，可以吾说当之⑤。所说出于为名高者也，而说之以厚利，则见下节而遇卑贱⑥，必弃远矣。所说出于厚利者也，而说之以名高，则见无心而远事情，必不收矣。所说阴为厚利而显为名高者也，而说之以名高，则阳收其身而实疏之[7]；说之以厚利，则阴用其言显弃其身矣。此不可不察也。

注释

①说 shuì：游说；劝说。本篇主要指游说君主。

②知：通“智”，智慧。

③横失 yì：纵横捭阖。失，通“佚”，放纵而不受拘束。

④所说：所游说的对象。

⑤当之：适应他；应对他。

⑥见下节：被视为品质低下。

⑦阳收其身：表面上接受这个人。阳，表面的。

译文

大凡游说的难处，并不是因为我的智慧欠缺而难以拿出适当的内容去说服对方，也不是因为我的言谈能力欠缺而难以表达明白我的意思，也不是因为我难以去纵横捭阖、挥洒自如地把道理全部讲出来。大凡游说的难处，在于了解所游说对象的心思，以便用适当的游说内容去应对它。所游说的对象属于追求美名的人，如果用丰厚的利益去游说他，那么就会被视为品德低下而受到卑贱的待遇，必然会被抛弃被疏远。所游说的对象属于看重利益的人，如果用美名去游说他，那么就会被视为没有头脑而不切实际，就必然不会被任用。所游说的对象心里追求厚利而表面上却是追求美名的人，如果用美名去游说他，那么他表面上会接受游说者而实际上却会疏远游说者；如果用丰厚的利益去游说他，那么他暗地里会采用游说者的建议而表面上会抛弃游说者。这些情况不可以不仔细考察啊。

夫事以密成，语以泄败。未必其身泄之也，而语及所匿之事①，如此者身危。彼显有所出事，而乃以成他故②，说者不徒知所出而已矣③，又知其所以为，如此者身危。规异事而当④，知者揣之外而得之⑤，事泄于外，必以为己也⑥，如此者身危。周泽未渥也⑦，而语极知，说行而有功，则德忘⑧；说不行而有败，则见疑⑨，如此者身危。贵人有过端⑩，而说者明言礼义以挑其恶，如此者身危。贵人或得计而欲自以为功，说者与知焉⑪，如此者身危。强以其所不能为⑫，止以其所不能已⑬，如此者身危。故与之论大人⑭，则以为间己矣⑮；与之论细人⑯，则以为卖重⑰。论其所爱，则以为藉资；论其所憎，则以为尝己也⑱。径省其说，则以为不智而拙之⑲；米盐博辩⑳，则以为多而久之㉑。略事陈意，则曰怯懦而不尽；虑事广肆㉒，则曰草野而倨侮㉓。此说之难，不可不知也。

注释

①及：触及。这里指无意地触及。所匿之事：指君

主所藏匿的事情。

②他故：其他的事情。

③不徒：不仅。所出：所表现出来的事情。

④规异事：君主规划某件不寻常的事情。当：说中，指游说者说中了这件事情。

⑤知者：即智者。知，通“智”。揣：揣摩；猜想。

⑥必以为己：肯定认为是游说者泄露出去的。己，指游说者。

⑦周泽：恩泽；恩惠。渥wò：优厚；深厚。

⑧德忘：指游说者的功德被君主忘记。因为君主对他的感情还不深厚。

⑨见：被。

⑩贵人：指君主。过端：错误的事情。

⑪与知焉：了解并参与这个计谋。

⑫强：勉强。其所不能为：指君主所不能做的事情。

⑬所不能已：所无法停止下来的事情。已，停止。

⑭大人：指朝中大臣。

⑮间：离间；挑拨。

⑯细人：小人；地位低的人。指君主身边侍从之类的人。

⑰卖重：卖弄自己的重要性。

⑱尝：试探。

⑲拙之：认为游说者十分笨拙。之，代指游说者。

⑳米盐：指日常琐事，比喻细微烦琐的事情。博

辩：说话太多；说话啰唆。

㉑久之：说话的时间太长。

㉒肆：放肆；不受拘束。

㉓倨侮：傲慢自大。

译文

办事需要保密才能成功，讲话因为泄露才会失败。不一定是游说者自己有意地泄露秘密，而是因为游说者的一些话无意中触及君主所隐藏的一些事情，像这样游说者就危险了。君主表面上在做一些事情，而实际上是想用这些事情去促成其他的事情，游说者如果不仅知道君主做的表面事情，而且还知道君主这样做的真实目的，像这样游说者就危险了。君主正在暗中规划一些非同寻常的事情而游说者又恰恰说中了这些事情，其他的智者在外面也猜测到了这些事情，并把这些事情泄露出去，那么君主就肯定认为是游说者泄露的，像这样游说者就危险了。君主对游说者的恩德还不够深厚，而游说者就把自己的想法全部讲出来，如果这些想法被君主接受而且也有了功效，那么游说者的功德也会被君主忘记；如果这些想法没有被接受或者出现了失误，那么游说者就会被怀疑，像这样游说者就危险了。君主有了过错，而游说者大谈礼义并且明确指责君主的错误，像这样游说者就危险了。君主想到一条妙计并想以此作为自己的功劳，而游说者也知道这条妙计并参与其中，像这样游说者就危险了。强迫君主去做他所不能做到的事情，阻止君主去做他所不能停下来的事情，像这样游说者就危险了。如果游说者与君主一起议论朝中大臣，那么君主就会认为是在挑拨自己与大臣之间的关系；如果与君主一起议论一些小人，那么君主就会认为游说者是在卖弄自己的重要性。如果与君主一起议论他所喜爱的人，那么君主就认为游说者是在想寻找凭借和依靠；如果与君主一起议论他所憎恶的人，那么君主就会认为游说者是在试探自己。如果游说者直截了当简明扼要地去阐述自己的观点，那么就会被认为不聪明而被看成是笨拙；如果游说的内容广博而又细微，那么就会被认为太啰唆而讲得时间也太长。如果游说者简单扼要地只说说大意，那么就会被认为是胆小怯弱而不敢把话说完；如果游说者所考虑的事情广泛而且无拘无束地把它们说出来，那么就会被认为是粗野无礼而且傲慢自大。这些游说的难处，不能不了解啊。

凡说之务，在知饰所说之所矜而灭其所耻[①]。彼有私急也，必以公义示而强之[②]。其意有下也[③]，然而不能已，说者因为之饰其美而少其不为也[④]。其心有高也，而实不能及，说者为之举其过而见其恶[⑤]，而多其不行也[⑥]。有欲矜以智能，则为之举异事之同类者，多为之地[⑦]，使之资说于我[⑧]，而佯不知也以资其智[⑨]。欲内相存之言[⑩]，则必以美名明之，而微见其合于私利也[⑪]。欲陈危害之事，则显其毁诽，而微见其合于私患也。誉异人与同行者，规异事与同计者。有与同污者，则必以大饰其无伤也；有与同败者，则必以明饰其无失也。彼自多其力，则毋以其难概之也[⑫]；自勇之断，则无以其谪怒之[⑬]；自智其计，则毋以其败穷之[⑭]。大意无所拂悟[⑮]，辞言无所系縻[⑯]，然后极骋智辩焉。此道所得，亲近不疑而得尽辞也。

注释

①饰所说之所矜：美化君主所感到自豪的事情。饰，修饰，美化。所说，所游说的对象，也即所要游说的君主。矜，自夸，自豪。

②强之：勉励他。强，加强，勉励。

③其意有下：君主的用意较为卑下。

④饰其美：修饰、美化他的这一念头。少其不为：批评他不敢去实现自己的想法。少，批评。

⑤举其过：列举这些期望的缺陷。见 xiàn 其恶：揭示这些期望的坏处。见，通“现”，揭示出来。

⑥多其不行：赞美他不去实现这些期望。多，赞美。

⑦多为之地：为他提供更多的依据。

⑧资说于我：从我这里得到更多的资料。

⑨佯：假装。以资其智：以帮助他呈现自己的才智。

⑩欲内nà相存之言：要想劝告君主保全某人。内，通“纳”，进言。存，保存，保全。

⑪微见：暗中说明，也即暗示。私利：指君主的私利。

⑫其难：指君主难以做到的事情。概之：打击他。概，古代量米粟时用来刮平斗斛用的木板。这里用作动词，刮平斗斛而不使过满，引申为压制、打击。

⑬谪：指责。这里引申为缺点、错误。

⑭其败：君主的失败。穷之：把君主逼入尴尬、困窘的境地。

⑮拂悟：悖逆，也即违背君主的意愿。悟，通“忤”，违背。

⑯系縻：其他各本作“击摩”，抵触。

译文

大凡游说的要领，在于要懂得去美化游说对象所感到自豪的事情而设法掩盖对方所感到羞耻的地方。如果对方有私人急事，那么游说者就一定要指明这是符合公义的行为以勉励他。如果对方思想中有卑下的念头，然而他又无法自我克制，那么游说者就应该借此机会美化他的这种念头而批评他不敢去实现自己的这一想法。如果对方思想中有高尚的念头，然而实际上他又无法做到，那么游说者就应该为他列举这种念头的缺点而揭示这种念头的坏处，而称赞他不去实现这种想法。如果对方想夸耀自己的智慧和能力，那么游说者就要为他举出同类的其他事情，尽量多为他提供这方面的例证，使他能够从我这里获取更多的自夸材料，而我却假装不知道以帮助他显示自己的聪明才智。想要进言以保护某人，那么就必须用赞美的言辞去阐述清楚，而且还要暗示这样做符合君主的私利。想要进言以伤害某人，那么就应该用批判的言辞去阐述明白，而且还要暗示此人的行为会为君主带来祸患。游说者要赞誉与君主有同样行为的另外一个人，要规划与君主思路一样的另外一件事情。如果有人与君主有同样的污点，那么游说者就必须尽量粉饰这些污点以为这无伤大雅；如果有人与君主遭遇了同样的失败，那么游说者就必须用明白的言辞来粉饰这种失败以为这并非大的失误。如果君主自认为很有能力，那么游说者就不要用他难以办到的事情来打击他；如果君主自认为很有勇气且敢于决断，那么游说者就不要用他的过失去惹怒他；如果君主自认为有智谋，那么游说者就不要拿他的失败使他陷入尴尬难堪的境地。游说的大致内容不要违背了君主的意愿，所使用的言辞也不要与君主有所抵触，然后游说者就可以尽情地施展自己的智慧和口才了。这种游说方法所取得的效果，就是能够使君主对游说者亲近不疑，而使游说者能够畅所欲言地把话说完。

伊尹为宰[①]，百里奚为虏[②]，皆所以干其上也[③]。此二人者，皆圣人也；然犹不能无役身以进，如此其污也！今以吾言为宰虏[④]，而可以听用而振世，此非能仕之所耻也[⑤]。夫旷日弥久[⑥]，而周泽既渥，深计而不疑，引争而不罪，则明割利害以致其功[⑦]，直指是非以饰其身[⑧]，以此相持，此说之成也。

注释

①伊尹：人名，辅佐商汤建立商朝的大臣。宰：厨师。《韩非子·难言》："上古有汤，至圣也；伊尹，至智也。夫至智说至圣，然则七十说而不受，身执鼎俎为庖宰，昵近习亲，而汤乃仅知其贤而用之。"

②百里奚：人名。虏：俘虏；奴隶。百里奚原为虞国大夫，虞灭后被转卖到楚国，据说他在齐国时因困苦而沿路乞讨。秦穆公听说他有贤才，遂以五张羊皮的代价将他赎出，任他为秦国大夫。后来秦穆公在他的辅佐下，成就了霸业。

③干：求取，指求取官职。

④以：因为。为宰虏：指像伊尹和百里奚那样为了拯救社会而去当厨师与奴隶。

⑤能仕：即能士，贤能之人。仕，通"士"。

⑥旷日弥久：时间长了。这里指与君主相处的时间久了。

⑦割：决断；分析。

⑧饰：通“饬”，整饬，修养。

译文

伊尹当厨师，百里奚做奴隶，他们如此做都是为了求得君主的任用。这两个人，都是圣人啊；然而他们都不能不身为贱役以求得君主的任用，他们显得是如此的卑贱啊！现在如果有人因为我的这些言论而去当了厨师和奴隶，从而可以得到君主的任用以拯救天下，这也不会是贤能之士所感到耻辱的。如果与君主在一起的时间久了，君主对自己的恩德也变得深厚起来，做出一些深入的计划而不会被君主怀疑，发生争论也不会被君主加罪，那么就可以清楚明白地为君主决断事情的利害得失以建功立业，直截了当地指出是非曲直来端正君主的言行,如果能够用这样的方式（和君主）相互对待，这就是游说的成功。

昔者郑武公欲伐胡[①]，故先以其女妻胡君以娱其意[②]。因问于群臣："吾欲用兵，谁可伐者？"大夫关其思对曰[③]："胡可伐。"武公怒而戮之，曰："胡，兄弟之国也。子言伐之，何也？"胡君闻之，以郑为亲己，遂不备郑。郑人袭胡，取之。宋有富人，天雨墙坏。其子曰："不筑，必将有盗。"其邻人之父亦云④。暮而果大亡其财。其家甚智其子⑤，而疑邻人之父。此二人说者皆当矣⑥，厚者为戮，薄者见疑，则非知之难也，处知则难也⑦。故绕朝之言当矣⑧，其为圣人于晋，而为戮于秦也⑨，此不可不察。

注释

①郑武公：人名，春秋时期郑国君主。郑国在今河南中部一地。胡：诸侯国名，在今河南偃师。一说指北方的少数民族国家。

②妻：嫁给……为妻。

③关其思：人名，郑国的大夫。对：回答。

④父：老人。

⑤甚智其子：认为自己的儿子非常聪明。

⑥二人：指关其思、邻人之父二人。

⑦处：处理；使用。

⑧绕朝：人名。春秋时期秦国大夫。《左传·文公十三年》记载，绕朝曾劝说秦康公不要放晋国的大臣士会回国，因为士会将给秦国带来威胁，而秦康公不听。

⑨为戮于秦：被秦国所杀。绕朝后来因士会用计而被杀。

译文

从前郑武公想征伐胡国，因此就先把自己的女儿嫁给胡国君主来讨他的欢心。此后郑武公询问群臣：“我想用兵打仗，哪一个国家可以征伐？”大夫关其思回答说：“胡国可以征伐。”郑武公听后勃然大怒，就把他杀了，说：“胡国，是我的兄弟之国。而你却说要去征伐它，这是为什么呢？”胡国君主听说这件事之后，以为郑国与自己的关系十分亲密，于是就不再防备郑国。结果郑国军队偷袭胡国，占领了它。宋国有一位富人，天下大雨时墙壁被冲坏了。他的儿子说：“墙如果不赶快修好，一定会有盗贼来的。”他家邻居的老人也这样提醒他。当天晚上果然丢失了许多财物。这个富人认为自己的儿子非常聪明，而怀疑偷自己财物的就是邻居家的老人。关其思与邻居老人这两个人提出的建议都是很恰当的，然而后果严重的被杀掉，轻微一些的也受到怀疑，这就说明不是认识事物有多么困难，而是如何恰当地处理这种认识非常困难。因此绕朝劝说秦康公的话是恰当的。他被晋国人视为圣人，然而在秦国却被杀掉，这些情况不可不仔细考察啊。

昔者弥子瑕有宠于卫君[①]。卫国之法：窃驾君车者罪刖[②]。弥子瑕母病，人闻，有夜告弥子，弥子矫驾君车以出[③]。君闻而贤之[④]，曰："孝哉！为母之故，忘其刖罪。"异日，与君游于果园，食桃而甘，不尽，以其半啖君[⑤]。君曰："爱我哉！忘其口味以啖寡人。"及弥子色衰爱弛，得罪于君，君曰："是固尝矫驾吾车，又尝啖我以余桃。"故弥子之行未变于初也，而以前之所以见贤而后获罪者[⑥]，爱憎之变也。故有爱于主，则智当而加亲；有憎于主，则智不当见罪而加疏。故谏说谈论之士，不可不察爱憎之主而后说焉。

注释

①弥子瑕：人名。春秋时期卫国君主卫灵公的宠臣。卫君：即卫灵公，春秋时期卫国君主。

②刖 yuè：把脚砍掉的酷刑。

③矫：矫命；假借命令。

④贤之：认为弥子瑕很贤良。

⑤啖君：给卫灵公吃。啖，吃。

⑥见贤：被认为贤良。见，被。

译文

从前弥子瑕深得卫灵公的宠爱。卫国的法律规定：不经允许私自驾驶君主车辆的人要处以砍脚的刑罚。弥子瑕母亲生病，有人听说了这件事，就连夜来告诉弥子瑕，弥子瑕假借卫灵公的命令而擅自驾驶着君主的车辆出宫回家。卫灵公听说后认为弥子瑕很贤良，说："真是孝顺啊！为了母亲的缘故，竟然忘记了砍脚的刑罚。”另外有一天，弥子瑕和卫灵公在果园里游玩，他吃一个桃子时觉得很甜，就没有吃完，把吃剩下的半个桃子送给卫灵公吃。卫灵公说：“真是爱我呀！忘了这个桃子是自己爱吃的而送给我吃。”到了弥子瑕容颜衰老宠爱减退时，得罪了卫灵公，卫灵公就说：“这个人本来就曾假借我的命令擅自驾驶我的车辆，还曾拿他吃剩下的半个桃子给我吃。”弥子瑕后来的行为与从前的行为并没有任何变化，然而从前被看作是贤良而后来却被视为罪过，这是因为君主对他的爱憎态度有了变化啊。因此如果臣子能够受到君主的宠爱，那么他的智谋就会被认为很恰当而更加受到宠幸；如果受到君主的憎恶，那么他的智谋就会被认为不恰当而且会被治罪被疏远。因此那些劝谏游说君主的人，不可不在仔细观察君主对自己的爱憎态度之后再去进行游说啊。

夫龙之为虫也，柔可狎而骑也①；然其喉下有逆鳞径尺，若人有婴之者②，则必杀人。人主亦有逆鳞，说者能无婴人主之逆鳞，则几矣③。

注释

①狎：亲密；亲近。

②婴：通“撄”，触犯，触动。

③几：差不多。这里指差不多可以成功了。

译文

龙作为一种动物，在它温柔时可以亲近而且可以骑在它的身上；然而它的喉部下面有一尺左右的倒长着的鳞片，如果有人触动这块鳞片，那么龙就一定会杀死这个人。君主也有类似的倒长着的鳞片，游说者如果能够不去触动君主的那些倒长的鳞片，那就基本上快要游说成功了。

和　氏

题解

和氏，人名，即卞和。也可以理解为著名的和氏璧。韩非一开始就用和氏璧多次被误解的故事，以说明贤能的法术之士之所以难以建功立业的原因。作者接着列举了商鞅与吴起的遭遇，进一步证明了自己的观点：法术之士难以被人们接受，即使他们为国立了大功，依然难逃悲惨结局。韩非认为，法术之士得不到应有的重视，是国家陷入动乱的主要原因。

楚人和氏得玉璞楚山中①，奉而献之厉王②。厉王使玉人相之③，玉人曰："石也。"王以和为诳④，而刖其左足⑤。及厉王薨⑥，武王即位⑦。和又奉其璞而献之武王。武王使玉人相之，又曰："石也。"王又以和为诳，而刖其右足。武王薨，文王即位⑧。和乃抱其璞而哭于楚山之下，三日三夜，泪尽而继之以血。王闻之，使人问其故，曰："天下之刖者多矣，子奚哭之悲也？"和曰："吾非悲刖也，悲夫宝玉而题之以石，贞士而名之以诳⑨，此吾所以悲也。"王乃使玉人理其璞而得宝焉，遂命曰"和氏之璧"。

注释

①和氏：人名，即卞和，春秋时期楚国人。楚山：也即荆山，在今湖北境内。璞：含有玉的石头。

②厉王：春秋时期楚国君主楚厉王。《韩非子集解》卷四："《楚世家》无厉王，《后汉书·孔融传》引作'武王、文王、成王'，是也。"

③玉人：玉工，制作玉器的工匠。相：观察；鉴定。

④诳kuáng：欺骗。

⑤刖yuè：一种把脚砍掉的酷刑。

⑥薨hōng：诸侯之死称"薨"。《礼记·曲礼》："天子死曰崩，诸侯曰薨，大夫曰卒，士曰不禄，庶人曰死。"

⑦武王：楚武王，名熊通。

⑧文王：楚武王的儿子楚文王，名熊赀。

⑨贞士：诚实的人。贞，诚实。

译文

楚国人卞和在楚山中得到一块璞玉，就把它献给楚厉王。楚厉王派玉工去鉴定，玉工说："这是块石头啊。"楚厉王认为卞和欺骗了自己，于是就处以刖刑而砍掉了卞和的左脚。到了楚厉王去世之后，楚武王登上王位，卞和又把那块璞玉献给楚武王。楚武王让玉工来鉴定，玉工又说："这是块石头啊。"楚武王也认为卞和是在欺骗自己，于是就砍掉了卞和的右脚。楚武王去世后，楚文王即位，卞和便抱着那块璞玉在楚山脚下痛哭，整整哭了三天三夜，眼泪流干后又接着流出血。楚文王听说这件事情后，就派人去询问他痛哭的原因，对他说："天下被砍掉脚的人很多啊，你为什么会哭得这样伤心呢？"卞和说："我并不是因为被砍掉脚而伤心，我伤心的宝石被人说成是石头，诚实的人被说成骗子，这才是我伤心的真正原因啊。"楚文王派玉工加工那块璞玉，而且确实从中获取了宝玉，于是就把这块宝玉命名为"和氏之璧"。

夫珠玉，人主之所急也。和虽献璞而未美，未为主之害也，然犹两足斩而宝乃论，论宝若此其难也！今人主之于法术也，未必和璧之急也；而禁群臣士民之私邪。然则有道者之不僇也①，特帝王之璞未献耳②。主用术，则大臣不得擅断，近习不敢卖重③；官行法，则浮萌趋于耕农④，而游士危于战陈⑤；则法术者乃群臣士民之所祸也。人主非能倍大臣之议⑥，越民萌之诽⑦，独周乎道言也⑧，则法术之士虽至死亡，道必不论也。

注释

①僇：通"戮"，杀害。

②特：仅仅；只是。帝王之璞：能够成就帝王大业的谋略。璞，玉璞，比喻美好的治国谋略。

③卖重：卖弄自己的大权。实际是指弄权舞弊。

④浮萌：游民，指商贾一类四处游食的人。萌，通“氓”，民众。

⑤游士：指四处游荡的说客、儒生之类的人。危：冒着生命危险去作战。陈 zhèn：通“阵”，军阵。

⑥倍：通“背”，违背。

⑦越：越过，指不予理睬。

⑧周：符合；契合。道言：符合大道的治国主张。

译文

宝珠美玉，是君主所迫切想得到的东西。卞和献上美玉虽然没有得君主的肯定与赞美，可这也不会为君主带来什么灾祸，然而还必须待到两只脚被砍掉后宝玉的价值才能够得到认定，鉴定珍宝竟然是如此困难啊！如今的君主对于法术的需要，未必像对待和氏璧那样迫切，而法术却只能用来禁止群臣、百姓的自私和邪恶行为。掌握了法术的有道之士之所以没有被杀害，仅仅就是因为他们能够成就帝王大业的治国法术还没有进献给君主而已。君主如果能够使用治国法术，那么大臣就不能独断专行，身边近侍也不敢弄权舞弊；如果官员们执行法律，那么四处游食的民众就必须从事农业生产，而四处游荡的士人也就必须去冒着危险冲锋陷阵；那么治国的法术就会被群臣、百姓视为祸害自己的东西。君主如果不能违背大臣的意见，超越民众的非议，独立地使自己的言行与法术思想相符合，那么法术之士即使一直到死，他们的学说也肯定不会得到认同。

昔者吴起教楚悼王以楚国之俗[①]，曰："大臣太重，封君太众[②]。若此，则上逼主而下虐民，此贫国弱兵之道也。不如使封君之子孙三世而收爵禄，绝减百吏之禄秩[③]，损不急之枝官[④]，以奉选练之士[⑤]。"悼王行之期年而薨矣[⑥]，吴起枝解于楚[⑦]。商君教秦孝公以连什伍[⑧]，设告坐之过[⑨]，燔《诗》《书》而明法令[⑩]，塞私门之请而遂公家之劳[⑪]，禁游宦之民而显耕战之士。孝公行之，主以尊安，国以富强，八年而薨，商君车裂于秦[⑫]。楚不用吴起而削乱，秦行商君法而富强。二子之言也已当矣，然而枝解吴起而车裂商君者，何也？大臣苦法而细民恶治也[⑬]。当今之世，大臣贪重，细民安乱，甚于秦、楚之俗，而人主无悼王、孝公之听，则法术之士，安能蒙二子之危也，而明己之法术哉？此世所以乱无霸王也。

注释

①吴起：人名，战国时期卫国人，著名的军事家，同时也是法家的代表人物。他先在鲁、魏两国为官，

后受大臣排挤，去魏入楚。在楚悼王的支持下进行变法。悼王去世后，吴起被楚国贵族杀害。

②封君：诸侯。

③绝减：裁减。

④枝官：多余的官职。

⑤选练之士：经过选拔和训练的士兵。

⑥期年：一年。

⑦枝解：即“肢解”。

⑧秦孝公：战国时期秦国君主。连什伍：十家或五家连坐制度。连，连坐。什伍，十家为什，五家为伍。

⑨设告坐之过：设立不告发奸人的连坐罪。过，罪过。《史记·商君列传》：“令民为什伍，而相收司连坐。不告奸者腰斩，告奸者与斩敌首同赏，匿奸者与降敌同罚。”

⑩燔fán：焚烧。《诗》《书》：《诗经》和《尚书》。

⑪遂：成功；建立。

⑫车裂：用车把人肢体撕裂的酷刑。

⑬苦：感到痛苦；苦于。细民：小民；百姓。

译文

从前吴起拿楚国的国情来教导楚悼王，说：“楚国的大臣权势太重，有封邑的贵族人数太多。像这种情况，他们就会对上威胁到君主而对下虐待百姓，这是造成国家贫穷兵力弱小的做法啊。不如规定让那些有封邑的贵族只传到子孙三代就收回他们的封邑，取消或减少百官的俸禄和官阶，撤销那些没有急用的多余官职，把节省下来的费用拿去供养经过选拔和训练的士兵。”楚悼王实行这个政策刚刚一年就去世了，吴起在楚国被贵族肢解。商鞅教秦孝公实行十家、五家联保的制度，设立不告发奸邪的株连罪责，焚烧《诗经》《尚书》等典籍而阐明法令，杜绝私家请托以鼓励为国家建功立业，禁绝靠游说谋取官职的人而使从事农耕和作战有功的人显贵。秦孝公施行这个政策，君主因此而得到尊重和安全,国家因此而变得富强。八年后秦孝公去世，商鞅便在秦国被处以车裂的酷刑。楚国因为不任用吴起而弱小混乱，秦国因为实行商鞅之法变得富裕强大。这两位先生的建议已被证明是正确的，然而吴起被肢解而商鞅被车裂的原因，是什么呢？就是因为大臣们苦于吴起与商鞅的法令而百姓们讨厌他们的法治啊。如今这个社会，大臣贪图重权，百姓安于混乱，其情况比当时秦国和楚国的情况还要严重，而君主们又没有人能够像楚悼王、秦孝公那样愿意听从大臣的建议，那么那些法术之士又怎么能够冒着吴起、商鞅两人所遭遇到的危险而去阐明自己的治国法术呢？这就是当今社会之所以混乱不堪而没有君主能够成为霸王的原因啊。

备 内

题解

备内，就是防备宫内的后妃、太子党羽以及其他奸臣弑君篡权。韩非一开始就提出了一个非常残酷的命题："人主之患在于信人。"首先，韩非认为即使妻子儿女，君主也不可去相信他们，因为一些奸臣会利用君主对妻子儿女的信任以牟取私利；更值得注意的是，君主与他的妻儿之间也会发生极为尖锐的利害冲突。因此在本篇中，妻儿也成了君主严加防范的主要对象。其次，韩非告诫君主还要注意提防那些尊贵的大臣，因为根据历史经验，能够犯下大逆不道的弑君罪行的，往往就是那些尊贵的大臣。本篇比较集中地反映了韩非"人性恶"的哲学观点。

人主之患在于信人。信人，则制于人。人臣之于其君，非有骨肉之亲也，缚于势而不得不事也[①]。故为人臣者，窥觇其君心也无须臾之休[②]，而人主怠傲处其上，此世所以有劫君弑主也。为人主而大信其子，则奸臣得乘于子以成其私[③]，故李兑傅赵王而饿主父[④]。为人主而大信其妻，则奸臣得乘于妻以成其私，故优施傅丽姬杀申生而立奚齐[⑤]。夫以妻之近与子之亲而犹不可信，则其余无可信者矣。

注释

①缚于势：受到形势的约束。一说“缚”通“薄”，迫，迫于。

②觇chān：暗中察看。须臾：片刻。

③乘：利用。

④李兑：人名，战国时期赵国大夫。傅：辅佐。赵王：指赵惠文王，战国时期赵国君主，赵武灵王的幼子。主父：即赵武灵王，战国时期赵国的君主。公元前299年，赵武灵王把王位传给小儿子何（即赵惠文王），自号“主父”。公元前295年，李兑因帮助何与赵武灵王的长子章争夺君权，把赵武灵王围困在沙丘宫达三个月之久，赵武灵王最后被饿死于此地。

⑤优施：人名，春秋时期晋国的一个艺人。丽姬：人名，又作“骊姬”，春秋时期晋献公的后妻。申生：人名，晋献公的太子。奚齐：人名，丽姬的儿子。公元前655年，丽姬在优施的教唆下，向晋献公进谗言，迫害晋献公前夫人的几个儿子，太子申生自杀，重耳等逃亡国外，立奚齐为太子。

译文

君主的灾难在于相信别人。一旦相信别人，就会受到别人的控制。大臣与君主，没有骨肉之间的亲情，大臣仅仅是因为受到形势的约束而不得不去侍奉君主。因此那些做大臣的，无时无刻不在窥探着他们的君主的心思，而君主却往往会懈怠傲慢地生活在朝堂之上，这就是世上经常会发生劫持杀害君主的原因啊。做君主的如果太相信自己的儿子，那么奸臣就会利用君主的儿子来谋取自己的私利，因此李兑能够辅佐赵惠文王而把赵武灵王饿死。做君主的如果太相信自己的妻子，那么奸臣就会利用君主的妻子来谋取自己的私利，因此优施能够辅佐骊姬杀死申生而立奚齐为太子。以妻子的亲近关系和儿子的亲情关系尚且不可以相信，那么其余的人也就没有一个值得相信的了。

且万乘之主、千乘之君，后妃、夫人、适子为太子者[①]，或有欲其君之蚤死者[②]。何以知其然？夫妻者[③]，非有骨肉之恩也，爱则亲，不爱则疏。语曰："其母好者其子抱[④]。"然则其为之反也，其母恶者其子释[⑤]。丈夫年五十而好色未解也[⑥]，妇人年三十而美色衰矣。以衰美之妇人事好色之丈夫，则身见疏贱[⑦]，而子疑不为后，此后妃、夫人之所以冀其君之死者也[⑧]。唯母为后而子为主，则令无不行，禁无不止，男女之乐不减于先君，而擅万乘不疑，此鸩毒扼昧之所以用也[⑨]。故《桃左春秋》曰[⑩]："人主之疾死者不能处半。"人主弗知，则乱多资。故曰：利君死者众，则人主危。故王良爱马[11]，越王勾践爱人[12]，为战与驰。医善吮人之伤，含人之血，非骨肉之亲也，利所加也。故舆人成舆[13]，则欲人之富贵；匠人成棺，则欲人之夭死也[14]。非舆人仁而匠人贼也，人不贵，则舆不售；人不死，则棺不买。情非憎人也，利在人之死也。故后妃、夫人、太子之党成而欲君之死也，君不死，则势不重。情非憎君也，利在君之死也。故人主不可以不加心于利己死者。故日月晕围于外[15]，其贼在内；备其所憎，祸在所爱。是故明王不举不参之事[16]，不食非常之食；远听而近视以审内外之失，省同异之言以知朋党之分[17]，偶参伍之验以责陈言之实[18]；执后以应前，按法以治众，众端以参观[19]；士无幸赏[20]，赏无逾行；杀必当，罪不赦，则奸邪无所容其私。

注释

①适dí：嫡子。适，通“嫡”，正妻生的儿子称嫡子。

②蚤：通“早”。

③夫妻：指君主的妻子。夫，发语词，无义。

④好：女子的容貌美丽。

⑤恶：丑陋。释：放弃；抛弃。

⑥丈夫：男子。解xiè：通“懈”，减弱。

⑦见：被。

⑧冀：希望。

⑨鸩 zhèn 毒：用鸩鸟羽毛浸泡的毒酒。扼昧：勒杀。

⑩《桃左春秋》：书名，先秦的一部史书，已佚。

⑪王良：人名。先秦晋国人，善于驾驭车马。

⑫越王勾践：即越国君主勾践。他被吴国战败后，卧薪尝胆，最终灭掉吴国。

⑬舆人：制作车子的工匠。

⑭夭死：早死。夭，夭折。

⑮晕：太阳和月亮周围的光圈，也即日晕、月晕。

⑯不举：不办。举，举办。不参：没有经过考察。参，参验，考察。

⑰省 xǐng：省察；检验。

⑱偶：比照；对比。参伍之验：对于各种事物进行考察。责：检查。

⑲众端：众多的事情。端，事。参观：相互参照检查。

⑳幸赏：侥幸得到赏赐。

译文

况且对于那些大国君主或者中等国家的君主，他们的后妃、夫人、做太子的嫡长子，或许他们之中就有人希望他们的君主早点死去。凭什么知道他们会这样呢？君主的妻子，与君主没有骨肉的亲情，君主宠爱她关系就会亲近，君主不爱她关系就会疏远。俗话说：“母亲长得漂亮那么她的儿子就会被父亲抱在怀里。”反过来说，母亲长得丑陋那么她的儿子就得不到父亲的喜欢。男子到了五十岁而爱好女色的天性还不会减弱，而女子到了三十岁美丽的容颜就开始衰老。以容颜衰老的女子去侍奉爱好美色的男子，那么女子自然就会被疏远和贱视，而她的儿子也就怀疑自己是否还能够成为君主的继承人，这就是后妃、夫人希望她们的君主早点死去的原因。只有母亲当了太后而儿子当了君主，那么他们就能够做到有令必行，有禁必止，他们的男欢女爱也不会比老君主在世的时候减少，而且能够独揽大国政权而不用疑虑重重，这就是鸩酒毒死、绞缢扼杀等手段之所以被使用的原因啊。因此《桃左春秋》说："君主因疾病死亡的还不到死亡君主总数的一半。"君主不了解这些情况，那么臣下作乱就会有更多的机会。因此说：认为君主死了对自己有利的人一旦多起来，那么君主就危险了。因此王良爱马，越王勾践爱人，他们是为了作战和赶路。医生善于吮吸别人的伤口，口中含着别人的脓血，这不是因为医生和病人有骨肉之亲，而是因为有利益掺杂在这些行为之中。因此造车的工匠造成车子之后，就希望别人能够富贵；木匠造成棺材之后，就希望别人能够早一点死亡。这并不是因为造车的工匠仁爱而木匠喜欢害人，而是因为如果别人不能富贵，那么车子就卖不出去；如果别人不早点死亡，那么棺材就卖不出去。木匠的情感并不是本来就憎恨别人，而是因为他们的利益建立在别人的死亡之上。因此后妃、夫人、太子的党羽一旦结成就会希望君主早点死去，如果君主不死，那么他们的权势就不会扩大。他们的情感并不是本来就憎恨君主，而是因为他们的利益建立在君主的死亡之上。因此君主不能不对那些因为自己的死亡而有利可图的人多加小心。所以说一旦日月外围出现日晕或月晕环绕，那么就预示宫内出现了想伤害君主的人；君主既要防备自己所憎恨的人，也要小心自己所爱的人给自己带来的灾难。因此那些明智的君主不举办没有经过查验的事情，不吃不寻常的食物；既要调查远方的情况，也要观察身边的事情，以审察朝廷内外的失误，省察相同或不同的言论，来了解各个朋党的区别，对比各种不同的事物并加以检验，以考察臣下陈述的问题是否真实；拿事后的结果来对照事前的言论，按照法令来治理民众，根据各方面情况进行检验观察；让士人不能获取侥幸的奖赏，奖赏也不会超越他们的功劳；诛杀罪人必须与他的罪行相当，有罪一概不得赦免，那么奸邪之人就没有办法再谋取他们的私利了。

徭役多，则民苦；民苦，则权势起；权势起，则复除重[①]；复除重，则贵人富。苦民以富贵人，起势以藉人臣，非天下长利也。故曰：徭役少，则民安；民安，则下无重权；下无重权，则权势灭；权势灭，则德在上矣。今夫水之胜火亦明矣，然而釜鬵间之[②]，水煎沸竭尽其上，而火得炽盛焚其下，水失其所以胜者矣。今夫治之禁奸又明于此，然守法之臣为釜鬵之行[③]，则法独明于胸中，而已失其所以禁奸者矣。上古之传言，《春秋》所记[④]，犯法为逆以成大奸者，未尝不从尊贵之臣也。然而法令之所以备，刑罚之所以诛，常于卑贱[⑤]，是以其民绝望，无所告愬[⑥]。大臣比周[⑦]，蔽上为一；阴相善而阳相恶[⑧]，以示无私；相为耳目，以候主隙；人主掩蔽，无道得闻[⑨]；有主名而无实，臣专法而行之，周天子是也[⑩]。偏借其权势[⑪]，则上下易位也。此言人臣之不可借权势也。

注释

①复除：免除赋税劳役。

②釜鬵xín：炊具；锅。釜，锅。鬵，大锅。

③守法之臣：掌握了执法大权的臣子。为釜鬵之行：像大锅阻碍水灭火那样去阻碍君主惩处罪人。

④《春秋》：书名。中国现存的第一部编年体史书，据说是孔子根据鲁国史书编撰而成。

⑤卑贱：这里指地位卑贱的民众。

⑥愬sù：通“诉”，倾诉，诉冤。

⑦比周：相互勾结。

⑧阴相善而阳相恶wù：暗中相互亲善而表面上相互讨厌。阴，暗中。阳，表面。

⑨无道：无由；无从。道，由，从。

⑩周天子：这里指东周天子，也即春秋战国时期的周朝统治者。当时周天子的政权已经名存实亡，失去了统领天下的权力。

⑪偏借：旁落。指君主的权力旁落于臣下之手。

译文

徭役太多了，那么民众就会感到劳苦；如果民众感到劳苦不满，那么大臣的权势就会增加；如果大臣的权势增加，那么免除的赋税劳役就会多了；如果免除的赋税劳役多，那么地位高贵的人就会变得越来越富有。君主如果增加民众的痛苦而使贵人富有，拿着国家的权势而借给臣子使用，这可不符合天下的长久利益啊。因此说：徭役少了，那么民众就会安定；如果民众安定，那么臣下就没有办法获取重大的权力；如果臣下没有重大的权力，那么有权势的大臣就不会存在；如果有权势的大臣不存在，那么所有的恩德就全部属于君主。如今水能胜火的道理是很明白的，然而用大锅把水火隔开，水在大锅里面被烧开熬干，而火却还能够在大锅的下面熊熊燃烧，这是因为水失去了胜过火的条件啊。如今法治能够禁止奸邪的道理比水能胜火的道理还要明白，然而那些执法的大臣竟然充当了大锅的作用，那么法度就只能在君主心里独自明白，而法度已经失去了用来禁止奸邪的作用。无论是远古的传说，还是《春秋》的记载，那些违反法令大逆不道而成为大奸臣的人，无不是出自尊贵的大臣。然而如今的法令所防备的，刑罚所诛杀的，常常都是一些地位卑贱的百姓，因此百姓感到绝望，却又没有地方可以告状申诉。大臣们相互勾结，蒙蔽君主串通一气；他们暗地里亲密友好而表面上却假装着互相憎恶，以此来表示他们之间没有私情；他们互相作为对方的耳目，以等待君主的空子；君主受到他们的蒙蔽，没有办法了解他们的阴谋；君主虽然还有君主的名义却没有君主的实权，大臣独掌了国家法令而独断专行，如今的周天子就是这种情况。君主的大权旁落于大臣之手，那么君主与大臣就会改变各自的位置。这就是说君主不可以让臣下借用君主的权势啊。

喻　老

题解

喻老，说明老子的思想。喻，通“谕”，告诉，说明。本篇与《解老》一篇的侧重点有所不同。《解老》主要侧重于从理论上去解释老子的思想，而本篇的侧重点则是用具体的历史故事去说明老子的思想，使老子的抽象理论化为具体可感的形象故事。

天下有道，无急患，则曰静，遽传不用①。故曰：“却走马以粪②。”天下无道，攻击不休，相守数年不已③，甲胄生虮虱④，燕雀处帷幄⑤，而兵不归。故曰：“戎马生于郊⑥。”

注释

①遽jù：送信的快车或快马。传：传车；驿车。

②却：驱赶；牵拉。走马：跑得很快的马。走，跑。粪：施肥，这里泛指耕种土地。本句出自《老子·四十六章》：“天下有道，却走马以粪；天下无道，戎马生于郊。”

③相守：两军相互僵持。不已：不止；不休。

④甲胄：甲衣和头盔。

⑤燕雀处帏幄 wéiwò：燕雀在军帐顶上做巢居住。本句的意思是说，由于长期打仗，军帐长期支撑在野外，鸟在上面做起巢来。帏幄，帷幕，这里指军帐。

⑥戎马生于郊：怀孕的母马在战场上生下小马。戎马，战马。郊，郊野，这里指战场。

译文

天下安定太平，没有发生危急的战乱，那么这就叫作安定，递送军情的传车快马也就不再使用。因此说："就连跑得很快的马匹也拉回去种地。"天下动荡混乱，互相攻打无休无止，相互僵持数年也无法平息战争，以至于甲衣和头盔里都长出虱子，燕雀在军营帐篷上做巢居住，而士兵还是不能回家。因此说："怀孕的战马在战场上生下了小马。"

翟人有献丰狐、玄豹之皮于晋文公[①]。文公受客皮而叹曰："此以皮之美自为罪[②]。"夫治国者以名号为罪，徐偃王是也[③]；以城与地为罪，虞、虢是也[④]。故曰："罪莫大于可欲[⑤]。"

注释

①翟 dí：通"狄"，古代对北方少数民族的统称。丰

狐：大狐。丰，大。玄豹：黑色的豹子。玄，黑色。

②自为罪：自己给自己带来了灾难。罪，这里不是指真的犯了罪，而是指招致灾难。

③徐偃王：先秦徐国的君主，据说他施行仁政，得到许多国家的拥戴，楚国感到徐国对自己是一个威胁，于是就出兵灭了徐国。

④虞、虢 guó：两个诸侯国名。虞，在今山西平陆北。虢，在今河南陕县东南。春秋时期，晋献公贪图这两个国家的土地，出兵吞并了这两个国家。

⑤罪莫大于可欲：最大的祸害就是那些能够勾起人们欲望的东西。王弼本《老子·四十六章》的原文是："祸莫大于不知足，咎莫大于欲得。"

译文

有一个狄族人把大狐、黑豹的毛皮进献给晋文公。晋文公收下客人送来的毛皮后感叹说："大狐和黑豹就是因为自己的毛皮太华美了而给自己带来灾难啊。"治理国家的君主也会因为自己的名声太好而给自己带来灾难，徐偃王就是这样；或者因为自己的城邑和土地而给自己带来灾难，虞、虢两国的君主就是这样。因此说："最大的祸害就是那些能够勾起人们欲望的东西。"

智伯兼范、中行而攻赵不已[1]，韩、魏反之[2]，军败晋阳[3]，身死高梁之东[4]，遂卒被分，漆其首以为溲器[5]。故曰："祸莫大于不知足。"

注释

①智伯：人名。荀氏，名瑶，春秋末期晋国六卿之一，势力最大。范、中行：指范氏、中行氏，春秋末期晋国六卿中的两位。智伯与韩、赵、魏三家灭掉范氏、中行氏，瓜分了他们的土地。赵：指赵襄子，春秋末期晋国六卿之一。智伯灭掉范氏、中行氏之后，又联合韩、魏进攻赵襄子。

②韩、魏：指韩氏、魏氏，春秋末期晋国六卿中的两位。赵襄子用反间计取得韩、魏两家的支持，韩、魏反过来联合赵襄子进攻智伯。

③晋阳：地名，在今山西太原南，是赵襄子的封地。

④高梁：地名，在今山西临汾东北。

⑤溲器：小便器。一说是饮水器。

译文

智伯在兼并了范氏、中行氏之后又去不停地进攻赵襄子，韩氏、魏氏反叛了他，结果智伯兵败晋阳，自己死于高梁的东边，他的封地最终被瓜分，他的头骨被涂上大漆做成便壶。因此说："最大的灾祸就在于不知满足。"

虞君欲屈产之乘与垂棘之璧①，不听宫之奇②，故邦亡身死。故曰："咎莫憯于欲得③。"

注释

①虞君：虞国的君主。屈产之乘shèng：屈产的骏马。

②宫之奇：人名，虞国的大夫。宫之奇曾劝告虞国君主不可借路给晋献公。

③咎莫憯cǎn于欲得：罪责和灾难没有比贪图利益更为惨痛的。咎，罪责和由此所引起的灾难。憯，悲痛，痛苦。本句出自马王堆汉墓出土帛书《老子》甲本："咎莫憯于欲得。"

译文

虞国君主想得到晋国屈产的良马和垂棘的玉璧，不听从宫之奇的劝告，因此国亡身死。所以说："罪责和灾难没有比贪图利益更为惨痛的。"

邦以存为常①，霸王其可也；身以生为常，富贵其可也。不欲自害，则邦不亡，身不死。故曰："知足之为足矣[②]。”

注释

①常：常规；基本原则。

②知足之为足：懂得满足才是一种真正的满足。《老子·四十六章》：“故知足之足，常足矣。”

译文

国家以保证它的存在为基本原则，在此基础上称王称霸也是可能的；身体以保证它的生命为基本原则，在此基础上获取富贵荣华也是可能的。不要因为贪欲害了自己，那么国家就不会灭亡，君主也不会暴死。因此说：“知道满足才是一种真正的满足。”

楚庄王既胜[①]，狩于河雍[②]，归而赏孙叔敖[③]。孙叔敖请汉间之地[④]，沙石之处。楚邦之法，禄臣再世而收地[⑤]，唯孙叔敖独在。此不以其邦为收者，瘠也，故九世而祀不绝[⑥]。故曰：“善建不拔，善抱不脱，子孙以其祭祀世世不辍[⑦]。”孙叔敖之谓也。

注释

①楚庄王：春秋时期楚国君主，在孙叔敖的辅佐下建立霸业。

②狩：冬季打猎。这里泛指打猎。河雍：地名，在今河南原阳西南。

③孙叔敖：人名。曾任楚国令尹。

④汉间：指汉水附近。汉，水名，即汉江。

⑤再世：两代人。再，二。世，一代人叫作一世。

⑥九世：许多代。九，泛指多。祀不绝：祭祀孙叔敖而一直没有停止。实际是说，这块土地一直在孙叔敖后人的手中。

⑦不辍：不停。辍，停止。《老子·五十四章》："善建者不拔，善抱者不脱，子孙以祭祀不辍。"

译文

楚庄王打了胜仗之后，又在河雍一带狩猎，回国后就奖赏孙叔敖。孙叔敖请求得到汉水附近的一块土地，那是一块沙石满地的地方。楚国的法律规定，享受俸禄的大臣过了两代人之后就要收回封地，而只有孙叔敖的那块封地得以一直保存。这块土地没有被楚国收回的原因，就是因为那块土地太贫瘠了，所以历经许多代人而孙叔敖的子孙还一直在那里祭祀他。因此说："善于建立某种事物的别人就无法拔掉，善于抱持某种事物的就不会脱落，子孙凭此可以世世代代祭祀祖先而不断绝。"这说的就是孙叔敖这种情况啊。

制在己曰“重”[①],不离位曰“静”。重,则能使轻;静,则能使躁。故曰:“重为轻根,静为躁君[②]。”故曰:“君子终日行,不离辎重”也[③]。邦者,人君之辎重也。主父生传其邦[④],此离其辎重者也,故虽有代、云中之乐[⑤],超然已无赵矣[⑥]。主父,万乘之主,而以身轻于天下[⑦]。无势之谓“轻”,离位之谓“躁”[⑧],是以生幽而死[⑨]。故曰:“轻则失臣,躁则失君。”主父之谓也。

注释

①重:指紧握国家的权势。本段引号中的文字均出自《老子·二十六章》:“重为轻根,静为躁君。是以圣人终日行不离辎重,虽有荣观,燕处超然。奈何万乘之主而以身轻天下?轻则失本,躁则失君。”

②君:主。引申为根本。

③辎zī重:原指行军带的粮食、装备等,此处指圣人出门所带的衣食用品,比喻生存的基础。

④主父:即赵武灵王,战国时期赵国的君主。

⑤代:地名,在今河北蔚县一带。云中:地名,在今内蒙古托克托一带。据《史记·赵世家》记载,主父传位给儿子之后,离开赵国都城,活动

于代、云中一带。

⑥超然：轻飘飘的样子，形容主父已经无足轻重。

⑦以身：因为个人。以，因。身，指万乘之主自己。天下：这里指赵国。

⑧躁：动。这里指轻举妄动。

⑨幽：幽闭；囚禁。

译文

国家政权控制在自己的手中就叫作“重”，不离开自己的君主位置就叫作“静”。国家政权控制在自己的手中，就能够役使权力轻的大臣；不离开自己的君主位置，就能够役使四处奔波操劳的官吏。因此说：“重是轻的基础，静是动的根本。”因此说：“圣人整天在外行走，也从不离开自己的衣食行李。”所谓的国家，就是君主赖以生存的衣食行李。主父活着的时候就把国家传给儿子，这就是离开了自己的衣食行李，所以他虽然也享受了在代、云中一带活动的快乐，却轻飘飘地已经失去自己的赵国。主父，是大国的君主，而因为自身的原因没有重视自己的国家。没有权势就叫作“轻”，离开自己的衣食行李就叫作“躁”，因此主父就被活活地囚禁起来一直到死。因此说：“没有了权势就会失去自己的臣子，轻举妄动就会失去自己的根本。”这话说的就是主父的情况啊。

势重者，人君之渊也[1]。君人者，势重于人臣之间，失则不可复得也。简公失之于田成[2]，晋公失之于六卿[3]，而邦亡身死。故曰："鱼不可脱于深渊[4]。"赏罚者，邦之利器也，在君则制臣，在臣则胜君。君见赏[5]，臣则损之以为德[6]；君见罚，臣则益之以为威。人君见赏，而人臣用其势；人君见罚，人臣乘其威。故曰："邦之利器[7]，不可以示人[8]。"

注释

①渊：深水，这里泛指水。本句是个比喻，把君主比作鱼，把政权比作水，鱼是不能离开水的，而君主也不能离开政权。

②简公：人名，齐简公，春秋末年齐国君主。田成：人名，即田成子，春秋末年齐国大夫。田成子发动政变，杀死齐简公，立齐平公，自任相国，从此控制了齐国政权。

③晋公：春秋末年晋国君主。六卿：指春秋末年控制晋国政权的六家贵族，即智氏、范氏、中行氏、韩氏、赵氏、魏氏。

④鱼不可脱于深渊：鱼不可以离开深水。本段引号中的文字出自《老子·三十六章》："鱼不可脱于渊，国之利器不可以示人。"

⑤见 xiàn 赏：表现出要赏赐的意愿。见，通“现”，表现。

⑥德：恩德；奖赏。这里用作动词，掌握了赏赐大权。

⑦利器：有力的武器，比喻赏罚大权。

⑧示人：显露给别人看。

译文

重大的权势，就好比是君主这条鱼的水潭。作为君主，重大的权势一旦落入臣下的手中，失去后就不可以再找回来了。齐简公把权势丢失于田成子，晋国君主把权势丢失于六卿，结果他们都落了个国亡身死的结局。因此说：“鱼儿是不能离开深水潭的。”所谓的赏罚，是国家的利器，掌握在君主手里就能够制服臣下，掌握在臣子手里就能够战胜君主。君主表示要奖赏，臣下就会减少奖赏的数额以表示自己已经掌握了奖赏权力；君主表示要惩罚，臣下就会增加惩罚的力度以表示自己已经掌握了惩罚的权威。君主表示奖赏，而臣下就会乘机利用这个权力；君主表示惩罚，而臣下就会乘机利用这个权威。因此说：“国家的赏罚利器，是不可以让别人知道的。”

越王入宦于吴[①]，而观之伐齐以弊吴[②]。吴兵既胜齐人于艾陵[③]，张之于江、济[④]，强之于黄池[⑤]，故可制于五湖[⑥]。故曰："将欲翕之[⑦]，必固张之[⑧]；将欲弱之，必固强之。"晋献公将欲袭虞，遗之以璧马[⑨]；知伯将袭仇由[⑩]，遗之以广车[⑪]。故曰："将欲取之，必固与之。"起事于无形，而要大功于天下[⑫]，"是谓微明"[⑬]。处小弱而重自卑[⑭]，谓"损弱胜强"也[⑮]。

注释

①越王：指越王勾践。入宦：到吴国服役。公元前494年，越王勾践被吴王夫差战败，勾践被迫求和，并亲自到吴国服役。

②观：示意。一说"观"应为"劝"。《韩非子集解》卷七："《藏》本、今本'观'作'劝'。"弊：衰落；疲惫。这里用作动词，削弱。

③艾陵：地名，在今山东莱芜一带。

④江：长江。济：济水，黄河的一条支流，在今河南、山东境内。

⑤黄池：地名，在今河南封丘西南。公元前482年，吴王夫差在黄池召集诸侯会盟，与晋国争做霸主。

⑥五湖：湖名，即太湖，在今江苏省南部，当时属于吴国。

⑦翕 xī：收缩；收敛。之：代指自己的对手。本段引号中的文字均出自《老子·三十六章》："将

欲歙之，必固张之；将欲弱之，必固强之；将欲废之，必固兴之；将欲夺之，必固与之。是谓微明，柔弱胜刚强。”

⑧固：通“姑”，姑且，暂时。张：张开；张大。

⑨遗 wèi：赠送。璧马：即垂棘之璧和屈产之马。

⑩仇 qiú 由：国名，春秋时期狄族在西北建立的一个国家，在今山西盂县东北。

⑪广车：很宽大的车辆。智伯之所以要送仇由君主广车，目的是引诱其修路，以便自己的军队发动进攻。

⑫要：求取；获得。

⑬微明：含而不露的聪明。一说指先幽暗而后显明，即先处于劣势而后处于优势，与“柔弱胜刚强”的意思相似。微，幽暗不明。

⑭自卑：自处于谦卑。

⑮损弱：柔弱。

译文

越王勾践到吴国去服役，而劝告吴王夫差去攻打齐国以此来削弱吴国。吴国的军队在艾陵战胜了齐国军队之后，势力范围扩展到长江、济水一带，又在黄池这个地方逞强争霸，因此吴国才会被越国制服于太湖。因此说：“要想收缩它，必须暂时扩张它；要想削弱它，必须暂时加强它。”晋献公计划袭击虞国，就先拿玉璧和宝马赠送给虞国君主；智伯将要袭击仇由，就先拿很宽大的车送给仇由国君主。因此说："要想夺取它，必须暂时给予它。"在开始做事的时候不露形迹，而最终在天下建立了大功，"这就是含而不露的聪明。"处在弱小的地位而尽力做到谦卑克制，这就叫作"以弱小的力量战胜强大的对手。"

有形之类，大必起于小；行久之物，族必起于少。故曰："天下之难事必作于易[①]，天下之大事必作于细。"是以欲制物者于其细也。故曰："图难于其易也，为大于其细也。"千丈之堤，以蝼蚁之穴溃[②]；百尺之室，以突隙之烟焚[③]。故曰："白圭之行堤也塞其穴[④]，丈人之慎火也涂其隙[⑤]，是以白圭无水难，丈人无火患。"此皆慎易以避难，敬细以远大者也[⑥]。扁鹊见蔡桓公[⑦]，立有间[⑧]。扁鹊曰："君有疾在腠理[⑨]，不治将恐深。"桓侯曰："寡人无。"扁鹊出。桓侯曰："医之好治不病以为功。"居十日，扁鹊复见曰："君之病在肌肤，不治将益深[⑩]。"桓侯不应。扁鹊出。桓侯又不悦。居十日，扁鹊复见曰："君之病在肠胃，不治将益深。"桓侯又不应。扁鹊出。桓侯又不悦。居十日，扁鹊望桓侯而还走，桓侯故使人问之。扁鹊曰："疾在腠理，汤熨之所及也；在肌肤，针石之所及也；在肠胃，火齐之所及也[⑪]；在骨髓，司命之所属[12]，无奈何也。今在骨髓，臣是以无请也。”居五日，桓侯体痛，使人索扁鹊，已逃秦矣。桓侯遂死。故良医之治病也，攻之于腠理。此皆争之于小者也。夫事之祸福亦有腠理之地，故曰圣人蚤从事焉[13]。

注释

①天下之难事必作于易：天下难以解决的事是从容易解决的时候发展来的。本句与下文“为大于其细也”四句，出自《老子·六十三章》：“图难于其易，为大于其细。天下难事必作于易，天下大事必作于细。是以圣人终不为大，故能成其大。”

②蝼蚁：两种小虫子，蝼蛄和蚂蚁。

③突隙：烟囱的缝隙。突，烟囱。

④白圭：人名，曾任魏国的相，善于治水。

⑤丈人：老人。

⑥敬细：认真做好小事。敬，认真。细，小，小事。远：远离。

⑦扁鹊：人名。姓秦，名越人，先秦的名医。蔡桓公：春秋时蔡国的君主。

⑧有间：一会儿。

⑨腠 còu 理：中医指皮下肌肉之间的空隙和皮肤的纹理。

⑩益：更加。

⑪火齐 jì：清热去火的汤药。齐，通“剂”，药剂。

⑫司命：神名，主宰人的命运。

⑬蚤：通“早”。

译文

有形体之类的东西，大的一定是从小的发展而来；经历的时间长久的事物，数量多的一定是从数量少的发展而来。因此说：“天下的难事都开始于容易的事，天下的大事都开始于一些小事。”因此想要控制事物就要在它细小的时候开始着手。因此说：“对付困难要在它还容易解决的时候开始，实现大业要从很小的事情做起。”千丈长的河堤，会因为蝼蛄和蚂蚁的洞穴而崩溃；百尺高的楼房，会因为烟囱缝隙冒出的烟火而焚毁。所以说：“白圭巡查大堤时要堵塞蝼蛄和蚂蚁的洞穴，老人防范火灾时要用泥巴封好烟囱上的缝隙。因此在白圭的治理下没有水患，在老人的防范下没有火灾。”这些都是因为在容易解决的事情上谨慎小心而避免了重大困难的出现，认真对待细小的漏洞以远离重大灾祸的发生。扁鹊去拜见蔡桓侯，站了一会儿。扁鹊说：“您的皮肤上出现了疾病，不治疗恐怕会加深。”蔡桓侯说：“我没有病。”扁鹊出去了。蔡桓侯说：“医生就是喜欢给没有病的人治疗来作为自己的功劳。”过了十天，扁鹊又来拜见说：“您的疾病到了肌肤里，不治疗恐怕会进一步深入体内。”蔡桓侯没有作声。扁鹊出去。蔡桓侯又一次感到不高兴。过了十天，扁鹊又来拜见说：“您的疾病到了肠胃，不治疗还会加深。”蔡桓侯又没有做声。扁鹊出去了。蔡桓侯又感到不高兴。过了十天，扁鹊远远看见蔡桓侯回头就跑，蔡桓侯派人去向扁鹊询问原因。扁鹊说：“疾病在表皮上，可以用汤药熏熨去治疗它；疾病在肌肤里，可以用针灸去治疗它；疾病在肠胃时，可以用清热去火的汤药去治疗它；疾病在骨髓之间，那里属于司命神掌管的地方，医生对它是无可奈何的。现在桓侯的疾病已经深入到了骨髓之间，我因此就不再请求为他治疗了。”过了五天，蔡桓侯身体开始疼痛，于是就派人去找扁鹊，而扁鹊已经逃到秦国去了。蔡桓侯最后就病死了。因此良医给人们治病时，在疾病还在表皮上的时候就开始着手。这都是在问题还处于萌芽状态时努力地去解决。人事的祸福也有处于表皮上的时候，因此圣人会尽可能早地去处理它们。

昔晋公子重耳出亡[①]，过郑[②]，郑君不礼。叔瞻谏曰[③]：“此贤公子也，君厚待之，可以积德。”郑君不听。叔瞻又谏曰：“不厚待之，不若杀之，无令有后患。”郑君又不听。及公子返晋邦，举兵伐郑，大破之，取八城焉。晋献公以垂棘之璧假道于虞而伐虢[④]，大夫宫之奇谏曰[⑤]：“不可。唇亡而齿寒，虞、虢相救，非相德也[⑥]。今日晋灭虢，明日虞必随之亡。”虞君不听，受其璧而假之道。晋已取虢，还，反灭虞。

此二臣者皆争于腠理者也，而二君不用也。然则叔瞻、宫之奇亦虞、郑之扁鹊也，而二君不听，故郑以破，虞以亡。故曰："其安易持也，其未兆易谋也⑦。"

注释

①重耳：人名，即晋文公。重耳是晋献公的儿子，其母去世后，晋献公娶丽姬为夫人，在丽姬的迫害下，重耳先后逃亡到许多国家，后来回国当了君主。

②郑：诸侯国名，在今河南新郑一带。

③叔瞻：人名，郑国的大夫。

④晋献公：春秋时期晋国的君主，也即重耳的父亲。

⑤宫之奇：人名，虞国的大夫。

⑥相德：相互施与恩惠。这两句话的意思是说，虞国与虢国之间的关系不是彼此互施恩惠的关系，而是唇齿相依的利害关系。

⑦"其安易持"二句：事物稳定时容易保持原状，事物还没有出现苗头时容易对付。兆：苗头，征兆。这两句出自《老子·六十四章》："其安易持，其未兆易谋。"

译文

从前晋国的公子重耳出国逃亡，在经过郑国时，郑国国君对他不礼貌。叔瞻就劝谏说："这是一位贤能的公子，您应该很好地款待他。这样可以先积累下您的恩德。”郑国的国君没有听从。于是叔瞻又劝谏说：“您如果不能很好地款待他，那么就不如把他杀了，不要留下后患。”郑国的国君也没有听从。重耳回到晋国做了国君之后，调动军队讨伐郑国，把郑国打得大败，占据了郑国的八座城池。晋献公以垂棘产的玉璧为礼物向虞国借道进攻虢国，虞国的大夫宫之奇进谏说：“不可以借道。嘴唇如果没有了，那么牙齿会感觉寒冷，现在虞国和虢国是相互救助的利害关系，而不是互施恩德的关系。如果今天晋国消灭了虢国，明天的虞国就一定会跟着灭亡。”虞国的国君没有听从，接受了晋国的玉璧，把道路借给晋国。晋国占领虢国之后，在返回的途中，又灭掉了虞国。这两位大臣都是在事情还处于萌芽状态的时候据理力争，然而郑国和虞国的两位君主都不能采纳他们的建议。这样看来叔瞻、宫之奇就是为虞国和郑国治疗疾病的扁鹊，而两位君主都没有接受他们的意见，因此郑国被攻破，虞国被消灭。因此说：“事物稳定时容易保持原状，事物还没有出现苗头时容易对付。”

昔者纣为象箸[①]，而箕子怖[②]，以为：“象箸必不加于土铏[③]，必将犀玉之杯[④]；象箸玉杯必不羹菽藿[⑤]，必旄、象、豹胎[⑥]；旄、象、豹胎必不衣短褐而食于茅屋之下[⑦]，则锦衣九重[⑧]，广室高台。吾畏其卒[⑨]，故怖其始。”居五年，纣为肉圃[10]，设炮烙[11]，登糟丘[12]，临酒池[13]，纣遂以亡。故箕子见象箸以知天下之祸。故曰：“见小曰明[14]。”

注释

①象箸 zhù：象牙做的筷子。箸，筷子。

②箕子：商末贤臣。一说为商纣王的叔叔，一说为商纣王的堂兄。《史记·宋微子世家》：“纣始为象箸，箕子叹曰：‘彼为象箸，必为玉杯；为杯，则必思远方珍怪之物而御之矣。舆马宫室之渐自此始，不可振也。’”

③土铏xíng：用来盛汤的陶器。

④将：拿；使用。犀玉之杯：用犀牛的角和美玉做成的酒杯。

⑤菽：豆类的总称。藿 huò：豆叶，古人常用豆叶代指野菜。

⑥旄：指牦牛。象：大象。豹胎：还未出生的豹子幼体。

⑦衣：穿。短褐：粗布短衣，代指穷人的衣服。褐，粗布衣。

⑧九重：泛指多层。九，泛指多。

⑨吾：代指箕子。卒：最终，这里指最终的结果。

⑩肉圃：也即肉林。圃，本指种植蔬菜瓜果的园子，这里指悬肉之多如园林。

⑪炮烙：烤肉用的铜格。另外，炮烙也是一种用火烧烤人的酷刑。

⑫糟丘：用酒糟堆积而成的山丘。

⑬酒池：装满酒的池塘。

⑭见小曰明：观察细微的事情以明白大问题就叫作明智。本句出自《老子·五十二章》。

译文

从前商纣王制作了象牙筷子，箕子感到恐惧，他认为："象牙筷子肯定不会放置在粗糙的陶罐上，一定会使用犀牛角和美玉做的杯子；象牙筷子和玉制的杯子肯定不会用来吃野菜汤，一定要用来食用旄牛、大象和豹子的幼体；食用旄牛、大象和豹子的幼体就肯定不会去穿着短小的粗布衣裳在茅草屋里进食，那么就会穿着多层的锦绣衣服，住在高台大厦之中。我是因为害怕这种事情发展出的最终恶果，所以对他开始的这些行为感到恐惧。"过了五年，商纣王宫中的肉多得如树林，设置烤肉用的铜烙，登上酒糟堆成的山丘，面对着装满酒的池塘，于是商纣王也就因此而灭亡了。所以箕子看到象牙筷子就知道天下将要遭受的灾难。因此说："观察细微的事情以明白大问题就叫作明智。"

勾践入宦于吴，身执干戈为吴王洗马[①]，故能杀夫差于姑苏[②]。文王见詈于王门[③]，颜色不变[④]，而武王擒纣于牧野[⑤]。故曰："守柔曰强[⑥]。"越王之霸也不病宦[⑦]，武王之王也不病詈[⑧]。故曰："圣人之不病也，以其不病，是以无病也[⑨]。"

注释

①干：盾牌。洗马：也即先马，走在主人的马的前面，即人们常说的"马前卒"。洗，通"先"。

②姑苏：地名，即姑苏城，在今江苏苏州，当时是吴国的都城。

③文王见詈lì于王门：周文王在商纣王的玉门前受到辱骂。文王，指周文王姬昌。见，被。詈，辱骂。王门，即"玉门"，指商纣王用玉石装饰的大门。

④颜色：面部表情。

⑤武王：周文王的儿子周武王姬发。擒：活捉。而实际上商纣王是兵败后自焚而死，因此这里的"擒"应理解为击败。牧野：地名，在今河南淇县南。

⑥守柔曰强：保持柔弱才叫作强大。本句出自《老子·五十二章》。

⑦不病宦：不把为别人服劳役视为难以忍受的痛苦。病，这里指把某件事情视为痛苦的事而不去做。

⑧武王之王wàng：周武王称王。第二个"王"用作

动词，称王。

⑨圣人之不病三句：这三句见于王弼本《老子·七十一章》，但文字差别较大："夫惟病病，是以不病。圣人不病，以其病病，是以不病。"

译文

勾践到吴国去服役，亲自拿着盾牌、长戈做吴王夫差的马前卒，因此他能够在吴国的国都姑苏城杀死吴王夫差。周文王在商纣王的玉门前受到辱骂，面部表情没有任何变化，因而周武王能够在牧野击败商纣王。因此说："能够保守柔弱才叫作真正的强大。"越王勾践之所以能够成就霸业是因为他不把为别人服役视为难以忍受的痛苦，周武王之所以能够统治天下就是因为他父亲不把被人辱骂视为难以忍受的痛苦。因此说："圣人之所以不感到痛苦，是因为他们不把那些事情看成是难以忍受的痛苦，因此他们就不痛苦。"

宋之鄙人得璞玉而献之子罕[①]，子罕不受。鄙人曰："此宝也，宜为君子器，不宜为细人用[②]。"子罕曰："尔以玉为宝，我以不受子玉为宝。"是鄙人欲玉，而子罕不欲玉。故曰："欲不欲[③]，而不贵难得之货[④]。"

注释

①鄙人：乡下人。鄙，边远的地方，这里泛指乡下。璞玉：含有玉的石头。子罕：人名，春秋时期宋国大夫。

②细人：小人，这里指普通百姓。

③欲不欲：圣人想要的东西是一般人所不想要的东西，也即圣人的思想与一般人的思想是不同的。《老子·六十四章》："是以圣人欲不欲，不贵难得之货。"

④难得之货：难得的宝物。

译文

宋国有个乡下人得到一块璞玉，把它献给了子罕，子罕不肯接受。这位乡下人说："这是一件宝贵的东西啊，应该成为君子使用的器物，而不适合为普通百姓所使用。"子罕说："你把宝玉当成宝贵的东西，而我把不接受你的宝玉当成宝贵的东西。"这是因为乡下人珍视宝玉，而子罕不珍视宝玉。因此说："圣人想要的东西是一般人所不想要的东西，圣人不看重难得的宝物。"

王寿负书而行[①]，见徐冯于周涂[②]。冯曰："事者，为也；为生于时，知者无常事[③]。书者，言也；言生于知，知者不藏书。今子何独负之而行？”于是王寿因焚其书而舞之[4]。故知者不以言谈教，而慧者不以藏书箧[5]。此世之所过也[6]，而王寿复之，是学不学也[7]。故曰：“学不学，复归众人之所过也[8]。”

注释

①王寿：人名。生平不详。负：背着。

②徐冯：人名。生平不详。周涂：大路。涂，通“途”，道路。

③知：同“智”，智慧。常事：固定不变的事情。

④舞之：扬掉灰烬。

⑤箧qiè：箱子。

⑥所过：所犯的过错，也即世俗人以书本为师，不知随时而变，这是一种错误行为。

⑦学不学：学习了不应该学习的东西。韩非认为书本知识固定不变，不应该成为人们学习的内容。

⑧复归众人之所过：再次犯了众人所犯的错误。《老子·六十四章》：“学不学，复众人之所过。”

译文

王寿背着书籍行走，在大路上遇到徐冯。徐冯说：“事情，出自于人们的行为；而人们的行动则是出自于不同时代的不同需要，因此聪明的人做事没有固定不变的模式。书籍，是由言论组成的；而言论产生于智慧，因此真正有智慧的人是不收藏书籍的。现在您为什么偏偏要背着书籍出行呢？”于是王寿就焚烧了自己所背的书籍而扬掉它的灰烬。因此有智慧的人不用语言去教育别人，而聪明的人也不用箱子去收藏书籍。用语言教育别人和收藏书籍是众人所犯的错误，而王寿也重复犯下这样的错误，学习了本来不应该学习的书本知识。因此说：“去学习本来不应该学习的书本知识，就是再次犯了众人所犯的错误。”

夫物有常容，因乘以导之①。因随物之容，故静则建乎德，动则顺乎道。宋人有为其君以象为楮叶者②，三年而成。丰杀茎柯③，毫芒繁泽④，乱之楮叶之中而不可别也。此人遂以功食禄于宋邦。列子闻之曰⑤：“使天地三年而成一叶，则物之有叶者寡矣。”故不乘天地之资而载一人之身⑥，不随道理之数而学一人之智⑦，此皆一叶之行也。故冬耕之稼，后稷不能羡也⑧；丰年大禾⑨，臧获不能恶也⑩。以一人力，则后稷不足；随自然，则臧获有余。故曰：“恃万物之自然而不敢为也⑪。”

注释

①因乘：顺应。

②象：象牙。楮chǔ：树名，一种落叶乔木。

③丰杀 shài：宽狭。杀，减少，这里引申为狭窄。茎柯：叶片上的脉络。

④芒：谷类植物种子壳上或草木上的针状物。

⑤列子：人名，即列御寇，战国时期的道家人物。

⑥载：乘坐，这里引申为使用。

⑦道理之数：自然法则。

⑧后稷：人名，周族的始祖，名弃。据说他善于农耕。羡：富裕，这里指丰收。一说“羡”应为“美”之误，“美”与下文的“恶”相对。

⑨大禾：庄稼大丰收。

⑩臧获：奴婢。臧，男奴隶。获，女奴隶。恶：变坏，这里指歉收。

⑪恃万物之自然而不敢为：依赖万物的自然天性而不敢按照个人意志行事。为，按照个人意志做事。道家把顺应万物的天性做事叫作“无为”，把按照个人意志做事叫作“为”。《老子·六十四章》：“以辅万物之自然而不敢为。”

译文

万物都有各自固有的天性，要顺应着它们各自的天性予以引导。如果能够顺应着万物的自然天性，那么静止的时候就不会失去自己的美好本性，活动的时候也能够顺应着万物的法则。宋国有一个用象牙为他的君主雕刻楮叶的人，花了三年才雕刻成功。这片象牙楮叶的宽狭和上面的脉络,以及毫毛和细芒的丰富色泽(很逼真),把它混杂在真的楮叶之中也难以辨别。于是这个人就因为雕刻楮叶有功而在宋国享受着俸禄。列子听说这件事情之后说:“假如大自然三年才能生成一片叶子的话,那么植物能够有叶子的就很少了。”因此不凭借着大自然提供的条件而使用一个人的能力,不顺应万物的法则而去效法一个人的智巧,这就是用三年雕出一片楮叶之类的行为啊。因此如果冬季耕种庄稼,后稷也不能使它们丰产;丰收之年长出很好的庄稼,奴婢也不能让它们歉收。凭着一个人的力量,那么后稷也不能使自己的财富丰足;顺应自然法则,那么奴婢也能够使自己衣食有余。因此说:“依赖万物的自然天性而不敢按照个人的意志行事。”

空窍者①,神明之户牖也②。耳目竭于声色,精神竭于外貌③,故中无主④。中无主,则祸福虽如丘山,无从识之。故曰:“不出于户,可以知天下;不窥于牖⑤,可以知天道。”此言神明之不离其实也。

注释

①空窍:空虚的窍穴。这里指人的眼、耳、鼻、口等器官。

②户牖 yǒu:门窗。户,门。牖,窗。

③外貌：外界的事物，如名利富贵等。

④中：心中。主：指主宰肉体的精神。

⑤窥：看。这几句出自《老子·四十七章》：“不出户，知天下；不窥牖，见天道。”

译文

人的耳目口鼻等器官，是人们精神的门窗。人们的耳目（功用）被音乐美色耗费殆尽，而人们的精神也被外界的名利富贵耗费殆尽，因此人们心中就没有了主宰者。心中失去主宰者，那么即使祸福大如山丘，也没有办法去认识它。因此说：“不用出门，就可以知道天下的情况；不向窗户看一眼，就可以知道自然变化的规律。”这就是说精神不能脱离它的实质本性。

赵襄主学御于王子期[①]，俄而与於期逐[②]，三易马而三后[③]。襄主曰：“子之教我御，术未尽也？”对曰：“术已尽，用之则过也。凡御之所贵：马体安于车，人心调于马，而后可以进速致远。今君后则欲逮臣[④]，先则恐逮于臣[⑤]。夫诱道争远[⑥]，非先则后也，而先后心皆在于臣，上何以调于马[⑦]？此君之所以后也。”白公胜虑乱[⑧]，罢朝，倒杖而策锐贯颐[⑨]，血流至于地而不知。郑人闻之曰：“颐之忘，将何不忘哉！”故曰：“其出弥远者[⑩]，其智弥少。”

此言智周乎远[11]，则所遗在近也[12]。是以圣人无常行也，能并智[13]，故曰："不行而知。"能并视，故曰："不见而明。"随时以举事，因资而立功，用万物之能而获利其上，故曰："不为而成。"

注释

①赵襄主：人名，即赵襄子，春秋末期晋国的六卿之一。御：驾车。王子期：人名，即王良，晋国人，善于驾驭车马。

②俄而：不久。逐：追逐，即比赛驾车的速度。

③易：交换。

④逮：赶上。

⑤逮于臣：被我赶上。于，表被动的介词。

⑥诱道：引导马在大路上奔跑。诱，引导。

⑦上：通"尚"，还。

⑧白公胜：人名。白公胜是楚国贵族，为谋取楚国王位，发动叛乱，失败后被杀。

⑨倒杖：倒拿着马杖。杖，用来鞭打马的木棍。策锐：马杖上的尖刺。策，即马杖。锐，指尖锐的马刺。古人在马杖的一端装上马刺，马刺是用来刺马体的，以便在特殊的情况下使马跑得特别快。贯：刺穿。颐：下巴；面颊。

⑩弥：更加；越发。本句以下引号中的文字均出自《老子·四十七章》："其出弥远，其知弥少。是

以圣人不行而知，不见而名，不为而成。”

⑪周乎远：仔细思考遥远的事情。

⑫遗：遗忘；忽略。

⑬并智：对远方、身边的事情都有智慧去了解。并，指远方和身边两个方面的事情。

译文

赵襄子向王子於期学习驾车的技术，不久他就与王子於期比赛驾车，三次和王子於期交换马匹却依然落在后面。赵襄子说：“你教我驾车，技术还没有全部教给我吧？”王子於期回答说：“驾车的技术已经全部教给您了，只是您在运用的时候出现了错误。大凡驾车最需要注意的是：要让马的身体与车子之间保持协调，要让人的心神与马的动作之间保持协调，然后才可以跑得快跑得远。现在如果您落在我的后面就一心想着要赶上我，您跑在前面了又怕被我赶上。引导马在路上作远距离赛跑，不是跑在前面就是落在后面，您无论是跑在前面还是落在后面，注意力全都在我的身上，还哪里有心思去考虑与马保持协调呢？这就是您落后的原因啊。”白公胜计划作乱，罢朝之后，他倒拿着马杖，结果被马杖上的尖刺刺穿了下巴，鲜血一直流到地上也没有感觉到。郑国人听说这件事情之后说：“自己的下巴都被忘记了，还有什么不会被他忘记呢？”因此说：“走出去越远，获得的真知越少。”这是说人们的智慧如果用来周密地思考遥远的事情，那么就会忽略身边的事情。因此圣人没有固定不变的行动，他们对遥远的事情和近处的事情都能够同时考虑周到，因此说："圣人不用亲自出门就能够知道一切。"圣人能够把遥远的事情和近处的事情同时看得清楚，因此说："圣人不用亲自去看就能够明白一切。"圣人顺应着适当的时机处理事务，凭借着客观的有利条件建功立业，利用万物的各自能力而在上面获取利益，因此说："圣人不用亲自做事就能获得成功。"

楚庄王莅政三年[①]，无令发，无政为也。右司马御座而与王隐曰[②]："有鸟止南方之阜[③]，三年不翅[④]，不飞不鸣，嘿然无声[⑤]，此为何名？"王曰："三年不翅，将以长羽翼；不飞不鸣，将以观民则。虽无飞，飞必冲天；虽无鸣，鸣必惊人。子释之，不谷知之矣[⑥]。"处半年，乃自听政。所废者十，所起者九，诛大臣五，举处士六[⑦]，而邦大治。举兵诛齐，败之徐州[⑧]，胜晋于河雍[⑨]，合诸侯于宋，遂霸天下。庄王不为小害善，故有大名；不蚤见示[⑩]，故有大功。故曰："大器晚成，大音希声[⑪]。"

注释

①楚庄王：春秋时期楚国的君主，春秋五霸之一。莅政：执政。

②右司马：官名，主管军政。御座：君主的座位，这里指站在君主的座位旁。王：指楚庄王。隐：隐语，类似于谜语。

③阜：山丘。

④翅：翅膀。这里用作动词，展开翅膀。

⑤嘿mò：同“默”，沉默不语。

⑥不谷：先秦诸侯王的谦称。谷，善，美。

⑦处士：隐士。

⑧徐州：地名，也即舒州，在今山东滕县一带。

⑨河雍：地名，在今河南原阳西南。

⑩蚤：通“早”。见xiàn示：表现出来。见，同“现”。

⑪希声：无声。希，没有。一说“希声”是很少发出声音。希，通“稀”，稀少。《老子·四十一章》：“大器晚成，大音希声。”

译文

楚庄王执政三年，没有发布任何命令，也没有推行任何政治措施。右司马在楚庄王的座位旁边用隐语对楚庄王说：“有只鸟栖息在南方的山峰上，三年以来没有展开过自己的翅膀，没有飞翔也没有鸣叫，默默无声，这是怎么回事呢？”楚庄王说：“这只鸟三年没有展开翅膀，那是想借此机会长好自己的羽翼；没有飞翔也没有鸣叫，那是要借此机会思考治民的原则。虽然它现在没有飞翔，一旦飞翔就会直冲云霄；虽然它现在没有鸣叫，一旦鸣叫就会惊动众人。您就放心吧，我明白您的意思。”过了半年，楚庄王便亲自处理政事。他废除了十件事情，兴办了九件事情，诛杀了五位大臣，提拔了六位隐士，而楚国因此治理得安定祥和。他出兵讨伐齐国，在徐州打败齐国的军队，在河雍战胜晋国，在宋国召集诸侯会盟，于是就称霸于天下。楚庄王没有因一些小事而妨害自己发挥长处，因此获取了伟大的名声；没有早早地显露自己的才华，因此能够建立伟大的功业。因此说：“最大的器物总是最后完成，最大的声音反而听不到它的声音。”

楚庄王欲伐越，杜子谏曰[①]：“王之伐越，何也？”曰：“政乱兵弱。”杜子曰：“臣愚患之[②]。智如目也，能见百步之外而不能自见其睫。王之兵自败于秦、晋，丧地数百里，此兵之弱也；庄蹻跻为盗于境内而吏不能禁[③]，此政之乱也。王之弱乱，非越之下也，而欲伐越，此智之如目也。”王乃止。故知之难，不在见人，在自见。故曰：“自见之谓明[④]。”

注释

①杜子：人名，楚国的大夫。

②愚：愚昧，自我谦辞。

③庄蹊跻 juē：人名，即庄跻，楚国的大盗。

④自见之谓明：能够自己认识自己才叫作明智。《老子·三十三章》："知人者智，自知者明。"

译文

楚庄王准备出兵进攻越国，杜子劝谏说："大王您要讨伐越国，这是为什么呢？"楚庄王说："因为越国的政局混乱而军队弱小。"杜子说："我愚昧地替大王担忧这件事情。人的智慧就好像人的眼睛一样，能够看到百步之外的东西却看不到自己的眼睫毛。大王自己的军队被秦国和晋国击败，丧失了方圆数百里的土地，这就是军队弱小的表现啊；庄跻在楚国境内抢劫杀人而楚国的官吏无法禁止，这就是政治混乱的表现啊。大王您兵力弱小、政局混乱的程度不在越国之下，然而还想去进攻越国，这说明您的智慧就好像眼睛一样。"楚庄王便终止了他的进攻计划。所以说认识事物的困难，不在于看清别人，而在于看清自己。因此说："能够认识自己才叫作明智。"

子夏见曾子[①]。曾子曰："何肥也？"对曰："战胜，故肥也。"曾子曰："何谓也？"子夏曰："吾入见先王之义则荣之[②]，出见富贵之乐又荣之，两者战于胸中，未知胜负，故臞[③]。今先王之义胜，故肥。"

是以志之难也，不在胜人，在自胜也。故曰："自胜之谓强④。"

注释

①子夏：人名，孔子的弟子，春秋时期卫国人。曾子：人名，即曾参，孔子的弟子，春秋时期鲁国人。

②先王之义：从前圣君留下的学说，也即儒家的学说。荣之：羡慕它。

③臞qú：消瘦。

④自胜之谓强：能够战胜自己才是真正的强大。《老子·三十三章》："胜人者有力，自胜者强。"

译文

子夏遇见曾参。曾参问："你怎么长胖了？"子夏回答说："因为打了胜仗，所以长胖了。"曾参说："你说的是什么意思啊？"子夏说："过去我在家里学习前代圣王的学说时，心中很是羡慕，出门看到荣华富贵给人带来的快乐时，心中又很是羡慕。这两种羡慕在我的胸中交战，分不出谁胜谁负，因此我身体消瘦。现在是前代圣王的学说获胜，因而我也就长胖了。"所以说一个人立志的困难，不在于胜过别人，而在于战胜自己。因此说："能战胜自己才叫作真正的强大。"

周有玉版[①]，纣令胶鬲索之[②]，文王不予[③]；费仲来求[④]，因予之。是胶鬲贤而费仲无道也。周恶贤者之得志也[⑤]，故予费仲。文王举太公于渭滨者[⑥]，贵之也；而资费仲玉版者，是爱之也[⑦]。故曰："不贵其师[⑧]，不爱其资[⑨]，虽知大迷[⑩]，是谓要妙[⑪]。"

注释

①玉版：刻有文字的玉板。版，古代用来写字的木片。

②纣：商纣王。胶鬲gé：商纣王的贤臣。

③文王：即周文王姬昌。

④费仲：商纣王的奸佞之臣。

⑤得志：实现自己的志向，也即得到商纣王的重用，能够推行自己的政治主张。

⑥太公：即太公望，也即姜太公，曾辅佐周武王灭商。渭：水名，指渭水，在今陕西境内。

⑦爱之：根据上文，这里说的"爱之"，是周文王希望费仲能够得到商纣王的重用，以便搞乱商朝的政治，使自己有机可乘。

⑧不贵其师：如果不尊重他们的老师。以下几句话出自《老子·二十七章》，原文是："故善人者，不善人之师；不善人者，善人之资。不贵其师，不爱其资，虽智大迷。是谓要妙。"之所以

说“不善人是善人的凭借”，意思是说善人之所以被人们视为善人，是因为那些不善的人把他们反衬为善人了。换句话说，没有不善的人也就没有善人，这讲的是二者的辩证关系。韩非的理解应与此不同。韩非的意思是，要想建功立业，就要像周文王那样，尊重自己的老师姜太公一类的人，要爱惜可以利用的条件，如利用费仲去搞乱商朝。

⑨不爱其资：如果不爱惜他们可利用的条件。

⑩知：通“智”，智慧。

⑪是：代指上述行为。要妙：重要而微妙。

译文

周国有一块玉版，商纣王派胶鬲来索取，周文王没有给；商纣王又派费仲来索取，于是文王就给了。因为胶鬲是一位贤臣而费仲是一个奸佞之臣。周文王不希望贤良的大臣得到商纣王的重用而实现其政治志向，因此就把玉版给了费仲。周文王重用生活在渭水岸边的姜太公，那是看重他；而把玉版交给费仲，则是爱惜这个能够替自己把商朝搞乱的奸臣。因此说：“如果不尊重自己的老师，不爱惜可以利用的条件，即使聪明人也会变得迷惑，这就叫作重要而奥妙的道理啊。”

守 道

题解

守道，守护国家的方法。韩非认为，守护一个国家的最好方法，就是坚定地执行法律。圣王制定法律的目的在于“其赏足以劝善，其威足以胜暴”，有了法律，就能够“善之生如春，恶之死如秋”，国家就会安定祥和，君主就能高枕无忧。相比较而言，韩非更重视法律的禁邪作用，认为君主有了法律，就好像有了制服猛虎的笼子，即使君主平庸，法律也能够帮助他禁绝天下的一切奸邪之人。

圣王之立法也，其赏足以劝善，其威足以胜暴，其备足以必完法。治世之臣①，功多者位尊，力极者赏厚，情尽者名立。善之生如春，恶之死如秋，故民劝极力而乐尽情。此之谓上下相得②。上下相得，故能使用力者自极于权衡③，而务至于任鄙④；战士出死，而愿为贲、育⑤；守道者皆怀金石之心⑥，以死子胥之节⑦。用力者为任鄙，战如贲、育，中为金石，则君人者高枕而守已完矣。

注释

①治世：太平安定的社会。治，安定。

②相得：相宜；相处和谐。

③权衡：秤锤与秤杆，比喻法度。权，秤锤。衡，秤杆。

④任鄙：战国时期秦国的大力士。

⑤贲 bēn：即孟贲，战国的勇士，据说能生拔牛角。育：即夏育，春秋时期卫国人，著名的勇士。

⑥金石之心：像金石一样坚贞不变的忠心。

⑦死子胥之节：像伍子胥那样尽忠守节而死。子胥，即伍子胥，名员，字子胥。据《史记·伍子胥列传》记载，伍子胥本楚人，父兄被楚平王所杀，而逃往吴国。吴王阖闾用伍员，兴兵伐楚。吴师连破楚军，攻入楚国郢都。后来吴王夫差听信谗言，杀伍子胥。

译文

圣明的君主在建立法度的时候，要使他的奖赏足以能够鼓励人们去做好事，使他的威力足以能够制服各种暴乱，使他的措施足以能够用来完善法制。太平盛世的时候，功劳多的人地位就尊贵，尽力做事的人奖赏就丰厚，尽心尽忠的人美名就能够建立。美好的事物就像春天的草木那样生长繁荣，邪恶的事情就像秋天的草木那样凋谢死亡，因此民众互相劝勉极力为国，愿意尽心尽忠。这就叫作上下关系和谐。上下关系和谐，因此能够使尽力做事的人在法度的范围内尽情发挥，力求自己做得像任鄙那样；战士出战时敢于拼死，希望自己能够成为孟贲、夏育那样的勇士；坚守原则的人都怀有金石一样坚定的忠心，能够像伍子胥那样尽忠守节而死。出力的人都希望自己能够像任鄙一样，战斗的人都希望自己能够像孟贲、夏育一般，心中又如同金石那样忠于君主，那么君主也就可以高枕无忧，用来守护国家政权的法度也就完备了。

古之善守者，以其所重禁其所轻，以其所难止其所易，故君子与小人俱正，盗跖与曾、史俱廉[①]。何以知之？夫贪盗不赴溪而掇金[②]，赴溪而掇金，则身不全。贲、育不量敌，则无勇名；盗跖不计可，则利不成。明主之守禁也，贲、育见侵于其所不能胜[③]，盗跖见害于其所不能取，故能禁贲、育之所不能犯，守盗跖之所不能取，则暴者守愿[④]，邪者反正。大勇愿，巨盗贞，则天下公平，而齐民之情正矣[⑤]。

注释

①盗跖 zhí：名跖，为春秋时的大盗，故被称为“盗跖”。曾、史：曾参和史鳝。曾参字子舆，是孔子的弟子。史鳝字子鱼，卫灵公的大臣。两人都是春秋时的贤人，以仁孝出名。

②溪：深涧。掇：拾取。

③见侵于其所不能胜：受到法律的制裁。见，被。侵，侵害，这里指受到制裁。其所不能胜，他所不能战胜的东西，也即法律。

④愿：谨慎；老实。

⑤齐民：平民；百姓。

译文

古代善于守护自己国家的君主，用很重的刑罚去禁止较轻的罪行，用人们难以承受的惩处去制止人们所容易犯的过错，因此君子和小人的行为都会变得一样端正，盗跖和曾参、史鳝会变得一样廉洁。凭什么知道如此呢？那些贪婪的盗贼不会跳到深涧里去捞取黄金，因为到深涧里去捞取黄金，就无法保全自己的身体。如果孟贲、夏育不事先估量一下敌人的力量，那么就不会赢得勇敢的名声；如果盗跖不事先斟酌一下计划是否可行，那么他就不可能获取利益。圣明的君主如果能够紧握着法令，那么像孟贲、夏育那样的勇士也会受到法令的制裁，像盗跖那样的强盗也会受到法令的惩处，因此君主就能够禁止孟贲、夏育那样的人不去侵犯他们所不应该侵犯的人，能够守住盗跖那样的人所不应该捞取的东西，那么强暴的人就会变得谨慎小心，邪恶的人也会返归正途。非常勇猛的人变得谨慎小心，大强盗变得廉洁忠贞，那么天下就会公平安定，而百姓的思想也都会变得端正了。

人主离法失人，则危于伯夷不妄取[1]，而不免于田成、盗跖之祸[2]。何也？今天下无一伯夷，而奸人不绝世，故立法度量[3]。度量信，则伯夷不失是[4]，而盗跖不得非。法分明，则贤不得夺不肖[5]，强不得侵弱，众不得暴寡。托天下于尧之法，则贞士不失分[6]，奸人不徼幸。寄千金于羿之矢[7]，则伯夷不得亡[8]，而盗跖不敢取。尧明于不失奸，故天下无邪；羿巧于不失发，故千金不亡。邪人不寿而盗跖止。如此，故图不载宰予[9]，不举六卿[10]；书不著子胥，不明夫差[11]。孙、吴之略废[12]，盗跖之心伏。人主甘服于玉堂之中[13]，而无瞋目切齿倾取之患[14]；人臣垂拱金城之内[15]，而无扼腕聚唇嗟唶之祸[16]。

注释

①伯夷：人名。伯夷和他的弟弟叔齐是商代孤竹国君的两个儿子。古人把他们视为廉洁的典范。不妄取：不随便拿取别人的东西，也即十分廉洁。

②田成：即田成子，春秋时期齐国大臣。

③度量：测量长短、多少的器具，多用来比喻原则、法度。

④是：正确；美好。

⑤贤：有才能的人，也即聪明人。不肖：这里指没

有才能的人，也即愚笨的人。

⑥分：本分；自己应该得到的。

⑦寄：寄托，这里引申为保护。金：先秦的黄金重量单位。二十四两黄金为一金，一说二十两黄金为一金。羿：人名，即后羿，传说中的神箭手。矢：箭。

⑧亡：损失；丢失财物。

⑨图：泛指图书典籍。宰予：人名，即宰我，孔子的弟子。

⑩举：记载。

⑪夫差：人名，吴王阖闾之子，春秋末期吴国君主，后为越王勾践所灭。

⑫孙、吴：孙武、吴起。二人都是先秦著名的军事家。

⑬甘服：锦衣玉食。玉堂：对王宫的美称。

⑭瞋目：怒目。倾取：夺取，指夺取君位。

⑮垂拱：垂衣拱手，形容悠闲轻松的样子。金城：像金石一样坚固的都城。

⑯扼腕：握着手腕，激动感慨的样子。聚唇：噘着嘴唇。嗟唶jiè：叹息。

译文

如果君主背离法度失去民心，那么即使遇到像伯夷这样廉洁的人也会危险，至于遇到像田成、盗跖这样的人所造成的灾祸也就在所难免了。为什么会这样呢？因为如今天下没有一个像伯夷这样廉洁的人，而奸邪之人却不断涌现，因此必须要建立法律制度。如果法律制度能够得到坚决执行，那么伯夷一类的人就不会失去自己的美德，而盗跖一类的人也不敢再去为非作歹。法律阐述明白了，那么聪明人就不能去掠夺愚笨的人，强大的人就不能去侵害弱小的人，人数多的也不能去欺凌人数少的。把天下放置在尧的法制之内，那么忠贞之士就不会失去他们所应该获得的利益，而奸邪之人也不敢再抱有侥幸心理。把千金放在后羿的弓箭保护之下，那么像伯夷这样的好人不会有所损失，而像盗跖那样的坏人也就不敢前去窃取。尧的圣明在于不会放过一个坏人，因此天下就没有邪恶的人；后羿的技巧在于百发百中，因此千金就不会丢失。于是邪恶的人就不会长寿而盗跖之类的人就会销声匿迹。如果像这样的话，那么图书典籍上就不会再去记载宰予，不会提起六卿；书籍中也不再著录伍子胥，不会写上吴王夫差。孙子、吴起的军事谋略就会被废弃不用，盗跖的贪心就会被制服。君主在华丽的宫殿中过着锦衣玉食的生活，而没有怒目切齿地痛恨奸臣篡夺君位的忧患；臣子在坚固壮丽的都城内过着悠闲自得轻轻松松的日子，而没有使自己扼腕感慨嘅嘴叹息的灾祸。

服虎而不以柙[①]，禁奸而不以法，塞伪而不以符[②]，此贲、育之所患，尧、舜之所难也。故设柙，非所以备鼠也，所以使怯弱能服虎也；立法，非所以备曾、史也，所以使庸主能止盗跖也；为符，非所以豫尾生也[③]，所以使众人不相谩也[④]。不独恃比干之死节[⑤]，不幸乱臣之无诈也；恃怯之所能服[⑥]，握庸主之所易守。当今之世，为人主忠计，为天下结德者，利莫长于此。故君人者无亡国之图，而忠臣无失身之画[⑦]。明于尊位必赏[⑧]，故能使人尽力于权衡，死节于官职。通贲、育之情，不以死易生[⑨]；惑于盗跖之贪，不以财易身；则守国之道毕备矣。

注释

①柙 xiá：关押野兽的笼子。

②符：古代朝廷用作凭证的信物。用竹、木、铜、金等制成，朝廷与地方官员或将军各执一半，验证时则将各自的一半相合。

③豫：预防；防备。尾生：人名，先秦一位极讲信用的人。《孔子集语》卷十七："尾生与女子期于梁下，女子不来，水至不去，抱梁柱而死。"

④谩：欺骗。

⑤比干：商代的贤臣，商纣王叔父，因屡谏纣王被剖心而死。

⑥所能服：能够用来制服别人的东西，也即法度。

⑦画：计划；谋划。这里实际是指担忧。

⑧尊位：忠于职守。一说指尊重君主。

⑨不以死易生：不会用死亡去交换生存，也即重视生命。易，交换。

译文

想要制服老虎而不使用笼子，想要禁止奸邪而不使用法律，想要杜绝欺诈而不使用符节，这是孟贲、夏育这样的勇士深感担忧的事情，也是尧、舜这样的圣人都感到难办的事情。人们之所以设置笼子，并不是用它来防备老鼠，而是为了让那些胆小怯懦的人也能够制服老虎；国家之所以制定法律，并不是用来防备曾参、史鳝这样的忠孝廉洁之士，而是为了让平庸的君主也能够禁止像盗跖那样的大盗；朝廷设立符节，并不是用来预防像尾生那样坚守信用的人，而是为了使普通民众不互相欺骗。君主不能仅仅依靠像比干那种为尽节而死的忠臣，也不能侥幸希望乱臣贼子不欺骗自己；而应该依靠就连懦弱的人也能够制服老虎的笼子，紧紧握住就连平庸的君主也容易保住政权的法度。在现在这个时代里，为君主忠心谋划，为天下积德造福，没有什么方法能够比得上施行法律了。因此君主就不会再有是否亡国的考虑，而忠臣也不会再有自己是否会失去生命的担忧。知道忠于职守的人必然会受到奖赏，因此就能够使人们在法度允许的范围内尽力发挥自己的才干，就能够使人们愿意以身殉职。即使具备了与孟贲、夏育一样勇敢性格的人，也不会轻易地抛弃生命选择死亡；即使被盗跖那样的贪婪之心所迷惑，也不会为了财富而轻易地放弃生命；那么保护国家的方法也就完备了。

用 人

题解

用人，怎样任用臣民。关于君主如何用人，韩非在本篇中提出了以下几点意见：一是要严格地依据法度对臣下进行合理的赏罚。二是要依据臣下的才能授予相应的职务，而且不能让臣下一身兼任二职。三是君主要舍得把爵禄和富贵赏赐给臣下。四是要亲近、信任身边的贤臣，不可把希望寄托于远方的贤人和国家。

闻古之善用人者，必循天顺人而明赏罚。循天，则用力寡而功立；顺人，则刑罚省而令行；明赏罚，则伯夷、盗跖不乱[①]。如此，则白黑分矣。治国之臣，效功于国以履位[②]，见能于官以受职[③]，尽力于权衡以任事[④]。人臣皆宜其能，胜其官，轻其任，而莫怀余力于心，莫负兼官之责于君[⑤]。故内无伏怨之乱[⑥]，外无马服之患[⑦]。明君使事不相干[⑧]，故莫讼；使士不兼官，故技长；使人不同功[⑨]，故莫争。争讼止，技长立，则强弱不觳力[⑩]，冰炭不合形[⑪]。天下莫得相伤，治之至也。

注释

①伯夷、盗跖：这里用伯夷和盗跖分别代表好人和坏人。

②履位：担任职务，也即当官。

③见xiàn：通“现”，表现。

④权衡：秤锤与秤杆，比喻法度。

⑤兼官：一人同时担任两种职务。

⑥伏怨：心怀怨恨。

⑦马服：指马服君，是赵国将军赵奢的封号，其子赵括继承了父亲的封号，也称马服君，这里指赵括。赵括只善于纸上谈兵，因此在长平之战时，被秦击败，全军覆没。《史记·项羽本纪》：“白起为秦将，南征鄢郢，北坑马服。”

⑧相干：相互侵犯；相互干扰。

⑨同功：做同样一件事情。功，事。

⑩觳jué力：斗力；角力。

⑪形：通“型”，器皿。

译文

听说古代善于用人的君主，一定是遵循自然法则、顺应民众意愿而且赏罚分明。遵循自然的法则，那么就能够用较少的力气去建立较大的功业；顺应民众的意愿，那么刑罚简略而法令能够得以顺利推行；赏罚分明，那么像伯夷、盗跖这样的好人、坏人就不会混淆在一起。如果能够像这样的话，那么是非黑白就能够分辨得清清楚楚。那些参与治理国家的大臣，都是因为为国家立了功劳才得到相应官职，都是在官位上显示出了能力才得以担任相应的职位，都是在法度的范围内尽心尽力才担任了相应的政务。每一位大臣都能够使自己的才能得到适当的发挥，都能够胜任自己的官职，都能够轻松地完成自己的任务，而不会在心中还藏着余力余智，对君主也不用负有担任其他官职的责任。所以在国内也就没有因为大臣心怀不满而造成的祸乱，在外面也不会发生像马服君赵括那样不能胜任而引起的灾难。圣明的君主使各种政务互不干扰，因此也就不会发生官员相互争论的事情；使官吏不兼任其他官职，因此他们能够发挥各自的长处；使官吏不去做同样的事务，因此也就没有官员相互争夺。争夺和争吵没有了，各自的长处得到充分发挥，那么强的与弱的就不会争斗，冰与炭也就不会放在同一个器皿中。整个天下的人不再互相伤害，这是治理国家的最高境界。

释法术而心治[①]，尧不能正一国；去规矩而妄意度[②]，奚仲不能成一轮[③]；废尺寸而差短长[④]，王尔不能半中[⑤]。使中主守法术[⑥]，拙匠守规矩尺寸，则万不失矣。君人者能去贤巧之所不能[⑦]，守中拙之所万不失，则人力尽而功名立。

注释

①释：放弃。

②规矩：圆规和矩尺。意：通“臆”，臆想，臆猜。

③奚仲：人名，据说是夏朝的一位善于造车的人。

④差：区别；选择。

⑤王尔：传说中的能工巧匠。

⑥中主：能力一般的君主。

⑦贤巧之所不能：贤君和巧匠所做不到的。指上文说的尧离开法度就无法治理好国家，奚仲没有规矩就不能做好车轮等。

译文

放弃法度而凭着主观的想法去治理，那么像尧一样的圣人也不能治理好一个国家；不用圆规和矩尺而凭着主观去推测，那么像奚仲那样的能工也做不成一个车轮；废弃尺寸而靠主观臆断去选择长短，那么像王尔一样的巧匠也不能命中一半。如果让中等才能的君主按照法度治国，使笨拙的工匠依照着规矩尺寸做事，那么就能万无一失了。如果君主能够放弃就连贤君巧匠都无法做到的事情，坚守着中等才能的君主和笨拙的工匠能够使自己万无一失的方法，那么就能够使臣民各尽其力，而君主的功业和美名也都能顺利建立。

明主立可为之赏[①]，设可避之法。故贤者劝赏而不见子胥之祸[②]，不肖者少罪而不见伛剖背[③]，盲者处平而不遇深溪[④]，愚者守静而不陷险危。如此，则上下之恩结矣。古之人曰:“其心难知，喜怒难中也。”故以表示目[⑤]，以鼓语耳[⑥]，以法教心。君人者释三易之数而行一难知之心[⑦]，如此，则怒积于上而怨积于下。以积怒而御积怨，则两危矣。明主之表易见，故约立；其教易知，故言用；其法易为，故令行。三者立而上无私心[⑧]，则下得循法而治，望表而动，随绳而斫[⑨]，因攒而缝[⑩]。如此，则上无私威之毒，而下无愚拙之诛。故上居明而少怒，下尽忠而少罪。

注释

①可为之赏：可以通过努力而得到的赏赐。为，努力做事。

②劝：勉励；努力。

③不肖者：没有德才的人。伛yǔ：驼背。剖背：被剖开了脊背。《韩非子·安危》认为把驼背人的脊背剖开的是夏桀，而根据《战国策·宋策》的记载，此事则发生在战国：“（宋康王）剖伛之背，锲朝涉之胫。”

④溪：深涧。

⑤表：作标记的木柱，以指示高低远近。这里泛指各种标志。

⑥以鼓语耳：用鼓声震耳来提醒人们。一说是用鼓声来矫正乐律，使人们能够听到准确的音乐。

⑦释：放弃。三易之数：三种容易做到的原则。指上文提到的“以表示目，以鼓语耳，以法教心”。

⑧三者：指上文提到的表、教、法。

⑨随绳而斫：根据绳墨去砍削，比喻依据法度去惩罚。斫，砍削。

⑩攒：通“钻”，用锥子钻孔。

译文

圣明的君主设立人们通过努力可以得到的奖赏，制定人们可以避开的处罚。因此那些贤能的人们努力得到奖赏而不会遇到伍子胥那样的灾祸，不肖之徒也可以少犯一些罪过而不会碰到像驼背人被剖开背部那样的无辜惩罚，这就好像盲人能够行走在平地上而不会坠入深深的溪谷一样，还好像愚笨的人能够保持安静的生活而不会陷入危险的境地一般。如果能够做到这些，那么君主与臣民之间就能结下恩情。古代的人说：“人的心思难以了解，人的喜怒难以猜中。”因此要用标志来提示眼睛，要用鼓声来警醒耳朵，要用法律来教育人心。如果君主放弃以上三种容易实行的办法而一味地让人们依据自己的主观意愿做事，如此一来，那么就会使君主不断地积累愤怒而使臣民不断地积累怨气。让满怀愤怒的君主去统领满腹怨气的臣民，那么君主和臣民两方面都有危险。圣明的君主所建立的标志要让臣下容易看见，因此制度就能够确立；君主所进行的教育要让臣下容易理解，因此君主的话就容易被大家接受；君主所制定的法律要让臣下容易遵守，因此君主的法律就能够得以推行。标志、教育、法律这三样树立起来而君主又没有任何私心，那么臣下就能够遵循着法律去处理政事，眼睛盯着标志去行动，按照墨线去砍削，根据锥子钻的孔眼去缝纫。如此一来，那么君主就不会依据个人意志滥施淫威伤害臣民，而臣民也不会因为愚笨而遭受到诛杀。因此君主就会处于明智的状态而很少发怒，臣民也会尽心尽忠而很少犯罪。

闻之曰："举事无患者[①]，尧不得也。"而世未尝无事也。君人者不轻爵禄[②]，不易富贵，不可与救危国[③]。故明主厉廉耻[④]，招仁义。昔者介子推无爵禄而义随文公[⑤]，不忍口腹而仁割其肌[⑥]，故人主结其德，书图著其名。人主乐乎使人以公尽力，而苦乎以私夺威；人臣安乎以能受职，而苦乎以一负二[⑦]。故明主除人臣之所苦，而立人主之所乐。上下之利，莫长于此。不察私门之内[⑧]，轻虑重事；厚诛薄罪，久怨细过，长侮偷快[⑨]；数以德追祸[⑩]，是断手而续以玉也，故世有易身之患[11]。

注释

①举事无患：办事情而不会留下任何忧患。意思是说能够把事情办得十全十美，没有任何后遗症。

②轻爵禄：看轻爵禄。这里说的看轻爵禄是指君主要舍得把爵禄赏赐给大臣。

③不可与：不可以。与，通“以”。

④厉：通“励”，激励。

⑤介子推：人名，春秋时期晋国人，曾跟随晋文公重耳逃亡国外。重耳是晋献公的儿子，其母去世后，晋献公娶丽姬为夫人，在丽姬的迫害下，重耳先后逃亡到其他国家，后来回国当了君主。

⑥不忍口腹：指介子推不忍心看到重耳挨饿。《韩诗外传》卷十：“晋文公重耳亡，过曹，里凫须从，因盗重耳资而亡，重耳无粮，馁不能行，子推割股肉以食重耳，然后能行。”

⑦以一负二：以一个人的力量去肩负两个人的任务。

⑧私门之内：指大臣私下的行为。

⑨长侮：经常羞辱臣下。偷快：获取一些不恰当的快乐。偷，不厚道，不恰当。

⑩以德追祸：用赏赐来补偿自己给别人造成的灾祸。

⑪易身：改变身份，也即当不成君主。易，改变。

译文

听说过这样的话："办事情而不会留下任何忧患，即使尧也难以做到。"然而人世间没有任何时候可以不做事情。君主如果不舍得把爵位和俸禄赏赐给臣下，不舍得把富贵荣华赏赐给大臣，那么就不可能挽救危亡的国家。因此圣明的君主就用爵禄富贵去激励人们注重廉耻，号召臣民做到仁义。从前介子推没有任何爵禄而只是出于道义跟随晋文公逃亡，他不忍心让晋文公挨饿而出于仁爱之心割下自己腿上的肉给文公充饥，因此文公牢记着他的恩德，图书上也著录了他的名字。君主乐于使臣下出于公心而尽心尽力，而苦于被臣下为了私利夺去自己的权力；臣下安于根据自己的才能去接受相应的职务，而苦于以一人的力量去承担两个人的任务。因此明智的君主能够去除臣下所苦恼的事情，而建立君主所感到快乐的事情。君主与臣下的利益，没有比这样做更好的。君主不去考察臣子私下的活动，轻率地去考虑重大的事情；过重地处罚犯轻罪的人，长期怨恨别人犯下的小过错，经常羞辱别人以取得不恰当的快乐；多次用赏赐来补偿自己给别人带来的灾祸，这样做就好像砍断了手臂而又用玉石去接上一样啊，因此人世间会发生君主被臣下取而代之的祸患。

人主立难为而罪不及[①]，则私怨生；人臣失所长而奉难给[②]，则伏怨结。劳苦不抚循[③]，忧悲不哀怜；喜则誉小人，贤不肖俱赏；怒则毁君子，使伯夷与盗跖俱辱；故臣有叛主。

注释

①立难为：树立大臣很难达到的标准。罪：治罪；处罚。不及：达不到这一标准的大臣。

②失所长：失去自己所擅长的职务。奉难给：从事难以胜任的事情。

③抚循：安慰。

译文

君主设立了难以达到的标准然后去处罚那些没有达到这一标准的臣子，那么臣子的怨恨就会产生；臣子失去自己所擅长的职务而从事难以胜任的事情，那么内心就会集结着抱怨。对臣子的劳苦不去进行安慰，对臣子的忧伤不去加以同情；高兴的时候就连没有德行的小人也加以赞扬，无论是贤能之士还是不肖之徒都予以赏赐；发怒的时候就连德行高尚的君子也加以诋毁，让伯夷一样的廉洁之士与盗跖那样的贪婪之徒都一起受到羞辱；因此就会出现背叛君主的大臣。

使燕王内憎其民而外爱鲁人[①]，则燕不用而鲁不附。民见憎[②]，不能尽力而务功；鲁见说[③]，而不能离死命而亲他主[④]。如此，则人臣为隙穴[⑤]，而人主独立。以隙穴之臣而事独立之主，此之谓危殆[⑥]。

注释

①燕：诸侯国名，在今河北北部及辽宁、山西的部分地区。鲁：诸侯国名，在今山东和河南、江苏部分地区。

②见：被。

③说yuè：通“悦”。

④离：通“罹”，遭遇。

⑤隙穴：缝隙和洞穴。用墙壁或河堤上的隙穴比喻君主身边潜在的敌人。

⑥殆：危险。

译文

假如燕国的君王憎恨自己的民众而去爱护外面的鲁国人，那么燕国人就不会听他的使唤而鲁国人也不会依附于他。本国的民众被君主憎恨，那么民众就不会尽心尽力地建功立业；鲁国人被燕国君主爱护，而鲁国人也不会冒着生命危险去亲近别人的君主。如此一来，那么臣子就会成为君主潜在的敌人，而君主就会孤立无援。让成为潜在敌人的臣子侍奉孤立无援的君主，这就叫作危险。

释仪的而妄发①，虽中小不巧；释法制而妄怒，虽杀戮而奸人不恐；罪生甲，祸归乙，伏怨乃结。故至治之国，有赏罚而无喜怒，故圣人极②；有刑法而死，无螫毒③，故奸人服；发矢中的④，赏罚当符⑤，故尧复生，羿复立⑥。如此，则上无殷、夏之患⑦，下无比干之祸，君高枕而臣乐业，道蔽天地⑧，德极万世矣。

注释

①释：放弃；不使用。仪的dì：箭靶。

②圣人：指圣明的君主。极：指最高的治国境界。

③螫shì毒：毒虫螫人，比喻君主根据个人意愿随意杀人。

④矢：箭。的：箭靶。

⑤当符：符合，指符合各自的功过。

⑥羿：人名，即后羿，传说中的神箭手。

⑦殷：商朝。商朝在商王盘庚时迁都于殷（在今河南安阳西北），因此商朝又被称为“殷”。这里具体指商朝的亡国之君商纣王。夏：指夏朝的亡国之君夏桀。

⑧道蔽天地：治国的大道遮蔽了天地。意思是说人人都按照治国的大道做事。

译文

没有箭靶而随心所欲地胡乱射箭，即使射中了很小的东西也不能算是巧妙；放弃法律而随心所欲地胡乱发怒，虽有杀戮而奸邪的人也不会感到恐惧；甲犯了罪，而处罚却落到乙的头上，内心的怨恨就会集结。因此治理得最好的国家，有赏有罚而不是凭着君主的喜怒，因此圣明的君主能够达到最高的治国境界；有触犯刑法而死的，但没有君主凭着个人的意愿去实施的毒害，因此奸邪的人就能够被制服；发箭能够射中箭靶，赏罚符合各自的功过，如此就好像是尧复生，羿复活一样。如此一来，那么君主就没有像商纣王、夏桀那样亡国的灾患，臣下也就没有像比干那样被剖心的灾难，君主可以高枕无忧而臣下能够安居乐业，治国之道能普遍施行于天下，恩德也就能够长久地流传于千秋万代。

夫人主不塞隙穴而劳力于赭垩[①]，暴雨疾风必坏[②]。不去眉睫之祸而慕贲、育之死[③]，不谨萧墙之患而固金城于远境[④]，不用近贤之谋而外结万乘之交于千里[⑤]，飘风一旦起[⑥]，则贲、育不及救，而外交不及至[⑦]，祸莫大于此。当今之世，为人主忠计者，必无使燕王说鲁人[⑧]，无使近世慕贤于古，无思越人以救中国溺者[⑨]。如此，则上下亲，内功立，外名成。

注释

①赭垩 zhě è：红色土和白色土。这里用作动词，用各种涂料去粉饰墙壁的外表。赭，红色的土。垩，白色的土。这里用赭垩代指各种颜色的涂料。

②疾：急。

③眉睫之祸：近在眼前的灾祸。

④萧墙：指宫殿之中。萧墙是古代宫室用以分割内外的小墙，类似后世的照壁。《论语·季氏》："吾恐季孙之忧，不在颛臾，而在萧墙之内也。"金城：用金属打造成的坚固城墙，也即铜墙铁壁。

⑤万乘之交：与大国结下友好交往的关系。

⑥飘风：旋风；狂风。

⑦外交：指与自己结盟的大国。

⑧说 yuè：通"悦"，喜欢。

⑨越：诸侯国名，在今浙江一带。越国多水，因此越国人善游。中国：中原地区。

译文

如果君主不去堵塞墙壁上的缝隙孔洞而只是花费力气用各种颜料去粉刷墙壁的外表，那么狂风暴雨来了墙壁就一定会崩塌。不消除眼前的灾难而思慕像孟贲、夏育那样的勇士前来为自己卖命，不谨慎防备内部的祸患而在远方边境上修筑铜墙铁壁，不采纳身边贤臣的谋略而去结交千里之外的万乘大国，政治风暴一旦刮起，那么像孟贲、夏育那样的勇士也来不及前来帮助，而国外的同盟者也来不及前来救援，君主的灾祸没有比这种舍近求远的做法更大的。当今这个时代，为君主忠心谋划的人，肯定不会让燕国的君主去爱护鲁国的民众，不会让现在的君主去羡慕古代的贤臣，不会让君主去考虑请善于游水的越国人来援救中原地区的落水者。如果做到这一点，那么君主与臣民之间的关系就会十分亲密，在国内就可以建功立业，在国外也能够美名远扬。

难 四

题解

本篇共讲了四个故事，每一个故事共分为三段文字，第一段文字先叙述一个历史故事和对这一故事的看法，第二段文字则对第一段文字中的结论加以批判，而第三段文字又对第二段文字中的观点加以反驳。通过这种相互反复辩难的形式，读者可以从不同的角度了解人们对同一事件的不同看法。

卫孙文子聘于鲁①，公登亦登②。叔孙穆子趋进曰③："诸侯之会，寡君未尝后卫君也④。今子不后寡君一等⑤，寡君未知所过也⑥。子其少安⑦。"孙子无辞，亦无悛容⑧。穆子退而告人曰："孙子必亡。亡臣而不后君⑨，过而不悛，亡之本也。"

注释

①卫：诸侯国名，在今河南东北部及河北、山东的部分地区。孙文子：人名，为卫国的执政大臣。聘：出访。

②公登亦登：鲁国君主登上一个台阶，他也登上一个台阶。按照当时的礼制，主人在东边上台阶，

客人在西边上台阶；君主登上第二个台阶时，大臣才能登上第一个台阶，大臣应该比君主低一个台阶。而孙文子与鲁国君主同时登台阶，则是一种失礼的行为。公，指鲁国君主鲁襄公。

③叔孙穆子：鲁国大臣，当时为司仪。趋：小步快走。这是一种对人表示恭敬的走法。

④后卫君：排在卫国君主的后面。

⑤后寡君一等：低于我国君主一个台阶。寡君，对本国君主的谦称。一等，一个台阶。

⑥过：过错；错误。

⑦少安：稍微慢一点。少，稍微。

⑧悛 quān 容：歉疚悔改的表情。悛，悔改。容，面容，表情。

⑨亡臣：忘记了自己是个臣下身份。亡，通“忘”，忘记。不后君：不把自己摆在君主的后面。

译文

卫国的孙文子到鲁国去进行国事访问，鲁襄公登上一级台阶，他也同时登上一级台阶。叔孙穆子非常有礼貌地小步快走到孙文子的面前说：“各国诸侯聚会的时候，敝国君主从来也没有被排在卫国君主的后面。现在您不比敝国君主晚登一个台阶，敝国君主还不知道自己在什么地方有了过错。请先生还是稍微慢一点吧。”孙文子没有回应任何话，也没有歉疚悔改的表情。穆子在仪式结束后告诉别人说："孙文子一定会灭亡的。忘记了自己的臣子身份而不走在国君的后面，有了过错也不知道悔改，这就是灭亡的根源啊。"

或曰：天子失道[①]，诸侯伐之，故有汤、武[②]。诸侯失道，大夫伐之[③]，故有齐、晋[④]。臣而伐君者必亡[⑤]，则是汤、武不王，晋、齐不立也。孙子君于卫[⑥]，而后不臣于鲁[⑦]，臣之君也。君有失也，故臣有得也。不命亡于有失之君[⑧]，而命亡于有得之臣，不察。鲁不得诛卫大夫，而卫君之明不知不悛之臣。孙子虽有是二也[⑨]，巨以亡[⑩]？其所以亡其失[⑪]，所以得君也。

注释

①失道：失去了正确的治国原则。

②汤、武：商汤王和周武王。商汤王本是夏桀的诸侯，后来灭夏朝建立商朝；周武王本是商纣王的诸侯，后来灭商朝建立周朝。

③大夫：爵位名，低于卿而高于士，一般为诸侯的臣下。

④齐、晋：指齐国的大夫田成子和晋国的韩、赵、魏三家贵族。田成子杀齐简公而篡夺齐国政权，韩、赵、魏三家贵族瓜分晋国。

⑤而：如果。

⑥君于卫：在卫国像君主一样，也即掌握卫国政权。

⑦不臣于鲁：在鲁国也不把自己当臣下看待。

⑧命：叫作。

⑨是二：这两种错误。指上文提到的“亡臣而不后君，过而不悛”。

⑩巨：通“讵”，怎么。

⑪亡其失：忘记了自己的过失。亡，通“忘”，忘记。

译文

有人说：天子如果失去正确的治国原则，诸侯就会讨伐他，因此才出现商汤灭夏、周武王灭商的事情。诸侯如果失去正确的治国原则，大夫就会去讨伐他，因此才出现田成子篡齐、韩赵魏三家分晋的事情。如果做臣子的讨伐自己的君主一定会灭亡，那么商汤、周武王就不会称王，晋国的三家贵族、齐国的田成子也就不能立为诸侯。孙文子在卫国已经掌握了君主的权力，后来在鲁国又不把自己看作臣下，这说明臣下已经成为君主。君主在治国时失去正确的治国原则，因此臣子才能够取得君主的权利。不说国家灭亡于治国失误的君主，而说国家灭亡于取得权力的臣子，这就是没有能够明察事理。鲁国没有权利惩处卫国的大夫，而卫国君主的智慧又不足以知道孙文子是个怙恶不悛的大臣。孙文子虽然有这两种错误行为，又怎么会灭亡呢？正是因为孙文子忘记了自己的这些错误，所以才能够获取君主的权力。

或曰：臣主之施[①]，分也。臣能夺君者，以得相踦也[②]。故非其分而取者，众之所夺也；辞其分而取者，民之所予也。是以桀索崏山之女[③]，纣求比干之心[④]，而天下离；汤身易名[⑤]，武身受詈[⑥]，而海内服；赵咺走山[⑦]，田氏外仆[⑧]，而齐、晋从。则汤、武之所以王，齐、晋之所以立，非必以其君也，彼得之而后以君处之也。今未有其所以得，而行其所以处，是倒义而逆德也。倒义，则事之所以败也；逆德，则怨之所以聚也。败亡之不察，何也？

注释

①施：设置；安排。

②得：获得民众的拥护。踦qī：偏重，指臣下比君主更得民心。

③崏山之女：有缗氏的两位女子。据说夏桀进攻有缗氏，获琬、琰二女。岷山，即有缗氏，属于东夷部落。

④比干：商纣王的叔父，因直谏被商纣王剖心而死。

⑤易名：改换了名字。关于商汤改换名字的典故，不详所出。

⑥詈lì：责骂。据《史记·伯夷列传》记载，伯夷就曾批评周武王灭掉商纣王是“以暴易暴兮，不知其非矣”。

⑦赵咺xuān：人名，即赵宣子，春秋时期晋国的执政大臣。晋灵公要杀赵宣子，赵宣子只得逃亡到温山躲避。走：跑；逃跑。

⑧田氏：指田成子。外仆：假扮作仆人外逃。

译文

有人说：臣子和君主的设置，是有等级名分区别的。臣子之所以能够夺取君主的位置，是因为臣子比君主更能获得民心。臣子违背自己的名分而获取君主位置，那是民众帮助他获取的；臣子背离自己的名分而获取君主的权力，那是民众给予的。因此夏桀索取了有缗氏的女子，商纣王剖开了比干的心，而天下人都与他们离心离德；商汤王改变了自己的姓名，周武王受到一些人的责骂，而四海之内的民众却归顺了他们；赵宣子逃跑到温山，田成子假扮作仆人外逃，而齐国、晋国的民众却听从他们。那么商汤、周武王之所以能够称王于天下，齐国的田成子、晋国的三家贵族之所以能够立为诸侯，并不一定就是他们君主的原因，而是他们得到民众的拥护以后，民众拥戴他们为君主的。如今孙文子还没有得到民众拥护，却以君主的身份去做事情，这就是颠倒道义，违背美德。颠倒了道义，这就是事情失败的原因；违背了美德，这就是怨恨聚集的缘故。孙文子连失败和灭亡的原因都不知道，这是为什么呢？

鲁阳虎欲攻三桓[①]，不克而奔齐[②]，景公礼之[③]。鲍文子谏曰[④]："不可。阳虎有宠于季氏[⑤]，而欲伐于季孙，贪其富也。今君富于季孙，而齐大于鲁，阳虎所以尽诈也。"景公乃囚阳虎。

注释

①阳虎：人名，又叫作阳货，春秋时期鲁国季孙氏的家臣。三桓：指鲁国三家贵族孟孙氏、叔孙氏、季孙氏。因为这三家贵族都是鲁桓公的后代，所以被称为"三桓"，这三家贵族当时掌握着鲁国的政权。

②不克：没有取胜。奔：逃亡。

③景公：齐景公，春秋时期齐国君主。

④鲍文子：人名，齐景公的大臣。

⑤季氏：即季孙氏。

译文

鲁国的阳虎想进攻孟孙氏、叔孙氏、季孙氏三家贵族，失败后便逃到了齐国，齐景公对他以礼相待。鲍文子劝谏齐景公说："不能这样。阳虎受到季孙氏的宠爱，却还要进攻季孙氏，是因为他贪图季孙氏的财富。如今君主您比季孙氏还要富有，而且齐国也大于鲁国，阳虎将会竭尽全力欺诈您啊。”于是齐景公就囚禁了阳虎。

或曰：千金之家[①]，其子不仁，人之急利甚也。桓公[②]，五伯之上也[③]，争国而杀其兄[④]，其利大也。臣主之间，非兄弟之亲也。劫杀之功，制万乘而享大利，则群臣孰非阳虎也？事以微巧成，以疏拙败。群臣之未起难也[⑤]，其备未具也。群臣皆有阳虎之心，而君上不知，是微而巧也。阳虎贪于天下，以欲攻上，是疏而拙也。不使景公加诛于齐之巧臣，而使加诛于拙虎，是鲍文子之说反也。臣之忠诈，在君所行也。君明而严，则群臣忠；君懦而暗，则群臣诈。知微之谓明，无救赦之谓严[⑥]。不知齐之巧臣而诛鲁之成乱，不亦妄乎？

注释

①金：先秦的黄金重量单位，二十四（一说二十）两黄金叫作一“金”。

②桓公：齐桓公，春秋时期齐国君主。

③五伯 bà：即五霸。伯，通“霸”。

④兄：指齐桓公的兄长公子纠。公子纠是齐国君主齐襄公的弟弟，齐桓公的哥哥。齐襄公在位时荒

淫无道，其弟公子纠逃往鲁国，管仲、召忽辅佐他。另一弟公子小白逃往莒国，鲍叔牙辅佐他。齐襄公被杀后，公子小白与公子纠回国争夺君位，公子纠派管仲率领军队阻击小白，射中小白衣带钩。小白佯死，暗中急速回国即位，是为齐桓公。齐桓公即位后，迫使鲁国杀公子纠，召忽自杀，而管仲因为鲍叔牙的举荐，受到桓公重用，官至相，协助齐桓公称霸诸侯。

⑤未起难：还没有发难，也即还没有谋反。

⑥救赦：赦免。

译文

有人说：拥有千金的富裕家庭，他们的儿子就不会仁义，因为人们追求利益的心情实在是太迫切了。齐桓公，是五霸中的第一位霸主，他为了争夺国家政权而杀死了自己的哥哥，这是因为政权带来的利益实在太大的缘故。臣子和君主之间，不存在兄弟之间的亲情。劫杀君主的结果，就是能够控制大国而享有很大的利益，那么在群臣之中有哪个不是阳虎这样的人呢？事情因为办得隐蔽巧妙而得以成功，因为办得粗疏笨拙而造成失败。群臣之所以还没有发难谋反，是因为他们的条件还没有具备。群臣都具有阳虎那样的谋反之心，而君主没有察觉，这是因为他们做得隐蔽而巧妙。阳虎的贪婪，天下的人都知道，他因为自己的贪欲而明目张胆地进攻上司，这是粗疏而笨拙的表现。不劝说齐景公诛杀齐国那些隐蔽而巧妙的叛臣，却劝说他诛杀笨拙的阳虎，这是鲍文子把话说颠倒了。臣子们是忠诚还是欺诈，关键在于君主自己的所作所为。如果君主明察而且严厉，那么群臣就会忠于君主；如果君主懦弱而且昏愦，那么群臣就会欺骗君主。能够了解隐蔽的事情就叫作明察，不赦免罪人就称之为严厉。不能了解齐国那些隐蔽而巧妙的叛臣，而惩罚在鲁国造成混乱的阳虎，不是也很荒谬吗？

或曰：仁贪不同心。故公子目夷辞宋[①]，而楚商臣弑父[②]；郑去疾予弟[③]，而鲁桓弑兄[④]。五伯兼并，而以桓律人[⑤]，则是皆无贞廉也。且君明而严，则群臣忠，阳虎为乱于鲁，不成而走，入齐而不诛，是承为乱也[⑥]。君明则诛，知阳虎之可以济乱也[⑦]，此见微之情也。语曰：“诸侯以国为亲。”君严则阳虎之罪不可失，此无救赦之实也。则诛阳虎，所以使群臣忠也。未知齐之巧臣而废明乱之罚，责于未然而不诛昭昭之罪[⑧]，此则妄矣。今诛鲁之罪乱以威群臣之有奸心者，而可以得季、孟、叔孙之亲，鲍文之说，何以为反？

注释

①公子目夷：人名，春秋时期宋桓公的庶长子。宋

桓公病重期间，太子兹甫（也即后来的宋襄公）要把君位让给庶兄目夷，目夷没有接受。辞宋：辞去宋国的君位。

②商臣：人名，楚成王的太子，后弑父自立，是为楚穆王。

③去疾予弟：去疾把郑国的君位让给弟弟。去疾，人名，春秋时期郑灵公的弟弟。根据《史记·郑世家》的记载，去疾是把君位让给了自己的兄长子坚，而不是弟弟。

④鲁桓：鲁桓公，春秋时期鲁国君主，杀其兄鲁隐公，自立为君主。

⑤以桓律人：用齐桓公的标准去衡量别人。桓，指春秋时期五霸之首的齐桓公。律，要求，衡量。

⑥是承为乱也：这就是让他继续作乱。承，接着，继续。

⑦济乱：造成动乱。

⑧未然：还没有出现的叛乱。然，代词，这里代指叛乱。昭昭：明明白白的样子。

译文

有人说：仁爱的人与贪婪的人心思是不同的。因此公子目夷能够推辞掉宋国的君位，而楚国的商臣却为了君位杀死自己的父亲；郑国的去疾能够把君位让给自己的弟弟，而鲁桓公却为了君位杀死了自己的哥哥。五霸都是搞兼并的，如果用齐桓公的标准去衡量别人，那么社会上就没有忠贞廉洁的人了。君主明察而且严厉，群臣就会忠于君主，阳虎在鲁国作乱，失败后出逃，当他逃到齐国之后而不去诛杀他，那就是容忍他在齐国继续作乱。明察的君主应该诛杀他，因为知道阳虎是一个能够造成国家动乱的人，这就是看到隐蔽的动乱苗头。常言道："诸侯要与别的国家亲善友好。"君主严厉的话就不会放过阳虎的罪过，这就是不赦免罪人的实际表现。诛杀阳虎，这就是使群臣忠于君主的方法。没有察觉齐国内部隐蔽巧妙的叛臣而放弃了对公然作乱的阳虎的惩罚，去追究还没有出现的叛乱而不去惩处明摆着的罪行，这才是真正的荒谬啊。诛杀在鲁国作乱的罪犯可以威慑齐国群臣中那些怀有奸邪念头的人，而且还可以获取季孙氏、孟孙氏、叔孙氏对自己的亲善友好，鲍文子讲的话，怎么能够说是讲颠倒了呢？

郑伯将以高渠弥为卿①，昭公恶之②，固谏不听。及昭公即位，惧其杀己也，辛卯③，弑昭公而立子亶也④。君子曰⑤："昭公知所恶矣。"公子圉曰⑥："高伯其为戮乎⑦，报恶已甚矣⑧。"

注释

①郑伯：指郑庄公，春秋时期郑国君主。因为郑国

君主的爵位为伯，所以被称为“郑伯”。高渠弥：人名，郑国的执政大臣。卿：爵位名，低于公，高于大夫。

②昭公：指郑昭公。郑昭公为郑庄公的长子，当时为太子，后继承君位。恶wù：讨厌。

③辛卯：古代用天干地支计算时日，这里说的“辛卯”指公元前695年农历十月二十二日，一说为九月二十三日。

④子亶dǎn：人名，郑昭公弟弟。亶，疑为“亹”字之误。

⑤君子：这里泛指品德高尚的人。

⑥公子圉yǔ：人名，《左传·桓公十七年》作“公子达”。生平不详。一说为鲁国大夫。

⑦高伯：即高渠弥。伯，排行第一位叫作“伯”。一说“伯”为高渠弥的字。为：被。

⑧报恶：报怨。已：太；过分。

译文

郑庄公想任命高渠弥为卿，郑昭公讨厌他，于是就竭力劝谏，而郑庄公没有接受。到了郑昭公即位之后，高渠弥害怕郑昭公会杀掉自己，于是就在辛卯这一天，杀害了郑昭公而立公子亶为君主。君子说：“郑昭公了解自己所厌恶的人。”公子圉说：“高伯应该被杀掉吧，他的报怨行为实在太过分了。”

或曰：公子圉之言也，不亦反乎？昭公之及于难者，报恶晚也①。然则高伯之晚于死者，报恶甚也。明君不悬怒②，悬怒，则罪臣轻举以行计③，则人主危。故灵台之饮④，卫侯怒而不诛⑤，故褚师作难⑥；食鼋之羹⑦，郑君怒而不诛⑧，故子公杀君⑨。君子之举“知所恶”⑩，非甚之也⑪，曰：知之若是其明也⑫，而不行诛焉，以及于死。故“知所恶”，以见其无权也⑬。人君非独不足于见难而已，或不足于断制⑭，今昭公见恶⑮，稽罪而不诛⑯，使渠弥含憎惧死以徼幸⑰，故不免于杀，是昭公之报恶不甚也。

注释

①报恶晚：报怨的行为太晚了，也即责备郑昭公没有能够及时地清除自己的仇人高渠弥。

②悬怒：发怒而不及时施行惩罚。悬，悬而未决，久拖不决。

③轻举：轻易举事，也即轻率地举兵谋反。行计：施行阴谋，也即谋反。

④灵台：高台名。

⑤卫侯：指卫出公，春秋时期卫国君主。

⑥褚师作难：褚师谋反作乱。褚师，人名，卫国大夫。公元前470年，卫出公与大夫在灵台饮酒聚

会，褚师在宴席上未遵礼制，卫出公很生气并声称要砍断他的脚，还未执行，褚师谋反作乱，卫出公出逃，最后死于越国。

⑦鼋 yuán：大鳖。

⑧郑君：指郑灵公，春秋时期郑国君主。

⑨子公：人名，即公子宋，郑灵公的大臣。郑灵公不许子公吃楚国送给自己的大鳖，并扬言要杀子公，子公于是就先动手，杀了郑灵公。

⑩举：说。

⑪非甚之：并非责备郑昭公过分。甚，过分。

⑫若是：如此。是，此。

⑬无权：不懂得权衡利害关系。

⑭断制：决断；果断处置。

⑮见 xiàn：通“现”，表现，显露。

⑯稽罪：没有及时惩处罪人。稽，稽留，没有及时处理。

⑰以徼幸：带着侥幸的心理发兵谋反。

译文

有人说：公子圉的这些话，不是说颠倒了吗？郑昭公之所以遇难，就是因为他惩处自己所厌恶的人太晚了。那么高渠弥之所以能够死得晚一些，也正是因为他用来报怨的手段太过分了。明智的君主不会在发怒之后不及时地实施惩罚，如果在发怒之后不及时地实施惩罚，犯罪的大臣就会因为害怕惩处而轻率地实施阴谋发兵谋反，那么君主就会遇到危险了。在灵台喝酒的时候，卫出公对褚师发怒而没有及时加以惩处，于是褚师就发兵作乱；在吃大鳖羹汁的时候，郑灵公对子公发怒而没有及时加以惩处，于是子公就杀死了郑灵公。因此君子说“郑昭公知道自己所厌恶的人”，并不是责备郑昭公做得太过分，而是说：郑昭公对高渠弥了解得如此清楚，却不及时地惩处，以至于自己反而被高渠弥杀死了。因此君子说“郑昭公知道自己所厌恶的人”，是在揭示郑昭公不懂得权衡利害得失啊。有些君主不仅不能看到灾难的发生，有的时候还不能作出果断的决定去加以制裁，如今郑昭公表现出自己对高渠弥的厌恶，却拖延了对高渠弥罪过的惩罚时间，促使高渠弥满怀愤恨、害怕死亡而带着侥幸的心理去发动叛乱，因此郑昭公没有逃脱被杀的命运，这是郑昭公惩处自己所厌恶的人不够过分而造成的。

或曰：报恶甚者，大诛报小罪。大诛报小罪也者，狱之至也[①]。狱之患，故非在所以诛也[②]，以雠之众也。是以晋厉公灭三郤而栾、中行作难[③]，郑子都杀伯咺而食鼎起祸[④]，吴王诛子胥而越句践成霸[⑤]。则卫侯之逐，郑灵之弑，不以褚师之不死而公父之不诛也[⑥]，以未可以怒而有怒之色[⑦]，未可诛而有诛之心。怒其当罪，而诛不逆人心，虽悬奚害？夫未立有罪[8]，即位之后，宿罪而诛[9]，齐胡之所以灭也[10]。君行之臣，犹有后患，况为臣而行之君乎？诛既不当，而以尽为心[11]，是与天下有雠也。则虽为戮[12]，不亦可乎！

注释

①狱之至：最为严酷的刑罚。狱，这里指刑罚。

②故：通“固”，本来。以：通“已”，已经。

③晋厉公：春秋时期晋国君主。三郤 xì：指晋厉公时执政的郤至、郤锜、郤犨chōu 三位大臣。栾：人名，指栾书。晋国大臣。中行：人名，指中行偃，晋国大臣。公元前573年，晋厉公杀三郤，栾书和中行偃担心自己也会被晋厉公所杀，于是先动手杀死了晋厉公。

④子都杀伯咺xuān而食鼎起祸：本句所说的史实不详。

⑤吴王：指春秋时期吴王夫差。子胥：人名，即伍子胥。越句践：指越王勾践。句，通“勾”。

⑥公父：人名，即上文提到的子公。

⑦怒之色：发怒的面容。色，表情，面容。

⑧未立有罪：指君主还没有即位的时候而大臣已有了罪过。

⑨宿罪：过去的罪过。

⑩齐胡：指齐国的胡公。胡公是齐太公玄孙之子胡公靖（一作静）。胡公曾经虐待过大臣驺马繻，

胡公即位后，驺马繻弑胡公，抛尸于具水。

⑪尽：全部，这里指全部杀掉。

⑫为戮：被杀，指高渠弥被杀掉。

译文

有人说：报怨的行为太过分，指的是用大的杀戮去惩罚小的罪过。用大的杀戮去惩罚小的罪过，这是最为严酷的刑罚。严酷的刑罚所造成的祸患，本来并不在于那些已经受到惩处的人，而在于刑罚不当会引起众人的仇恨。因此晋厉公诛杀郤至、郤锜、郤犨三位大臣而栾书、中行偃因为害怕而起兵作乱，郑国的子都杀掉了伯咺而造成食鼎之祸，吴王夫差杀掉伍子胥而使越王勾践成就霸业。卫出公被驱逐出国，郑灵公被人杀害，也并不是因为卫出公没有杀掉褚师和郑灵公没有处死子公，而是因为君主在本来不该发怒的时候却表现出发怒的面容，对不应该处死的人却产生处死的念头。如果君主发怒符合臣下的罪行，诛杀这个臣下而不会违背人心，那么即使推迟一些时间再去惩处又有什么妨碍呢？君主没有即位之前而臣下犯了过错，等到君主即位之后，臣下因为害怕过去的罪过被追究而杀害君主，这就是齐国的胡公被臣下杀害的原因。君主对臣下采取这样的行为，尚且会为自己带来后患，更何况是作为臣下的人却对君主采取这样的行为呢？杀戮已经不对，而且还想全部杀掉，这就是在和整个天下的人作对。那么即使高渠弥被杀掉，不也是可以的吗？

卫灵公之时，弥子瑕有宠于卫国[①]。侏儒有见公者曰[②]："臣之梦浅矣[③]。"公曰："奚梦？""梦见灶者，为见公也。"公怒曰："吾闻见人主者梦见日，奚为见寡人而梦见灶乎？"侏儒曰："夫日兼照天下，一物不能当也[④]。人君兼照一国，一人不能壅也[⑤]。故将见人主而梦日也。夫灶，一人炀焉[⑥]，则后人无从见矣。或者一人炀君邪？则臣虽梦灶，不亦可乎？"公曰："善。"遂去雍鉏[⑦]，退弥子瑕，而用司空狗[⑧]。

注释

①弥子瑕：人名，卫灵公的宠臣。

②侏儒：身材矮小的人。在古代，侏儒常供人取乐。

③浅jiàn：通"践"，应验。

④当：通"挡"，挡住，遮蔽。

⑤壅：遮蔽；蒙蔽。

⑥炀yàng：烤火。

⑦去：赶走。雍鉏：人名，卫灵公宠幸的宦官。

⑧司空狗：人名，名史狗，官至司空，故称"司空狗"，是卫灵公的贤臣。

译文

卫灵公在位的时候，弥子瑕得到宠爱，因此弥子瑕独揽了卫国的大权。有一个见到卫灵公的侏儒对卫灵公说："我的梦应验了。"卫灵公说："什么梦？""我梦见了灶，大概就是因为今天能够见到您吧。"卫灵公生气地说："我听说将要见到君主的人会梦见太阳，你为什么见到君主却梦见了灶呢？"侏儒回答说："太阳能够普照天下，没有任何一样东西可以遮蔽住阳光；君主也能够普照全国的民众，任何一个人也不能够遮蔽君主的光辉。因此将要见到君主的人会梦见太阳。至于灶，如果有一个人在灶门口烤火，那么后面的人就没有办法看到灶里的火光。如今或许有一个人在您的灶门口烤火吧？那么我虽然梦见灶，不也是可以的吗？"卫灵公说："说得好。"于是赶走了雍钼，辞退了弥子暇，而任用了司空狗。

或曰：侏儒善假于梦以见主道矣[①]，然灵公不知侏儒之言也。去雍钼，退弥子瑕，而用司空狗者，是去所爱而用所贤也。郑子都贤庆建而壅焉[②]，燕子哙贤子之而壅焉[③]。夫去所爱而用所贤，未免使一人炀己也。不肖者炀主，不足以害明；今不加知而使贤者炀己，则必危矣。

注释

①假：假借；利用。见 xiàn：同“现”，表现，阐明。

②子都：人名，生平不详。贤：认为……贤良。庆建：人名，生平不详。壅：堵塞；蒙蔽。

③燕子哙 kuài：战国时代的燕国君主。子之：人名，燕王子哙的相。燕王子哙认为子之很贤良，就把自己的王位禅让给子之，结果导致燕国大乱，燕王子哙在动乱中被杀。

译文

有人说：侏儒善于利用梦来阐明做君主的原则，然而卫灵公却没有听懂侏儒说的话。清除雍鉏，辞退弥子瑕，而去任用司空狗，这就是清除掉自己所喜爱的人而去任用自己认为贤良的人。郑国的子都认为庆建很贤良，结果却被庆建蒙蔽了，燕国的君主子哙认为子之很贤良，却被子之蒙蔽了。清除掉自己所喜爱的人而去任用自己认为是贤良的人，还是避免不了让某一个人像在灶门口烤火那样蒙蔽自己。不肖之徒像在灶门口烤火那样蒙蔽着自己，还不足以损害自己的光明；如今没有进行详细的了解而让所谓的贤良之人来蒙蔽自己，那么君主就一定会遇到危险了。

或曰：屈到嗜芰[①]，文王嗜菖蒲菹[②]，非正味也[③]，而二贤尚之[④]，所味不必美。晋灵侯说参无恤[⑤]，燕哙贤子之，非正士也，而二君尊之，所贤不必贤也。非贤而贤用之，与爱而用之同。贤诚贤而举之，与用所爱异状[⑥]。故楚庄举孙叔而霸[⑦]，商辛用费仲而灭[⑧]，此皆用所贤而事相反也。燕哙虽举所贤，而同于用所爱，卫奚距然哉[⑨]？则侏儒之未可见也，君壅而不知其壅也，已见之后而知其壅也，故退壅臣，是加知之也。曰“不加知而使贤者炀己则必危”，而今以加知矣[⑩]，则虽炀己，必不危矣。

注释

①屈到：人名，春秋时期楚国大臣。嗜：嗜好；喜欢。芰 jì：植物名，即菱角。

②文王：周文王。菖 chāng 蒲：植物名。菹 zū：腌菜。

③正味：味道正常的食物。

④尚之：崇尚它们；喜欢它们。

⑤晋灵侯：即晋灵公，春秋时期晋国君主。说 yuè：同“悦”。参 shēn 无恤：人名，晋国大臣。

⑥异状：情况不同。状，情况。

⑦楚庄：即楚庄王，春秋时期楚国君主，春秋五霸之

一。孙叔：人名，即孙叔敖，楚国贤臣。

⑧商辛：即商纣王，商纣王名辛。费仲：人名。商纣王的宠臣。

⑨距然：怎么也会这样呢？距，通“讵”，怎么。然，这样。

⑩以：通“已”，已经。

译文

有人说：屈到喜欢吃菱角，周文王喜欢吃菖蒲做成的腌菜，这些都不属于味道正常的食物，而这两位贤人却喜欢它们，可见人们所喜欢吃的东西并不一定就是真正的美味佳肴。晋灵公喜欢参无恤，燕王子哙自认为子之很贤良，参无恤和子之都不是品行端正的人，而两位君主却很尊崇他们，可见君主认为是贤良的人并不一定真正贤良。不是贤良的人却被当作贤良的人来重用，这与因为宠爱某些人而重用他们是一样的。君主所认为的贤良之人如果真正贤良而被君主提拔重用，那么这与重用君主所宠爱的人就大不一样了。因此楚庄王重用孙叔敖而称霸天下，商纣王重用费仲而导致灭亡，这是君主重用自己所认为的贤人而结果却相反的例子。燕王子哙虽然重用了他所认为的贤良之人，但和重用他所宠爱的人是一样的，卫灵公怎么也会如此呢？如果那位侏儒没有认识到卫灵公受到蒙蔽，那么卫灵公被人蒙蔽而侏儒就不会知道，实际上那位侏儒已经认识到了这一点，卫灵公赶走蒙蔽自己的臣子，这就说明侏儒和卫灵公对臣下蒙蔽君主的事情都已经有了详细了解。有人说“没有进行详细的了解而让所谓的贤良之人来蒙蔽自己，那么君主就一定会遇到危险”，而现在侏儒和卫灵公已经对此有了详细了解，那么即使臣下想蒙蔽卫灵公，卫灵公也一定不会遇到危险的。

问田

题解

取本篇首句中的“问田”二字作题目。本篇有两段对话：第一段通过徐渠与田鸠的对话，说明君主在任用人才时，一定要把他们先放在基层职务上予以考察和锻炼；第二段通过堂谿公与韩非的对话，揭示韩非为了治理国家而勇于献身的精神。

徐渠问田鸠曰[①]：“臣闻智士不袭下而遇君[②]，圣人不见功而接上[③]。今阳成义渠[④]，明将也，而措于毛伯[⑤]；公孙亶回[⑥]，圣相也，而关于州部[⑦]，何哉？”田鸠曰：“此无他故异物，主有度、上有术之故也。且足下独不闻楚将宋觚而失其政、魏相冯离而亡其国[⑧]？二君者驱于声词[⑨]，眩乎辩说[⑩]，不试于毛伯，不关乎州部，故有失政亡国之患。由是观之，夫无毛伯之试，州部之关，岂明主之备哉[⑪]？”

注释

①徐渠：人名，生平不详。田鸠：战国时期齐国人，墨家学者。

②臣：自我谦称。袭下：从低级的官职做起而逐步被提拔起来。袭，沿袭，沿着。遇君：得到君主

的赏识。遇，礼遇，这里指得到君主的赏识。

③见 xiàn 功：表现出自己的功劳。接上：得到了君主的接纳，也即得到了君主的重用。上，君主。

④阳成义渠：人名，生平不详。

⑤措于：放置在。毛伯：即“屯伯”，属下级军官。

⑥公孙亶回：人名，生平不详。

⑦关于：安置在。关，涉及，这里引申为安置。州部：地方官署。州，地方的一个行政单位。部，官署。

⑧独：难道。将：任命……为将军。宋觚 gū：楚国将军，生平事迹不详。相：任命……为相。冯离：魏国大臣，生平事迹不详。

⑨二君：指任用宋觚的楚王和任用冯离的魏王。驱于声词：受到他们的名声的迷惑。驱，受到驱使，也即受到迷惑。声词，声名。

⑩眩：眩晕；晕头转向。

⑪备：措施。

译文

徐渠问田鸠说：“我听说那些有智慧的人不用从低级的官职做起就能够直接得到君主的赏识，那些圣明的人不用表现出自己的功绩就能够直接得到君主的重用。如今那位阳成义渠，是一个聪明的将帅之才，可他却被安置在一个小小的屯长职位上；那位公孙亶回，是一个圣明的相国之才，可他却被安置在一个地方州部的职务上，这是为什么呢？”田鸠说：“这没有任何其他什么原因，只是因为君主掌握了治国法度、懂得了治国法术。再说您难道没有听说过楚国因为任用宋觚为将军而败坏了楚国的政事、魏国因为任用冯离为相而使魏国陷入危亡的事情吗？这两国的君主分别被宋觚和冯离的名声所迷惑，被他们的花言巧语搞得晕头转向，楚王没有把宋觚安置在屯长的官职上进行考察，魏王也没有把冯离安排在州部的职务上加以考验，于是就发生政事败坏、国家危亡的灾难。由此看来，如果不把军事人才安置在屯长的职位上进行考察，如果不把政治人才安置在州部的职务上进行考验，这怎么会是明智君主选拔人才的措施呢？”

堂谿公谓韩子曰[①]：“臣闻服礼辞让，全之术也[②]；修行退智，遂之道也[③]。今先生立法术，设度数[④]，臣窃以为危于身而殆于躯[⑤]。何以效之[⑥]？所闻先生术曰：‘楚不用吴起而削乱，秦行商君而富强。二子之言已当矣，然而吴起支解而商君车裂者[⑦]，不逢世遇主之患也。’逢遇不可必也，患祸不可斥也。夫舍乎全遂之道而肆乎危殆之行[⑧]，窃为先生无取焉。”韩子曰：“臣明先生之言矣。夫治天下之柄[⑨]，齐民萌之度[⑩]，甚未易处也。然所以废先王之教而行贱臣之所取者[11]，窃以为立法术，设度数，所以利民萌、便众庶之道也。故不惮乱主暗上之患祸，而必思以齐民萌之资利者，仁智之行也；惮乱主暗上之患祸，而避乎死亡之害，知明夫身而不见民萌之资利者[12]，贪鄙之为也。臣不忍向贪鄙之为[13]，不敢伤仁智之行。先生有幸臣之意[14]，然有大伤臣之实。”

注释

①堂谿公：人名，战国时期的学者，生平事迹不详。韩子：指韩非。

②全：全身；保全自我。

③遂：成功；成就。

④度数：制度。

⑤殆：危险；危害。

⑥效：效验；证明。

⑦支解：即肢解。支，通“肢”。车裂：用车子把身体撕裂。支持商鞅变法的秦孝公去世后，秦惠王车裂了商鞅。

⑧肆：竭力推行。

⑨柄：权柄；权势。

⑩齐：整治；治理。民萌：民众。萌，通“氓”，民众。度：法度。

⑪贱臣：自我谦称。所取：所认为正确的主张。

⑫知明夫身：智慧知道如何保全自身。知，通“智”。

⑬向：偏向；选择。

⑭幸：爱护。

译文

堂谿公对韩非说："我听说遵守礼仪谦虚退让，是用来保全自身的方法；修养品行隐藏才智，是用来成就自我的途径。如今先生主张使用法术，建立各种制度，我个人认为这样做会危及您的生命安全。用什么可以证明我的这个看法呢？我听说先生的治国法术就是：'楚国因为没有任用吴起而变得衰弱混乱，秦国推行了商鞅的改革而变得繁荣富强。这两位先生的治国主张已经被证明是正确的，然而吴起被肢解而商鞅被车裂，这是因为他们没有遇上一个好的世道和没有遇到英明的君主所造成的灾难。'一个人的遭遇是不可能事先设定的，一个人的灾祸也是不可能完全被排除的。如果放弃能够保全自我的原则而竭力地采取一些危险的行为，我个人认为这对于先生来说是不可取的。"韩非说："我明白先生说的意思了。用来治理天下的权柄，用来统治民众的法度，的确是很不容易处理好的。然而我之所以要放弃先王的教诲而推行我所认为正确的主张，是因为我个人认为使用法术，建立制度，这是有利于百姓、有利于民众的行为。因此我不害怕昏聩糊涂的君主给我带来的灾难，而坚定不移地为民众的利益考虑，这是一种仁义而明智的行为啊；如果因为害怕昏聩糊涂的君主给自己带来的灾难，于是就去逃避死亡的危险，智慧能够保全自我却看不到如何为民众谋取利益，这是一种贪生怕死、卑鄙无耻的行为。我不愿意采取那种贪生怕死、卑鄙无耻的做法，也不敢伤害仁义而明智的行动。先生虽然有爱护我的好意，然而实际上却大大地伤害了我的情感啊。”

定　法

题解

定法，就是要确定治国的法律制度。在本篇中，韩非同时肯定了“术”与“法”的重要性。韩非认为，申不害的“术”和商鞅的“法”，对于治国来说，是缺一不可的。但韩非同时又指出，申不害和商鞅有关“术”和“法”的论述都还不够完善，并对他们的理论作了一定程度的修正。韩非把申不害的“术”和商鞅的“法”结合起来，共同纳入自己的法治思想体系，使他的法治思想更趋严密实用。本篇是读者了解韩非法治思想及其渊源的重要文章。

问者曰：“申不害、公孙鞅[①]，此二家之言孰急于国？”应之曰：“是不可程也[②]。人不食，十日则死；大寒之隆，不衣亦死。谓之衣食孰急于人，则是不可一无也，皆养生之具也。今申不害言术而公孙鞅为法。术者，因任而授官[③]，循名而责实，操杀生之柄，课群臣之能者也[④]。此人主之所执也。法者，宪令著于官府，刑罚必于民心，赏存乎慎法，而罚加乎奸令者也[⑤]。此臣之所师也[⑥]。君无术则弊于上[⑦]，臣无法则乱于下，此不可一无，皆帝王之具也[⑧]。”

注释

①申不害：曾担任韩国的相，属于法家人物。他比较重视君主用来驾驭臣民的权术。公孙鞅：即商鞅，战国时期的政治家，法家的代表人物。

②程：衡量；比较。

③因任：根据才能。因，顺应；依据。任，能力。

④课：考核。

⑤奸 gān 令者：违反法令的人。奸，通“干”，冒犯，违反。

⑥师：效法；学习。

⑦弊：通“蔽”，蒙蔽。

⑧具：措施；方法。

译文

有人问道：“申不害、公孙鞅，这两位学者的主张哪一个更为国家所急需呢？”回答说：“这两个人的主张是不可以进行衡量和比较的。人如果不吃东西，十天就会饿死；在最为寒冷的天气里，人如果不穿衣服也会被冻死。要问穿衣和吃饭哪一样更为人所急需，那么应该说衣和食这两样东西缺一不可，它们都是用来维持生命所必须具备的。如今申不害主张君主驾驭臣民的权术而公孙鞅重视治国的法令。所谓的君主驾驭臣民的权术，就是君主要依据臣民的能力去授予相应的官职，依据官职的名位去责求他们的实际功效，君主掌握着生杀大权，考核各级官吏的才能。这种权术是君主所要掌握的。所谓的治国法令，就是官府要制定明确的法令，刑罚制度一定要贯彻到民众的心中，奖赏那些能够谨慎地按照法律行事的臣民，惩罚那些敢于违法乱纪的罪人。法令是臣民所应该学习的。君主如果不懂得权术就会在上面受到臣民的蒙蔽，臣民如果不懂得法令就会在下面乱成一团，权术和法令缺一不可，这些都是帝王用来治理国家的措施。”

问者曰：“徒术而无法[1]，徒法而无术，其不可何哉？”对曰：“申不害，韩昭侯之佐也[2]。韩者，晋之别国也[3]。晋之故法未息，而韩之新法又生；先君之令未收，而后君之令又下。申不害不擅其法[4]，不一其宪令，则奸多。故利在故法前令则道之[5]，利在新法后令则道之，利在故新相反，前后相勃[6]，则申不害虽十使昭侯用术[7]，而奸臣犹有所谲其辞矣[8]。故托万乘之劲韩[9]，七十年而不至于霸王者[10]，虽用术于上，法不勤饰于官之患也[11]。公孙鞅之治秦也，设告相坐而责其实[12]，连什伍而同其罪[13]，赏厚而信，刑重而必。是以其民用力劳而不休，逐敌危而不却[14]，故其国富而兵强；然而无术以知奸，则以其富强也资人臣而已矣。及孝公、商君死[15]，惠王即位[16]，秦法未败也，而张仪以秦殉韩、魏[17]。惠王死，武王即位[18]，甘茂以秦殉周[19]。武王死，昭襄王即位[20]，穰侯越韩、魏而东攻齐[21]，五年而秦不益尺土之地[22]，乃城其陶邑之封[23]。应侯攻韩八年[24]，成其汝南之封[25]。自是以来[26]，诸用秦者[27]，皆应、穰之类也。故战胜，则大臣尊；益地，则私封立：主无术以知奸也。商君虽十饰其法，人臣反用其资。故乘强秦之资[28]，数十年而不至于帝王者，法不勤饰于官，主无术于上之患也。”

注释

①徒：只有；仅仅。

②韩昭侯：战国时期韩国君主。佐：辅佐大臣。申不害曾任韩昭侯的相。

③晋之别国：是从晋国分裂出去的一个国家。春秋战国之交，晋国分裂为韩、赵、魏三个诸侯国，所以这里说“韩者，晋之别国也”。

④擅其法：专一推行他的新法令。擅，专一。

⑤故法前令：指旧法令。道：遵照执行。

⑥勃：通“悖”，相互违背，相互矛盾。

⑦十：泛指反复多次。

⑧谲其辞：用语言为自己诡辩。谲，诡诈。

⑨托：凭借。万乘：万辆战车。劲韩：强大的韩国。

⑩七十年：指申不害在韩变法到本文写作之间的时长。

⑪饰：通“饬”，整饬，整治。

⑫设告相坐：设立不告发奸人的连坐罪。告，告发，检举。相坐，也即连坐。

⑬连什伍：十家或五家连坐制度。连，连坐。什伍，十家为什，五家为伍。

⑭逐：追逐；进攻。却：退却；后退。

⑮孝公：秦孝公。战国时期秦国君主，他支持商鞅变法。

⑯惠王：秦惠王。

⑰张仪以秦殉韩、魏：张仪凭借着秦国的强大从韩、魏那里捞取私人利益。张仪，战国时期魏国人，他主张连横。殉，追求利益。秦惠王在位的时候，张仪凭借秦国的兵力迫使魏国割让土地给秦国，被任命为秦相，又说服韩国依附于秦国，被封为武信君。

⑱武王：秦武王。

⑲甘茂以秦殉周：甘茂凭借秦国的力量从周那里捞取私人利益。甘茂，战国时期下蔡人，曾任秦相。周，指东周。

⑳昭襄王：秦昭襄王。战国时期秦国君主。

㉑穰 rǎng 侯：即魏冉，战国时期楚国人，任秦相。因为封于穰（在今河南邓州），故称“穰侯”。

㉒益：增加。

㉓城：筑城。陶邑：地名。在今山东定陶一带。公元

前284年，秦、燕等国进攻齐国，秦国占领齐国陶邑后，穰侯把它占为自己的封地。

㉔应侯：即范雎。范雎本为战国时期魏国人，后入秦为相，被封为应侯。

㉕汝南：地名，大约在汝水以南地区。

㉖自是以来：从此之后。是，此。

㉗用秦者：在秦国掌权的人。

㉘乘：凭借。

译文

有人问道："只使用权术而不使用法令，或者只使用法令而不使用权术，为什么就不能够治理好国家呢？"回答说："申不害，是韩昭侯的辅佐大臣。而韩国，则是从晋国分裂出来的一个国家。晋国原有的法律还没有被废除掉，而韩国又制定出新的法律；前代君主的政令还没有消除，后代君主又颁布了新的政令。申不害没有专一地去推行他的新法令，也没有把新法令和旧法令统一起来，于是奸邪的事情就层出不穷。那些奸邪之人看到旧法令对自己有利，那么他们就遵照旧法令办事，看到新法令对自己有利，那么他们就遵照新法令办事，他们能够在旧法令与新法令、前面的政令与后面的政令的相互矛盾中获取利益，那么即使申不害反复多次地劝告韩昭侯使用权术，而那些奸邪之人依然有办法用言辞来为自己进行诡辩。因此韩国的君主虽然能够拥有万乘兵车，然而七十年过去后依然没有能够称霸于天下，这就是君主虽然在上面使用权术，却没有使用法令对官吏进行整顿所造成的灾祸。公孙鞅在治理秦国的时候，设立了告发罪犯相互连坐的制度以查获犯法的真实情况，让五家或十家一起相互监督、同担罪责，奖赏丰厚而且能够信守诺言，惩处很重而且能够坚决执行。因此秦国的民众努力劳作，即使疲惫不堪也不肯休息，进攻敌人时即使遇到危险也不肯退却，所以秦国变得富裕而且军队强大；然而公孙鞅却不懂得让君主使用权术去识别奸邪之人，于是就只能用富强的秦国为那些大臣所用而已。等到秦孝公、商君去世之后，秦惠王即位，当时秦国的法令还没有被败坏掉，于是张仪就凭借着秦国的力量在韩国、魏国那里捞取自己的利益。秦惠王去世之后，秦武王即位，于是甘茂就凭借着秦国的力量在进攻周国的战争中捞取自己的利益。秦武王去世之后，秦昭襄王即位，穰侯越过韩、魏两个国家到东边去攻打齐国，整整打了五年而秦国没有增加尺寸土地，穰侯自己却在陶邑筑起城墙把它作为个人的封地。应侯攻打韩国整整八年，也建成了他在汝水以南的封地。从此之后，那些在秦国掌权的大臣，几乎都成为穰侯、应侯之类的人了。因此秦国的仗打赢了，而大臣们的地位变得尊贵了；秦国的版图扩大了，然而却成了大臣们的封地；这就是因为君主没有使用权术去了解大臣的奸邪之情啊。商鞅虽然反复多次地整顿自己的法令，大臣们反而利用他变法的成果来为自己谋取私利。因此秦国的君主凭借着如此强大的秦国，努力了数十年也没有成就自己的帝王之业，这就是因为秦国没有使用法令不断地整顿各级官吏，君主没有在上面使用权术所带来的祸患啊。”

问者曰：“主用申子之术，而官行商君之法，可乎？”对曰：“申子未尽于术[①]，商君未尽于法也。申子言：‘治不逾官[②]，虽知弗言。’治不逾官，谓之守职也，可；知而弗言，是不谓过也[③]。人主以一国目视，故视莫明焉[④]；以一国耳听，故听莫聪焉[⑤]。今知而弗言，则人主尚安假借矣[⑥]？商君之法曰：‘斩一首者，爵一级[⑦]，欲为官者为五十石之官[⑧]；斩二首者，爵二级，欲为官者为百石之官。’官爵之迁与斩首之功相称也。今有法曰：‘斩首者令为医、匠。’则屋不成而病不已。夫匠者，手巧也，而医者，齐药也[⑨]，而以斩首之功为之，则不当其能。今治官者，智能也；今斩首者，勇力之所加也。以勇力之所加而治智能之官，是以斩首之功为医、匠也。故曰：二子之于法术，皆未尽善也。”

注释

①未尽：不够完善。尽，尽善。

②治不逾官：处理政务的时候不能超越自己的职务权限。

③是不谓过也：这就是一种过错了。本句中的“不”为衍字。

④视莫明焉：没有人比君主看得更为清楚的。焉，指代词，指君主。

⑤聪：听力好。

⑥安假借：还能够利用什么呢？安，什么。假借，利用。

⑦爵：爵位。秦国的爵位共分二十级。

⑧五十石之官：每年能够拿五十石粮食俸禄的官员。石，容量单位。十斗为一石。

⑨齐jì药：调制药物。齐，通“剂”，调剂，调制。

译文

有人问道：“让君主使用申不害的权术，让百官执行商鞅的法令，这样做可以了吗？”回答说：“申不害的权术思想还不够完善，而商鞅的法制理论也不够完善。申不害说：‘处理政务不要超越自己的职务权限，对于权限之外的事情即使知道了也不要多嘴。’处理政务不要超越自己的职务权限，把它称之为恪守职责还是可以的；而对于权限之外的事情即使知道了也不要多嘴，这可以说就是一种错误观念了。君主要利用全国人的眼睛去观察，因此就没有人能够比君主观察得更为清楚的；君主要利用全国人的耳朵去倾听，因此就没有人能够比君主听得更为明白的。如今让人们对于权限之外的事情即使知道了也不许多嘴，那么君主还能够利用什么来做自己的耳目呢？商鞅制定的法令说：‘斩杀一个敌人的首级，就晋升一级爵位，如果想当官就可以担任每年有五十石粮食俸禄的官职；斩杀两个敌人的首级，就晋升两级爵位，如果想当官就可以担任每年有一百石粮食俸禄的官职。’官职和爵位的升迁与斩杀敌人首级的数量是相称的。如今如果有法令规定：‘斩杀了敌人首级的人就让他当医生、工匠。’那么房屋肯定建不成而疾病也肯定治不好。工匠靠的是手艺技巧，而医生则要调制药物，而让那些立下斩杀敌人首级功劳的人去当医生、工匠，那么就与他们的才能不相适应了。那些处理政务的官员,靠的是智慧和才能；如今那些能够斩杀敌人首级的人，靠的是勇敢和力气。让依靠勇敢和力气而立功的人担任需要智慧和才能的职务，这就等于是让那些依靠斩杀敌人首级而立功的人去当医生、工匠。因此说：这两位先生有关法治和权术的理论，都还没有达到完善的地步。”

说　疑

题解

说疑，就是解析治国的疑难问题。本篇所说的疑难问题，主要是指君主如何对待臣下的一些令人疑虑的行为以及如何防备奸佞臣子的方法。在本篇中，韩非再次强调依法治臣的观点，提出了“禁奸之法，太上禁其心，其次禁其言，其次禁其事”的观点；接着韩非列举不同类型臣子的不同表现；最后，韩非指出，破除“五奸”之臣，消除“四拟”现象，才能够使君尊而国安。

凡治之大者，非谓其赏罚之当也。赏无功之人，罚不辜之民①，非所谓明也。赏有功，罚有罪，而不失其人，方在于人者也②，非能生功止过者也。是故禁奸之法，太上禁其心③，其次禁其言，其次禁其事。今世皆曰：“尊主安国者，必以仁义智能。”而不知卑主危国者之必以仁义智能也④。故有道之主，远仁义，去智能，服之以法⑤。是以誉广而名威，民治而国安，知用民之法也。凡术也者，主之所以执也；法也者，官之所以师也⑥。然使郎中日闻道于郎门之外⑦，以至于境内日见法⑧，又非其难者也。

注释

①不辜：无罪。辜，罪。

②人：指受赏或受罚的个人。

③太上：最好。心：犯罪之心。

④卑主：使君主变得卑贱。

⑤服之：制服那些仁义智能之人。之，代指仁义智能之人。

⑥师：效法；学习。

⑦然：这样。郎中：官名。先秦时为近侍之称，秦时始置为官，属郎中令，仍为君主的近侍。道：治国的原则，也即法制原则。郎门：即廊门。郎，通“廊”，有顶的走廊，这里泛指官中。

⑧日见法：当天就能够知道国家颁布的新法令。

译文

大凡治理国家最重要的事情，不是赏罚是否恰当。奖赏没有功劳的臣民，惩罚没有罪过的民众，这当然不能叫作明智。在奖赏有功之人的时候，在惩罚有罪之人的时候，即使没有弄错对象，但其作用也仅仅只是局限于受赏受罚的个人身上，并不能因此而产生新的功劳和禁止新的罪过。因此禁止奸邪的办法，最好是禁止人们的奸邪思想，其次是禁止人们的奸邪言论，再次则是禁止人们的奸邪行为。如今社会上的人们都说：“能够使君主变得尊贵、国家变得安定的人，一定是那些仁义而有智慧的人。”然而人们并不知道使君主变得卑微、使国家陷入危亡的人就是那些所谓的仁义而有智慧的人。因此掌握了正确治国原则的君主，一定要远离那些仁义之人，摒弃那些有智慧的人，要用法令制服那些所谓的仁义而有智慧的人。这样一来，君主就能够获得广泛的赞誉和显赫的名声，民众就能够得到治理而国家就能够得到安宁，这是因为君主懂得了治理民众的正确原则。权术，是君主所应该掌握的；法令，是官员们所应该学习的。这样一来，想让那些郎中们每天在廊门之外都能够听到治国的法制原则，甚至于让整个国家的人在一天之内就能够看到国家新颁布的法令，也都不会是很困难的事情。

昔者有扈氏有失度[①]，讙兜氏有孤男[②]，三苗有成驹[③]，桀有侯侈[④]，纣有崇侯虎[⑤]，晋有优施[⑥]，此六人者，亡国之臣也。言是如非[⑦]，言非如是，内险以贼[⑧]，其外小谨，以征其善[⑨]；称道往古，使良事沮[⑩]；善禅其主[⑪]，以集精微[⑫]，乱之以其所好[⑬]：此夫郎中左右之类者也。往世之主，有得人而身安国存者，有得人而身危国亡者。得人之名一也，而利害相千万也，故人主左右不可不慎也。为人主者诚明于臣之所言[⑭]，则别贤不肖如黑白矣。

注释

①有扈 hù 氏：夏朝的一个部落名。失度：人名，据说是有扈氏的大臣。

②讙 huān 兜氏：尧时的一个部落名。孤男：人名，据说是讙兜氏的大臣。

③三苗：中国古代南方的一个部落名。成驹：人名，三苗族的大臣。

④侯侈：人名，据说是夏桀的宠臣。

⑤崇侯虎：人名，商纣王的宠臣。

⑥优施：春秋时期晋献公的优伶，曾唆使晋献公的宠姬丽姬逼死太子申生，逼走晋献公的儿子重耳等，引起晋国的长期动乱。

⑦言是如非：把正确的说成是错误的。

⑧险：阴险。贼：狠毒。

⑨征：征象；表现。

⑩使良事沮：把好事办成坏事。沮，破坏，败坏。

⑪禅：通“擅”，专擅，控制。

⑫集：收集。精微：隐微的想法。

⑬乱之：搞乱君主的思想。之，指君主的思想。

⑭诚明：确实弄明白。诚，确实。

译文

从前有扈氏有一个名叫失度的人，讙兜氏有一个名叫孤男的人，三苗有一个名叫成驹的人，夏桀有一个名叫侯侈的人，商纣王有一个名叫崇侯虎的人，晋国有一个名叫优施的人，这六个人，都是造成国家危亡的臣子。他们把正确的说得好像是错误的，而把错误的说得好像是正确的，他们内心险恶而狠毒，外表却装出小心谨慎的样子，以此表示自己的善良；他们引用远古的事情为依据，把美好的事情办成坏事情；他们善于控制君主，以收集君主的隐微想法、利用君主的某些爱好去搞乱君主的思想；这些人就是那些整天在君主身边的郎中一类的人。从前的那些君主，有的得到了自以为合适的人才之后使自身平安、国家安宁，有的得到了自以为合适的人才之后导致了自身的危险和国家的灭亡。得到合适人才的名声是一样的，然而获取的利益和害处却相差千万倍，因此君主对身边近臣的选用不可不谨慎小心啊。做君主的如果能够真正地了解臣子所说的话，那么区别贤良之人与不肖之人就好像区别黑色和白色那样清楚明白了。

若夫许由、续牙、晋伯阳、秦颠颉、卫侨如、狐不稽、重明、董不识、卞随、务光、伯夷、叔齐[①]，此十二人者，皆上见利不喜[②]，下临难不恐，或与之天下而不取，有萃辱之名[③]，则不乐食谷之利[④]。夫见利不喜，上虽厚赏，无以劝之[⑤]；临难不恐，上虽严刑，无以威之：此之谓不令之民也。此十二人者，或伏死于窟穴[⑥]，或槁死于草木[⑦]，或饥饿于山谷，或沉溺于水泉。有民如此，先古圣王皆不能臣，当今之世，将安用之？

注释

①许由：相传是尧时的隐士，他不接受尧传给自己的帝位，隐居于箕山。续牙：相传是舜时的隐士，为舜的七友之一。晋伯阳：相传是舜时的隐士，为舜的七友之一。秦颠颉：古代的隐士，具体生平不详。卫侨如：古代的隐士，具体生平不详。狐不稽：古代的隐士，具体生平不详。重明：古代的隐士，具体生平不详。董不识：古代的隐士，具体生平不详。一说疑为"董不訾"，相传是舜时的隐士，为舜的七友之一。卞随：商汤王时的隐士，因不接受商汤王禅让的帝位，投河而死。务光：商汤王时的隐士，也因不接受商汤王禅让的帝位，投河而死。伯夷、叔齐：商代孤竹国君的两个儿子，古人把他们视为廉洁的典范。

②上：指好的方面。

③萃辱：忍辱负重。萃，通"悴"。憔悴；劳累。

④食谷：享受俸禄。谷，指俸禄。先秦的俸禄多为粮食。

⑤无以：没有办法。劝：鼓励；勉励。

⑥伏死：隐居而死。窟穴：山洞。

⑦草木：指山林之中。

译文

至于许由、续牙、晋伯阳、秦颠颉、卫侨如、狐不稽、重明、董不识、卞随、务光、伯夷、叔齐，这十二个人，从好的方面说他们看到利益而不会感到喜悦，从坏的方面说他们面临危难而不会感到恐惧，有人把整个天下都送给他们而不予接受，具有忍辱负重的名声，而不乐于接受当官拿俸禄的好处。如果看到利益而不会感到喜悦，那么君主即使给予丰厚的奖赏，也无法勉励他们；如果面临危难而不会感到恐惧，那么君主即使给他们严厉的惩罚，也无法威慑他们；这些人就叫作无法命令的人。这十二个人，有的隐居而死于山洞，有的憔悴不堪而死于山林，有的忍饥挨饿于山谷，有的投水死于江河。像这样的一些人，就连古代的圣王也无法让他们成为自己的臣民，如今这个时代，又怎么能够使用呢？

若夫关龙逢、王子比干、随季梁、陈泄冶、楚申胥、吴子胥[①]，此六人者，皆疾争强谏以胜其君。言听事行，则如师徒之势[②]；一言而不听，一事而不行，则陵其主以语[③]，待之以其身，虽身死家破，要领不属[④]，手足异处，不难为也。如此臣者，先古圣王皆不能忍也，当今之时，将安用之？

注释

①关龙逄páng：夏桀的贤臣，因直谏被杀。王子比干：人名。商纣王的叔父，因直谏被杀。因比干是国王的儿子，故称“王子比干”。随季梁：随国的季梁。随，诸侯国名，在今湖北的北部。陈泄冶：陈国的泄冶。陈，诸侯国名，在今河南淮阳一带。楚申胥：楚国的申胥。

②师徒：指大臣像老师，而君主像弟子。

③陵：侵凌。

④要领不属zhǔ：身首异处。要，通“腰”。领，脖子。属，连接在一起。

译文

至于关龙逄、王子比干、随国的季梁、陈国的泄冶、楚国的申胥、吴国的伍子胥，这六个人，都是要用激烈的争辩和强硬的劝谏来征服自己的君主。如果君主接受了他们的意见并按照他们的意见行事，那么他们与君主之间的关系就好像是师徒一般；如果有一句话没有被君主接受，一件事情没有按照他们的意见办理，那么他们就会用强硬的言语去侵凌君主，会豁出自己的生命等待君主的处理，即使家破人亡，身首分离，手足异处，他们也不难做到。像这样的臣子，就连上古的圣王们都难以容忍，在当今这个社会里，又怎么能够使用他们呢？

若夫齐田恒、宋子罕、鲁季孙意如、晋侨如、卫子南劲、郑太宰欣、楚白公、周单荼、燕子之①，此九人者之为其臣也，皆朋党比周以事其君②，隐正道而行私曲③，上逼君，下乱治，援外以挠内④，亲下以谋上，不难为也。如此臣者，唯圣王智主能禁之，若夫昏乱之君，能见之乎？

注释

①田恒：即春秋时期齐国大臣田成子。田成子本为齐国大夫，他杀齐简公而立齐平公，专擅国政。至齐康公时，田成子曾孙田和放逐康公而自立为齐侯。子罕：又称“皇喜”，姓戴，名喜，字子罕。战国时期任宋国的司城，兼管刑罚。后来他废掉宋桓侯，夺取了宋国政权。季孙意如：即季平子，春秋时期鲁国的贵族。后来他驱逐了鲁昭公，独揽鲁国大权。侨如：人名，生平不详。一说这里的侨如指的是鲁国的叔孙侨如。叔孙侨如与鲁成公之母私通，而且在晋厉公那里诬陷鲁成公，事败后逃亡齐国。子南劲：卫国贵族，后叛卫入魏，魏灭卫后，被魏君封为侯。太宰欣：人

名，生平不详。白公：即白公胜，楚国贵族，为谋取楚国王位，发动叛乱，失败后被杀。单荼shàn tú：人名，生平不详。子之：战国时期燕王哙的相。燕王哙为了让贤，把燕国禅让给子之，使燕国陷入动乱。

②朋党：拉帮结派。比周：相互勾结。

③隐：隐瞒，遮蔽，这里引申为放弃。私曲：谋私的邪路。曲，不正，邪恶。

④援外：勾结外国作为自己的外援。挠内：扰乱国内的政务。

译文

至于齐国的田恒、宋国的子罕、鲁国的季孙意如、晋国的侨如、卫国的子南劲、郑国的太宰欣、楚国的白公、周国的单荼、燕国的子之，这九个人作为大臣，都是在拉帮结派、结党营私以对付自己的君主，他们放弃了正确的原则而走向谋私的邪路，对上威逼自己的君主，对下扰乱国家的安定，他们勾结外国作为自己的外援以扰乱国内的政务，笼络下属以图谋推翻自己的君主，他们做起这些事情来一点也不会感到为难。像这样的大臣，只有那些圣明的帝王和明智的君主才能够禁止他们的阴谋，如果是昏聩糊涂的君主，又怎么能够识别他们的罪恶呢？

若夫后稷、皋陶、伊尹、周公旦、太公望、管仲、隰朋、百里奚、蹇叔、舅犯、赵衰、范蠡、大夫种、逢同、华登[①]，此十五人者为其臣也，皆夙兴夜寐，卑身贱体，竦心白意[②]；明刑辟[③]、治官职以事其君，进善言、通道法而不敢矜其善[④]，有成功立事而不敢伐其劳[⑤]；不难破家以便国，杀身以安主，以其主为高天、泰山之尊，而以其身为壑谷、鬴洧之卑[⑥]；主有明名广誉于国，而身不难受壑谷鬴洧之卑。如此臣者，虽当昏乱之主尚可致功[⑦]，况于显明之主乎？此谓霸王之佐也。

注释

①皋陶 yáo：人名，舜时的司法官。蹇 jiǎn 叔：人名，春秋时秦穆公的贤臣，与百里奚一起辅佐秦穆公成就霸业。舅犯：人名，晋文公的舅舅狐偃，字子犯。赵衰 cuī：人名，先与晋文公一起逃亡，后辅佐晋文公成就霸业。范蠡：春秋时期越国大夫。大夫种：即文种。同范蠡一起协助越王勾践灭吴，建立霸业。逢 páng 同：越王勾践的大臣。华登：春秋时期宋国人，后入吴为大夫。

②竦 sǒng 心：心里充满了对君主的尊敬。竦，肃敬，恭敬。白意：表达自己的意见。白，表白，

说明。

③刑辟bì：刑罚。辟，法。

④道法：治国的原则和法令。矜：夸耀。

⑤伐：夸耀。

⑥壑谷：山沟。鬴fǔ：水名，古代的九河之一，在今河北境内。洧wěi：水名，在今河南境内。这里用“鬴洧”代指河流。

⑦当：遇到。

译文

至于后稷、皋陶、伊尹、周公旦、太公望、管仲、隰朋、百里奚、蹇叔、舅犯、赵衰、范蠡、大夫种、逢同、华登，这十五个人作为大臣，都能够夙兴夜寐，委屈自我而任劳任怨，带着恭敬的心情表达自己的意见；他们修明刑法、整顿吏治以侍奉君主，他们提出美好的建议、精通治国的原则与法令而不敢夸耀自己的优秀品质，建立了功业也不敢炫耀自己的功劳；他们能够不惜倾家荡产以有利于国家，不惜牺牲自我生命以使君主获得安全，他们把自己的君主看得像上天、泰山那样高贵，而把自己看得像山谷、河沟那样卑贱；君主在国内享有英明的名声和广泛的称誉，而他们自己却心甘情愿地接受像山谷、河沟那样的卑贱地位。像这样的大臣，即使遇到昏聩糊涂的君主依然能够建功立业，更何况他们是遇到了明智的君主呢？这样的人就可以称之为霸王的辅佐大臣。

若夫周滑之、郑王孙申、陈公孙宁、仪行父、荆芋尹申亥、随少师、越种干、吴王孙额、晋阳成泄、齐竖刁、易牙[①]，此十二人者之为其臣也，皆思小利而忘法义，进则掩蔽贤良以阴暗其主[②]，退则挠乱百官而为祸难；皆辅其君，共其欲[③]，苟得一说于主[④]，虽破国杀众，不难为也。有臣如此，虽当圣王尚恐夺之[⑤]，而况昏乱之君，其能无失乎？有臣如此者，皆身死国亡，为天下笑。故周威公身杀[⑥]，国分为二；郑子阳身杀[⑦]，国分为三；陈灵公身死于夏征舒氏[⑧]；荆灵王死于乾谿之上[⑨]；随亡于荆[⑩]；吴并于越；知伯灭于晋阳之下[⑪]；桓公身死七日不收[⑫]。故曰：谄谀之臣，唯圣王知之，而乱主近之，故至身死国亡。

注释

①滑之：一作滑伯。战国时期西周威公的大夫。王孙申：春秋时期郑国的大夫。公孙宁、仪行父：两个人都是春秋时期陈国的大夫，他们一起引诱陈灵公与夏姬淫乱。荆：楚国。先秦的楚国又称荆国。芋尹：楚国的官名，田猎时主管驱兽之职。申亥：楚灵王的臣子。随：诸侯国名，在今湖北北部。少师：春秋时期随国的大夫。种chóng干：春秋时期越国大夫。王孙额é：一作王孙頟。

他劝说吴王夫差与越国议和，鼓励夫差北上与中原各国争霸，最终导致吴国的灭亡。阳成泄：春秋时期晋国执政大臣智伯的家臣。

②进：指在其面前。掩蔽：压制埋没。阴暗：蒙蔽君主使君主不能明察。

③共：通“供”，供给，满足。

④苟：如果。

⑤夺之：指国家政权被别人夺走。

⑥周威公：战国时期西周国的君主。身杀：关于周威公被杀的事件不详。

⑦子阳：人名，战国时期郑繻公的相，因为执政严苛被杀。

⑧陈灵公：春秋时期陈国君主。夏征舒：春秋时期陈国大夫御叔之妻夏姬之子。据史书记载，夏姬极为美艳，陈灵公与大夫公孙宁、仪行父一起与夏姬私通，夏征舒不堪羞辱，射杀陈灵公。

⑨荆灵王：即楚灵王。乾谿：地名，在今安徽亳州东南。

⑩随亡于荆：随国被楚国所灭。荆，楚国。

⑪知伯：即智伯，荀氏，名瑶，春秋末期晋国六卿之一，势力最大。晋阳：地名。在今山西太原南，是晋国六卿之一赵襄子的封地。

⑫桓公：即齐桓公。不收：没有被收葬。

译文

至于西周国的滑之、郑国的王孙申、陈国的公孙宁、仪行父、楚国的芋尹申亥、随国的少师、越国的种干、吴国的王孙额、晋国的阳成泄、齐国的竖刁、易牙，这十二个人作为臣子，都只考虑自己的一点私利而忘掉国家法令和道义，他们在君主面前就压制埋没贤良之人以蒙蔽君主，离开君主后就扰乱百官的政务以制造各种祸端；他们用来辅佐君主的手段，就是想方设法满足君主的所有欲望，如果能够取得君主的一点欢心，就是使国家残破民众被杀，他们也在所不惜。如果有了这样的臣子，即使是圣明的君王尚且会害怕政权被别人夺去，更何况是一些昏聩糊涂的君主，怎么能够不失去自己的国家呢？君主如果有了这样的臣子，会导致自身被杀而国家被灭，受到天下人耻笑。因此周威公被杀害之后，周国就被分裂为西周和东周两个小国；郑国的子阳被杀死之后，郑国就被分裂为三个部分；陈灵公死于夏征舒之手；楚灵王死于乾谿这个地方；随国被楚国灭掉；吴国被越国兼并；智伯被消灭在晋阳城下；齐桓公死后七天都没有安葬。因此说：那些善于阿谀奉承的臣子，只有圣明的君主才能够认清他们，而昏聩糊涂的君主还在亲近他们，就不能不导致身死国亡的结果。

圣王明君则不然，内举不避亲[①]，外举不避雠。是在焉[②]，从而举之；非在焉，从而罚之。是以贤良遂进而奸邪并退[③]，故一举而能服诸侯。其在记曰[④]：尧有丹朱[⑤]，而舜有商均[⑥]，启有五观[⑦]，商有太甲[⑧]，武王有管、蔡[⑨]。五王之所诛者[⑩]，皆父兄子弟之亲也，而所杀亡其身残破其家者何也？以其害国伤民败法类也。观其所举，或在山林薮泽岩穴之间[⑪]，或在囹圄缧绁缠索之中[⑫]，或在割烹刍牧饭牛之事[⑬]。然明主不羞其卑贱也，以其能，为可以明法，便国利民，从而举之，身安名尊。

注释

①内举：对内举荐人才。这里说的“对内”，一种理解是指选拔朝内的官员，一种理解是指选拔任用自己的亲属。

②是：正确。这里指正确而美好的才能。

③并：通“摒”，摒除，排除。

④记：典籍；史书。

⑤丹朱：尧的儿子，相传品行不好。

⑥商均：舜的儿子，相传品行不好。

⑦启：大禹的儿子，继承大禹的君位。五观：一作“武观”。启的儿子，相传品行不好。一说“五

观”是指启的五个儿子，因品行不端而被流放。

⑧商：指商朝。太甲：人名，商汤王的长孙帝太甲。太甲在位时，不遵商汤王之法，暴虐乱德，于是伊尹就把他流放于桐宫，由伊尹摄政。三年后，帝太甲悔过自责，于是伊尹又把政权交还给帝太甲。事见《史记·殷本纪》。

⑨武王：周武王。周朝的开国君主。管、蔡：指周武王的两个弟弟管叔、蔡叔。周武王去世后，年幼的周成王即位，周公摄政。管叔、蔡叔怀疑周公篡政，便勾结商纣王之子武庚作乱，周公诛杀武庚、管叔，流放蔡叔。

⑩五王：指上文说的尧、舜、启、伊尹和周公。这五人中间，伊尹和周公并非君主。

⑪薮 sǒu：水少而草木繁盛的大泽。

⑫囹圄 líng yǔ：监狱。缧绁 xièxiè：绳索，指捆绑囚犯用的绳索。缠索：绳索。

⑬割烹：屠宰烹调，指厨师。刍牧：割草放牧。刍，草。饭牛：喂牛。

译文

圣明的君主就不是这样了，他们在选用人才的时候对内不回避亲人，对外不排除仇敌。只要是具有正确美好言行的人，他们就举荐任用；只要是具有错误违法言行的人，他们就予以惩处。因此贤良的人能够得到任用而奸邪的人会被排斥，所以这些圣君一旦有所行动就能够征服天下诸侯。史书上记载说：尧惩处自己的儿子丹朱，舜惩处自己的儿子商均，启惩处自己的儿子五观，另外受到惩处的还有商汤王的孙子太甲，周武王的弟弟管叔、蔡叔。这五个帝王所惩处的人，都属于父兄子弟关系的亲人，然而杀死或流放他们并让他们的家庭残破的原因是什么呢？就是因为他们都祸国殃民、违法乱纪。再看看这些圣君所提拔任用的人，有的是居住在深山老林、大泽洞穴之中的隐士，有的是身陷牢狱被绳索捆缚的囚犯，有的是屠宰烹调、割草放牧、饲养牛羊的贱民。然而圣君并没有嫌弃他们的地位卑贱，认为他们具有治国才能，能够严明地执行法律，能够利国利民，于是就举荐任用他们，从而使圣君的地位得以巩固，声誉得以提高。

乱主则不然，不知其臣之意行，而任之以国，故小之名卑地削[①]，大之国亡身死，不明于用臣也。无数以度其臣者[②]，必以其众人之口断之。众之所誉，从而悦之；众之所非，从而憎之。故为人臣者破家残赇[③]，内构党与、外接巷族以为誉[④]，从阴约结以相固也[⑤]，虚相与爵禄以相劝也[⑥]。曰："与我者将利之[⑦]，不与我者将害之。"众贪其利，劫其威："彼诚喜，则能利己；忌怒，则能害己。"众归而民留之[⑧]，以誉盈于国，发闻于主。主不能理其情，因以为贤。彼又使谲诈之士，外假为诸侯之宠使，假之以舆马[9]，信之以瑞节[10]，镇之以辞令[11]，资之以币帛[12]，使诸侯淫说其主[13]，微挟私而公议[14]。所为使者，异国之主也；所为谈者，左右之人也[15]。主说其言而辩其辞[16]，以此人者天下之贤士也。内外之于左右，其讽一而语同[17]。大者不难卑身尊位以下之[18]，小者高爵重禄以利之。夫奸人之爵禄重而党与弥众[19]，又有奸邪之意，则奸臣愈反而说之，曰："古之所谓圣君明王，君者，非长幼弱也及以次序也[20]；以其构党与，聚巷族，逼上弑君而求其利也。"彼曰："何知其然也？"因曰[21]："舜逼尧[22]，禹逼舜[23]，汤放桀[24]，武王伐纣[25]。此四王者，人臣弑其君者也，而天下誉之。察四王之情，贪得人之意也；度其行，暴乱之兵也。然四王自广措也[26]，而天下称大焉；自显名也，而天下称明焉。则威足以临天下，利足以盖世，天下从之。"又曰："以今时之所闻，田成子取齐，司城子罕取宋[27]，太宰欣取郑，单氏取周[28]，易牙之取卫[29]，韩、魏、赵三子分晋，此八人者，臣之弑其君者也。"奸臣闻此，蹶然举耳以为是也[30]。故内构党与，外摅巷族[31]，观时发事，一举而取国家。且夫内以党与劫弑其君，外以诸侯之权矫易其国[32]，隐正道，持私曲，上禁君，下挠治者，不可胜数也。是何也？则不明于择臣也。记曰："周宣王以来[33]，亡国数十，其臣弑其君而取国者众矣。”然则难之从内起与从外作者相半也。能一尽其民力，破国杀身者，尚皆贤主也。若夫转身法易位，全众传国，最其病也㉞。

注释

①小：灾祸小的、轻的。

②无数：没有法术。数，法律制度。度duó：测量；考察。

③残贼suì：花费钱财。贼，钱财。

④党与：即党羽。巷族：同乡宗族。巷，同巷之人，也即同乡。

⑤阴：暗中。约结：签订盟约以相互勾结。

⑥虚：空口允诺。劝：勉励。

⑦与：帮助。

⑧留：留在他的身边，也即归顺于他。

⑨假：借给。舆：车。

⑩信之：取信于人。瑞节：符节。古代朝廷用作凭证的信物，君臣各执一半，以验真假。瑞，用作凭证的玉器。节，竹制的凭证。

⑪镇：庄重严肃。

⑫币帛：古代用作礼物的丝织品。这里泛指礼品。

⑬淫说：用花言巧语游说。

⑭微：暗中。挟私：带着私心。

⑮左右之人：指君主身边的人。

⑯辩其辞：认为他的言辞很好。辩，话讲得好。

⑰讽一而语同：异口同声。讽，诵说，说话。

⑱大者：最为尊重的。尊位：降低君主自己的身份。尊，通“撙”，节制，抑制。下之：处于这个奸臣之下。

⑲弥：更加。

⑳世及：父传位于子叫作“世”，兄传位于弟叫作“及”。

㉑因：接着；于是。

㉒舜逼尧：相传尧德衰之后，被舜囚禁。

㉓禹逼舜：相传大禹废除了舜，舜逃亡至九嶷山。

㉔汤放桀：商汤王灭商之后，把夏桀流放到南巢（在今安徽巢县一带）。

㉕武王伐纣：周武王讨伐商纣王。商纣王失败后，自焚而死。

㉖广措：扩展自己的势力。

㉗司城：春秋时期宋国的官名，负责国家的土木建筑。

㉘单氏取周：这一史实不详。

㉙易牙之取卫：易牙取卫的史实不详，因为易牙是齐国桓公的宠臣，与卫国无涉。

㉚蹶然：急忙的样子。举耳：竖起耳朵。

㉛摅：根据上文“外接巷族以为誉”句，疑“摅”为“接”字之误。

㉜矫易：改变。这里引申为扰乱。

㉝周宣王：西周晚期的天子。

㉞病：痛心。

译文

那些昏聩糊涂的君主就不是这样了，他们并不了解自己臣子的思想和行为，就把国家托付给他们管理，因此造成的危害轻的使君主名声受到损害、国土被人侵占，危害大的使国家灭亡、君主被杀。这就是君主不知道如何使用臣子所造成的灾难。不能使用法度去考察自己的臣子，就一定会依据众人的议论对自己的臣子做出评价。众人所称赞的人，君主就跟着喜欢他；众人所批评的人，君主就跟着厌恶他。于是那些做臣子的人就会破费自己的家产，在朝廷之内拉帮结派、在朝廷之外勾结同乡宗族让他们为自己制造美好的声誉，还会在暗中订立同盟来巩固彼此之间的关系，空口许诺给党羽们封官加爵，勉励他们为自己卖力，说："依附于我的将会得到好处，不依附于我的将会遇到灾难。"众人贪图他给的利益，害怕他的权势："如果他真的喜欢自己，那么就能给自己带来好处；如果他恼怒、嫉恨自己，那么就会给自己带来灾难。"于是众人都依附于他归顺于他，赞美他的声音就会传遍全国，一直传到君主耳朵里。君主不能了解其中的真实情况，就认为他真的很贤良。他又指使那些奸诈的人，假扮成外国诸侯所宠幸的使者，借给他们车马，送给他们能够取信于人的瑞玉符节，教给他们庄重严肃的外交辞令，还让他们带着许多贵重的礼品，以诸侯使者的身份用花言巧语来游说他的君主，让这些使者暗中带着私人的目的去讨论国家的政事。这些使者的派遣者，是其他诸侯国的君主；而这些使者所赞美的，却是本国君主身边的奸臣。于是君主听了这些使者的言谈十分高兴并认为他们讲得很有道理，就认为这些使者所称赞的奸臣真的就是天下最为贤良的人。国内外的人们以及君主身边的侍从，都异口同声地称赞这个奸臣，于是最为尊重的礼节就是君主不惜屈尊甘心居于这个奸臣之下，最低的礼遇也是赏赐给这个奸臣高官厚禄。这个奸臣的官爵越尊贵而他的党羽就会越多，于是他就会产生新的篡权念头，他手下的党羽也就会更加迎合他说："古代那些所谓的圣明君主，并不是按照正常的父子兄弟长幼次序获得王位的，而是依靠拉帮结派，勾结乡党宗族，威逼或杀害自己的君主来谋取利益。"于是那个奸臣就问："你们怎么知道他们是这样做的呢？"那些党羽们就说："舜威逼尧，禹威逼舜，商汤王流放了夏桀，周武王讨伐了商纣王。这四个君主，都是以臣子的身份杀害他们的君主，而天下的人都赞美他们。考察这四个君主的真实思想，他们都是怀着贪婪的野心；考察这四个君主的行为，他们发动的都是残暴的战争。这四个君主都是在为了自己去扩充实力，而天下人却都赞美他们的强大；这四个君主都是在为了自己去宣扬名声，而天下的人都赞美他们的圣明。他们的权势足以统治整个天下，他们获取的利益足以超过天下任何一个人，于是天下的人也就都服从了他们。"这些党羽们还说："就拿如今我们所听到的事情来说，田成子篡夺了齐国的政权，司城子罕篡夺了宋国的政权，太宰欣篡夺了郑国的政权，单荼篡夺了周国的政权，易牙篡夺了卫国的政权，韩、魏、赵三家瓜分了晋国的土地，这八个人，都是以臣下的身份杀害了自己的君主。”那个奸臣听到这些言论，急忙竖起耳朵，认为他们说得非常正确。因此这个奸臣就在朝廷内部拉帮结派，在朝廷之外勾结同乡宗族，窥探适当的时机以发动政变，企图一举夺得国家政权。他们还在国内利用党羽的力量胁迫杀害自己的君主，利用国外其他诸侯国的力量扰乱国内的政务，他们放弃正确的原则，大搞个人阴谋诡计，对上挟持君主，对下扰乱社会安定，他们的罪恶数不胜数。这是什么原因呢？就是因为君主不能够明智地选择自己的臣子啊。史书记载说：“周宣王以来，灭亡的国家有数十个，其中臣下杀害自己的君主而夺取国家政权的事例很多。”亡国的灾难从国内产生的和从国外产生的各自占了一半。那些能够竭尽民众的力量去阻止灾难发生，但最终依然国破身死的，还都可以算得上贤良君主。像那些改变自己的法度而与臣下调换位子，把一个完整的国家和所有的民众拱手让给别人的君主，才是最让人感到痛心的。

为人主者，诚明于臣之所言，则虽罼弋驰骋①，撞钟舞女，国犹且存也；不明臣之所言，虽节俭勤劳，布衣恶食，国犹自亡也。赵之先君敬侯[2]，不修德行，而好纵欲，适身体之所安，耳目之所乐，冬日罼弋，夏浮淫[3]，为长夜[4]，数日不废御觞[5]，不能饮者以筒灌其口，进退不肃、应对不恭者斩于前[6]。故居处饮食如此其不节也，制刑杀戮如此其无度也，然敬侯享国数十年，兵不顿于敌国[7]，地不亏于四邻，内无群臣百官之乱，外无诸侯邻国之患，明于所以任臣也。燕君子哙[8]，邵公奭之后也[9]，地方数千里，持戟数十万[10]，不安子女之乐[11]，不听钟石之声[12]，内不堙污池台榭[13]，外不罼弋田猎，又亲操耒耨以修畎亩[14]。子哙之苦身以忧民如此其甚也，虽古之所谓圣王明君者，其勤身而忧世不甚于此矣。然而子哙身死国亡，夺于子之[15]，而天下笑之。此其何故也？不明乎所以任臣也。

注释

①罼弋 bì yì：打猎。罼，捕鸟、兔的网。这里用作动词，用网去捕捉鸟兽。弋，用带丝绳的箭去射猎。

②敬侯：赵敬侯，战国时期赵国的君主。

③浮淫：沉溺于到处玩乐。浮，浮游，游玩。淫，过分，沉溺于。

④长夜：通宵达旦，这里指通宵达旦地游乐。

⑤御觞：饮酒。觞，酒杯。

⑥进退：行动；举止。

⑦顿：挫败；失败。

⑧燕君子哙 kuài：指战国时燕国的君主子哙。

⑨邵公奭 shì：又作召公奭。周武王的弟弟，被封于燕。

⑩持戟：指军队。戟，一种武器名，这里泛指武器。

⑪子女：女子；美女。

⑫钟石：两种乐器名，这里代指音乐。石，指石制的乐器，如磬。

⑬堙 yān：修筑。污池：池塘。台榭：集土为台，建筑在高台上的房屋叫作榭。

⑭耒耨 lěi nòu：两种农具名。耒，一种用来耕地的农具。耨，一种用来除草的农具。畎 quǎn 亩：田地。

⑮子之：人名，燕王子哙的相。

译文

作为君主，如果能够真正了解臣子所说的一切，那么即使坐着马车到处打猎，沉溺于音乐舞蹈，国家依然能够生存下去；如果不能够真正了解臣子所说的一切，那么即使是生活节俭勤劳，穿粗衣吃粗粮，国家依然会灭亡。赵国从前的君主赵敬侯，不修养自己的品行，而喜欢放纵自己的欲望，一切都是为了自身的安逸，尽情地享受耳目的快乐，冬天他去捕捉鸟兽，夏天他沉溺于到处游乐，通宵达旦地游戏，一连几天不停地喝酒，对于那些不能喝酒的人他就用竹筒往那些人的口中灌酒，对于那些举止不够严肃、回答不够恭敬的臣下就当场处死。赵敬侯的生活起居如此没有节制，使用刑罚杀戮臣民如此不合法度，然而赵敬侯在位数十年，他的军队没有被敌国打败过，他的土地没有被邻国侵占过，国内没有群臣百官的叛乱，国外没有诸侯邻国的侵扰，这就是因为赵敬侯知道该如何去任用自己的臣子。燕国的君主子哙，是邵公奭的后代，他的国土方圆有几千里，军队有数十万，他既不喜欢与美女一起寻欢作乐，也不沉溺于音乐歌舞之中，他不在宫内修筑池塘台榭，也不到野外猎取鸟兽，而且还亲自拿着农具耕种农田。燕王子哙吃苦耐劳、忧国忧民竟然达到了如此程度，即使古代那些所谓的圣王明君，他们为了天下而操心受劳的程度也无法超过燕王子哙。然而燕王子哙身死国灭，国家政权被子之夺去，从而使天下的人们都嘲笑他。这是什么原因呢？就是因为燕王子哙不懂得如何使用自己的臣子啊。

故曰：人臣有五奸，而主不知也。为人臣者，有侈用财货赂以取誉者，有务庆赏赐予以移众者[①]，有务朋党徇智尊士以擅逞者[②]，有务解免赦罪狱以事威者[③]，有务奉下直曲、怪言、伟服、瑰称以眩民耳目者[④]。此五者，明君之所疑也，而圣主之所禁也。去此五者[⑤]，则谍诈之人不敢北面谈立[⑥]；文言多、实行寡而不当立法者[⑦]，不敢诬情以谈说[⑧]。是以群臣居则修身，动则任力，非上之令不敢擅作疾言诬事[9]，此圣王之所以牧臣下也[10]。彼圣主明君，不适疑物以窥其臣也[11]。见疑物而无反者[12]，天下鲜矣[13]。

注释

①务：从事；致力于。移众：把众人拉拢过来。

②朋党：拉帮结派。徇智：罗致智士。徇，追求，罗致。擅逞：擅权逞强。

③解免：免除赋税。一说指免除别人的罪行。事威：以提高自己的声威。

④奉下：迎合下属。直曲：是非，这里指有关是非的意见。怪言：奇谈怪论。伟服：奇装异服。瑰称：奇伟的声誉。眩民耳目：迷惑民众的耳目。

⑤去：清除。

⑥譟zào诈之人：到处喧哗欺诈的人。譟，叫嚷，喧哗。北面：面向北。古代以坐北朝南为尊位，因此君主接见大臣时，一般面向南而坐，而大臣则面向北朝拜。谈立：“立谈”之误。

⑦文言：华丽的言辞。文，华美，华丽。

⑧诬情：隐瞒真实情况。情，真实情况。

⑨疾言：急速地讲话。这里引申为轻率地发言。诬事：隐瞒事实；歪曲事实。

⑩牧：管理；治理。

⑪不适疑物：不去迎合那些值得怀疑的事情。适，

适应，迎合。

⑫反：反省；考察。

⑬鲜：很少。

译文

因此说：在臣子之中有五种奸邪的臣子，而有些君主并不了解他们。做臣子的人，有的滥用财物进行贿赂以获取个人的美名，有的致力于用奖赏恩赐的方法去拉拢民众，有的致力于拉帮结派、罗致智士以帮助自己擅权逞强，有的致力于减免赋税、赦免罪犯以提高自己声威，有的致力于迎合下属的是非见解、奇谈怪论、奇装异服、奇伟称号以迷惑民众的视听。这五种臣子，明智的君主对他们是持怀疑态度的，也是圣明的君主所要禁止的。清除这五种臣子，那么那些到处喧哗欺诈的臣子就不敢面向北站在那里对着君主胡言乱语了；华丽的辞藻说得多、实际的事情做得少而且不按照法令办事的人，也不敢隐瞒真实情况、胡说八道了。因此那些大臣们平时无事时就会注意自身的修养，办理政务的时候就会尽心尽力，除了君主的命令他们就不敢擅自在那里轻率发言、歪曲事实了。这就是圣明的君主用来管理臣下的方法。那些圣明的君主，不会去迎合那些值得怀疑的事情，而是注重考察自己的臣下。君主发现了值得怀疑的事情而不去进行仔细的考察，这是天下很少见的行为。

故曰：孽有拟适之子[1]，配有拟妻之妾[2]，廷有拟相之臣，臣有拟主之宠，此四者，国之所危也。故曰：内宠并后[3]，外宠贰政[4]，枝子配适[5]，大臣拟主，乱之道也。故《周记》曰[6]："无尊妾而卑妻，无孽适子而尊小枝[7]，无尊嬖臣而匹上卿[8]，无尊大臣以拟其主也。"四拟者破，则上无意、下无怪也[9]；四拟不破，则陨身灭国矣[10]。

注释

①孽 niè：孽子，庶子，也即妾生的儿子。拟：相似；一样。适 dí：通"嫡"，嫡子，也即正妻生的儿子。

②配：配偶；夫妻。

③内宠：指宫内受宠的姬妾。后：王后。

④外宠：指宫外受宠的大臣。贰政：与执政的大臣具有一样的权力。

⑤枝子：即上文说的孽子。

⑥《周记》：书名，也即《周书》，《尚书》的一个部分，主要记载周代的训诰、誓命等内容。

⑦孽适子：把嫡子当作庶子看待。

⑧嬖 bì 臣：宠臣。嬖，受宠。匹：匹敌；分庭抗礼。上卿：上等的卿。

⑨意：通“臆”，臆猜，怀疑。怪：惊异。

⑩陨身：自身死去。陨，陨落，死亡。

译文

因此说：庶子之中如果有了和嫡子地位一样的儿子，配偶之中如果有了和正妻地位一样的姬妾，朝廷上如果有了和宰相地位一样的大臣，大臣中如果有了和君主地位一样的宠臣，这四种情况，就是导致国家陷入危机的原因。因此说：宫中受宠的姬妾能够和王后平起平坐，宫外受宠的臣子能够和执政的大臣平分权力，庶子和嫡子的地位相当，大臣和君主的尊贵相等，这就是导致国家混乱的根源。因此《周记》上说：“不要让姬妾的地位尊贵而让正妻的地位卑贱，不要把嫡子当作庶子看待而让庶子的地位变得尊贵，不要抬高宠臣的地位而让他们与上卿的权力一样，不要让大臣的地位高贵得可以与君主分庭抗礼。”这四种现象如果能够被消除，那么君主就不会对自己的臣子有所猜忌而臣子也就不会对一些不正常的现象感到惊异了；这四种现象如果不能够被消除，那么君主就会被杀而国家就会灭亡。

六 反

题解

六反，即六种反常现象。所谓的六种反常现象，是指六种“奸伪无益之民”——降北之民、离法之民、牟食之民、伪诈之民、暴慠之民、当死之民，这六种对国家有害无益的奸诈之人，反而受到社会的尊重和褒扬；另有六种“耕战有益之民”——死节之民、全法之民、生利之民、整谷之民、尊上之民、明上之民，这六种有益于国家和君主的人，反而受到社会的嘲讽和诋毁。韩非认为，必须纠正这些是非颠倒的评价和认识，否则，要想使国家富强繁荣，就成为绝对不可能的事情。接着，韩非又重点批判“轻刑”的主张，认为国家实行重刑政策的目的，不是为了惩处人们，而是为了以刑去刑，也即用重刑的手段阻止人们犯罪，以保证社会的安宁祥和，其最终结果依然是对国家和民众的一种保护。

畏死远难，降北之民也[①]，而世尊之曰“贵生之士”。学道立方[②]，离法之民也，而世尊之曰“文学之士”[③]。游居厚养，牟食之民也[④]，而世尊之曰“有能之士”。语曲牟知[⑤]，伪诈之民也，而世尊之曰“辩智之士”。行剑攻杀，暴慠之民也[⑥]，而世尊之曰“磏勇之士”[7]。活贼匿奸[8]，当死之民也[9]，而世尊之曰“任誉之士”[10]。此六民者，世之所誉也。赴险殉诚[11]，死节之民，而世少之曰“失计之民”也[12]。寡闻从令，全法之民也，而世少之曰“朴陋之民”也。力作而食，生利之民也，而世少之曰“寡能之民”也。嘉厚纯粹，整谷之民也[13]，而世少之曰“愚戆之民”也[14]。重命畏事，尊上之民也，而世少之曰“怯慑之民”也[15]。挫贼遏奸，明上之民也[16]，而世少之曰“谄谗之民”也。此六民者，世之所毁也。奸伪无益之民六，而世誉之如彼；耕战有益之民六，而世毁之如此；此之谓“六反”。布衣循私利而誉之[17]，世主听虚声而礼之[18]，礼之所在，利必加焉。百姓循私害而訾之[19]，世主壅于俗而贱之[20]，贱之所在，害必加焉。故名赏在乎私恶当罪之民，而毁害在乎公善宜赏之士，索国之富强，不可得也。

注释

①降北：投降、败逃。北，败北，败逃。民：人。

②方：方术；学术。

③文学：学术。

④牟食：混饭吃。牟，谋取，贪取。

⑤语曲：巧言诡辩。牟知：玩弄智慧。

⑥暴憿jī：暴躁。

⑦磏lián：有棱角；方正。

⑧活贼：拯救罪人，也即包庇罪犯。

⑨当死：判处死罪。当，判处。

⑩任誉：讲信誉。

⑪殉诚：为忠于君主而献身。殉，为……而献身。

⑫少之：贬低他们。少，贬低。

⑬整谷：品行端正善良。整，正，端正。谷，善良。

⑭戆 zhuàng：愚笨。

⑮怯慑：胆怯懦弱。慑，胆小，害怕。

⑯明上：使君主显贵，也即尊崇君主。明，使……显明。

⑰布衣：百姓。循私：追求个人利益。

⑱世主：君主。

⑲循私害：依据对自己的害处。訾 zǐ 之：诋毁他们。訾，批评，诋毁。

⑳壅：蒙蔽。

译文

因贪生怕死而逃避危险，这是在战场上容易降敌败逃的人，而社会上却尊称他们为“珍视生命的人”。研究大道而建立自己的学说，这是违背国家法度的人，而社会上却尊称他们为“有学问的人”。无论是出游还是在家里都用丰厚的衣食供养自己，这是只会混饭吃的人，而社会上却尊称他们为“有能力的人”。巧言诡辩、玩弄智慧，这是虚伪诡诈的人，而社会上却尊称他们为“善于辩论的有智之人”。使用利剑行凶杀人，这是凶残暴躁的人，而社会上却尊称他们为“刚正勇敢的人”。包庇罪犯、藏匿奸人，这是应当判处死罪的人，而社会上却尊称他们为“讲究名誉的人”。这六种人，是社会上所称赞的人。为了国家奔赴危难、为了忠于君主而献出生命，这是能够为了坚守臣节而牺牲自我的人，然而社会上却贬低他们为“不善于算计的人”。知识很少、顺从命令，这是遵守国家法令的人，然而社会上却贬低他们为“浅薄粗陋的人”。努力耕作以谋取衣食，这是生产财富的人,然而社会上却贬低他们为“缺乏才能的人”。善良厚道、质朴单纯，这是正派优秀的人，然而社会上却贬低他们为“愚蠢笨拙的人”。重视命令、谨慎从事，这是尊敬君主的人，然而社会上却贬低他们为“胆小怯懦的人”。打击盗贼、遏制奸邪，这是尊崇君主的人，然而社会上却贬低他们为“讨好君主、说人坏话的人”。这六种人，是社会上所贬低的人。奸邪伪诈、无益于国家的人一共有六种，而社会上却如此赞美他们；努力耕战、有益于社会的人一共也有六种，而社会上却如此诋毁他们；这就是“六种反常的现象”。百姓们出于对自身利益的考虑而赞美那些无益于国家的六种人，君主听到这些虚假的名声之后就礼遇他们,君主一旦礼遇他们,那么利益就一定会落在他们的头上。百姓们出于对自身利益的考虑而诋毁那些有益于社会的六种人，君主受到世俗意见的蒙蔽而鄙视他们，君主一旦鄙视他们，那么灾难就一定会落在他们的头上。因此名誉和奖赏给了那些谋私作恶、应该受到惩罚的人，而诋毁和刑罚却落在那些为国谋利、应该受到奖赏的人头上，如此还想求得国家的富强，这是不可能的事情。

古者有谚曰："为政犹沐也[1]，虽有弃发，必为之。"爱弃发之费而忘长发之利，不知权者也[2]。夫弹痤者痛[3]，饮药者苦，为苦惫之故不弹痤饮药，则身不活，病不已矣[4]。今上下之接，无子父之泽，而欲以行义禁下，则交必有郄矣[5]。且父母之于子也，产男则相贺，产女则杀之。此俱出父母之怀衽[6]，然男子受贺，女子杀之者，虑其后便[7]，计之长利也。故父母之于子也，犹用计算之心以相待也，而况无父子之泽乎？今学者之说人主也，皆去求利之心，出相爱之道，是求人主之过、父母之亲也，此不熟于论恩，诈而诬也，故明主不受也。圣人之治也，审于法禁[8]，法禁明著，则官治；必于赏罚，赏罚不阿[9]，则民用。民用官治则国富，国富则兵强，而霸王之业成矣。霸王者，人主之大利也。人主挟大利以听治，故其任官者当能[10]，其赏罚无私。使士民明焉，尽力致死，则功伐可立[11]，而爵禄可致，爵禄致而富贵之业成矣。富贵者，人臣之大利也。人臣挟大利以从事，故其行危至死，其力尽而不望[12]。此谓君不仁，臣不忠，则可以霸王矣。

注释

①沐：洗头。洗澡叫作“浴”，洗头叫作“沐”。

②权：权衡利害。

③弹痤：治疗痤疮。弹，针刺，治疗。痤，痈疮。

④已：消失；痊愈。

⑤郄 xì：隙缝；矛盾。

⑥怀衽 rèn：怀抱。衽，衣襟。

⑦后便：对以后生活的便利。

⑧审：清楚；明白。

⑨不阿：不偏私；公正不阿。

⑩当：符合。

⑪功伐：功劳。伐，功劳。

⑫不望：不会抱怨。望，抱怨。

译文

古代留下的谚语说：“从事政事就好比洗头一样，洗头虽然会掉下一些头发，但一定还是要洗头的。”舍不得掉落几根头发的损失，而忘记了洗头能够促使头发生长的好处，这就是不知道权衡利害轻重的人。用针刺疮是很疼的，吃的药是很苦的，如果因为苦涩、疼痛的缘故就不去刺疮、吃药，那么自身就无法生存下去，病也就无法治愈。君主与臣民之间的交往，没有父亲与儿子之间的那种恩泽，而君主想用施行仁义的方式约束自己的臣民，那么这种交往一定会出现矛盾。再说父母对于子女的态度，如果生了男孩就去相互祝贺，如果生了女孩就会把她溺杀。男孩和女孩都是出自父母的怀抱，然而生了男孩就相互祝贺，生了女孩就把她溺杀，这是因为做父母的考虑到是否方便于今后的生活，是出于长远利益打算。因此父母对于自己的子女，尚且怀着计算利弊的心理，更何况是没有父子恩泽的君主与臣民的关系呢？如今的学者在游说君主的时候，都劝说君主要去掉求利的念头，以彼此相爱的原则治理国家，这就是要求君主对臣民的恩爱程度要超过父母对子女的恩爱程度，这就是不懂得什么是恩爱的无知之谈，是一种伪诈和欺骗，因此那些明智的君主是不会接受的。圣人在治理国家的时候，要制定出明确的法律禁令，法律禁令制定得清楚了，那么官员们就能够处理好各自的政事；君主能够坚决地执行赏罚，而且赏罚公正不阿，那么民众就愿意为国出力。民众愿意为国出力、官员能够处理好各自的政事，那么国家就会富裕，国家富裕了那么兵力就会强大，而称王称霸的事业就能够成就。称王称霸，是君主的最大利益。君主心里怀着这个称王称霸的最大利益的念头去治理国家，因此他在任命官员的时候就会要求这个官员具备相应的才能，他在进行赏罚的时候也就不会再有偏私。如果士人和百姓都知道君主的这一做法，他们就会竭尽全力地拼命效力，那么他们就能够建功立业，从而可以获取爵位和俸禄，爵位和俸禄获取了，富贵荣华的个人事业也就成就了。富贵荣华，是做臣子的最大利益。臣子心里怀着这种荣华富贵的最大利益的念头去为国做事，因此他们愿意冒险牺牲，即使用尽自己的所有力量也不会有任何抱怨。这就叫作君主不用施行仁爱，臣下也不用忠于君主，就可以称王称霸了。

夫奸，必知则备，必诛则止；不知则肆，不诛则行。夫陈轻货于幽隐[①]，虽曾、史可疑也[②]；悬百金于市[③]，虽大盗不取也。不知，则曾、史可疑于幽隐；必知，则大盗不取悬金于市。故明主之治国也，众其守而重其罪，使民以法禁而不以廉止[④]。母之爱子也倍父[⑤]，父令之行于子者十母[⑥]；吏之于民无爱，令之行于民也万父[⑦]。母积爱而令穷[⑧]，吏用威严而民听从，严爱之筴亦可决矣[⑨]。且父母之所以求于子也，动作则欲其安利也，行身则欲其远罪也。君上之于民也，有难则用其死，安平则尽其力。亲以厚爱关子于安利而不听[⑩]，君以无爱利求民之死力而令行[⑪]。明主知之，故不养恩爱之心而增威严之势。故母厚爱处[⑫]，子多败，推爱也[⑬]；父薄爱教笞[⑭]，子多善，用严也。

注释

①轻货：轻便而容易携带的财富。幽隐：无人知晓

的隐蔽处。

②曾、史：曾参和史鳝。曾参，字子舆，是孔子的弟子。史鳝，字子鱼，是卫灵公的大臣。两人都是春秋时的贤人，以仁孝出名。

③金：古代的重量单位。二十四两（一说二十两）黄金叫作一金。市：市场。

④以法禁：因为畏惧法令而约束自己。禁，约束。以廉止：因为品质廉洁而不去做坏事。

⑤倍父：加倍于父亲。

⑥十母：十倍于母亲。

⑦万父：万倍于父亲。

⑧积爱：厚爱。令穷：对子女的命令无法施行，也即子女不听母亲的教育。

⑨筴：同“策”。

⑩亲：指父母。关子于安利：让子女处于安全有利的环境里。

⑪无爱利：不去爱护百姓，也不去施利于百姓。

⑫厚爱处：以厚爱的态度对待子女。处，对待。

⑬推爱：用恩爱。推，推行，使用。

⑭教笞 chī：用竹板抽打的方式进行教育。笞，用竹板抽打。

译文

对于那些奸邪的事情，如果一定会被发觉，那么奸邪之人就会有所戒惧；如果一定会受到惩罚，那么奸邪之人就会停止作恶；如果不会被发觉，那么奸邪之人就会肆无忌惮；如果不会受到惩罚，那么奸邪之人就会为所欲为。如果把容易随身携带的财物放在无人知晓的隐蔽之处，那么即使是曾参、史�那样的廉洁之士是否会偷盗也值得怀疑；如果把百金悬挂在人来人往的市场上，那么即使是大盗也不敢去窃取。如果不会被发觉，那么在隐蔽之处即使像曾参、史鳅那样的廉洁之士是否会偷盗也值得怀疑；一定会被发觉，那么即使大盗也不会去窃取悬挂在市场上的黄金。因此明智的君主在治理国家的时候，防范的措施众多而惩罚的手段严厉，要让民众因为畏惧严厉的法令去自我约束而不要依赖自身品行廉洁去停止作恶。母亲对于子女的爱加倍于父亲，但父亲的命令在子女那里得以实施的效果却是十倍于母亲；官吏对于百姓没有什么爱心，但官吏的命令在百姓那里得以实施的效果却是万倍于父亲。母亲厚爱子女而母亲的命令在子女那里却行不通，官吏只用威严而民众就会服从，因此是采用威严的手段还是采用仁爱的手段就可以作出决断了。再说父母对于子女的要求，就是希望子女在做事时能够安全而有利。在立身处世方面，希望他们能够远离犯罪。而君主对于百姓的要求，则是当君主有了灾难的时候百姓要为他卖命，在国家安定太平的时候百姓要为他卖力。父母怀着深厚的爱心希望自己的子女处于安全有利的环境之中而子女却不听从，君主不用爱和利的心意去要求百姓为他卖命卖力，而君主的命令却得以推行。明智的君主了解这一情况，因此就不去修养自己的恩爱之心而去增强自己的威严之势。所以母亲以深厚的爱心对待自己的子女，而子女大多会变得道德败坏，这是因为母亲只使用爱心；父亲怀着较为淡薄的爱意去用鞭笞的方式管教自己的子女，而子女大多会变得品行善良，这是因为父亲使用了威严。

今家人之治产也，相忍以饥寒[①]，相强以劳苦，虽犯军旅之难[②]，饥馑之患[③]，温衣美食者，必是家也；相怜以衣食[④]，相惠以佚乐，天饥岁荒，嫁妻卖子者，必是家也。故法之为道，前苦而长利；仁之为道，偷乐而后穷[⑤]。圣人权其轻重，出其大利，故用法之相忍，而弃仁人之相怜也。学者之言皆曰"轻刑"，此乱亡之术也。凡赏罚之必者，劝禁也[⑥]。赏厚，则所欲之得也疾[⑦]；罚重，则所恶之禁也急[⑧]。夫欲利者必恶害，害者，利之反也。反于所欲，焉得无恶？欲治者必恶乱，乱者，治之反也。是故欲治甚者，其赏必厚矣；其恶乱甚者，其罚必重矣。今取于轻刑者，其恶乱不甚也，其欲治又不甚也。此非特无术也[⑨]，又乃无行[⑩]。是故决贤、不肖、愚、知之策[⑪]，在赏罚之轻重。且夫重刑者，非为罪人也[⑫]。

注释

①忍：狠心。

②犯：冒着；遇到。军旅：军队，这里代指战争。

③饥馑：饥荒。粮食没有收成叫作“饥”，蔬菜和野菜都吃不上叫作“馑”，这里泛指饥荒。

④怜：爱；爱护。

⑤偷乐：苟且快乐，这里指暂时的快乐。偷，苟且，得过且过。穷：困窘。

⑥劝：鼓励民众做好事。禁：禁止民众做坏事。

⑦疾：急切；迫切。

⑧恶wù：厌恶。

⑨非特：不仅。特，仅仅。

⑩无行：无法推行。

⑪不肖：无德无才。知：同“智”，智慧。策：方法；标准。

⑫罪人：惩罚人们。罪，惩罚。本句意思是说，使用重刑的目的，不是为了惩罚人，而是为了阻止人们为非作歹，也即以刑去刑的意思。

译文

如今普通人家在置办家业的时候，如果家长平时能够狠心让家人忍受一些饥寒，强制家人多忍受一些辛苦，那么即使遇到了战争的灾难，饥荒的祸患，还能够吃饱穿暖的，就一定是这样的家庭了。如果家长平时用美衣美食去爱护自己的家人，用安逸享乐的方式去疼爱自己的家人，一旦遇上自然灾害所造成的饥荒，那么嫁掉妻子、卖掉孩子的，就一定是这样的家庭了。以法令作为治国的原则，开始时百姓会吃一些苦，但能够获得长远的利益；用仁爱作为治国的原则，百姓能够得到暂时的快乐，但后来却会陷入困窘的境地。圣人权衡其中的利害轻重，从长远的最大利益出发，狠下心来用法令治理民众，而抛弃了仁爱之人对民众的怜爱原则。学者们都说要“减轻刑罚”，这是一种导致国家动乱灭亡的方法。君主要坚决地执行赏赐与惩罚，目的就是为了勉励臣民建功立业，禁止他们为非作歹。奖赏丰厚了，那么臣民们就会急切地想得到它；惩罚严厉了，那么臣民们就会很快地约束自我。想要获取利益的人就必然厌恶灾难。灾难，是与利益相反的东西。既然灾难与自己希望获取的利益相反，人们怎么能够不去厌恶它呢？希望国家安定的君主必然会厌恶国家动乱。动乱，是与安定相反的局面。因此那些特别希望国家安定的君主，他的奖赏一定会非常丰厚；那些特别厌恶国家动乱的君主，他的惩罚一定会非常严厉。那些采取减轻刑罚这一措施的君主，对动乱局面的厌恶肯定不够迫切，对安定局面的希望也不够急切。这样的君主不仅不懂得治国的法术，而且也无法推行自己的主张。因此判断一个人的贤能与无能、愚蠢与智慧的标准，就在于他执行赏罚的轻重。再说使用重刑的目的，并不是为了惩处人民。

明主之法，揆也[1]。治贼，非治所揆也[2]；治所揆也者，是治死人也。刑盗，非治所刑也；治所刑也者，是治胥靡也[3]。故曰：重一奸之罪而止境内之邪，此所以为治也。重罚者，盗贼也；而悼惧者[4]，良民也。欲治者奚疑于重刑！若夫厚赏者，非独赏功也，又劝一国。受赏者甘利[5]，未赏者慕业，是报一人之功而劝境内之众也，欲治者何疑于厚赏！今不知治者皆曰："重刑伤民，轻刑可以止奸，何必于重哉？"此不察于治者也。夫以重止者，未必以轻止也；以轻止者，必以重止矣。是以上设重刑者而奸尽止，奸尽止，则此奚伤于民也？所谓重刑者，奸之所利者细，而上之所加焉者大也。民不以小利加大罪，故奸必止者也。所谓轻刑者，奸之所利者大，上之所加焉者小也。民慕其利而傲其罪[6]，故奸不止也。故先圣有谚曰："不踬于山[7]，而踬于垤[8]。"山者大，故人顺之；垤微小，故人易之也[9]。今轻刑罚，民必易之。犯而不诛，是驱国而弃之也；犯而诛之，是为民设陷也。是故轻罪者[10]，民之垤也。是以轻罪之为民道也[11]，非乱国也，则设民陷也，此则可谓伤民矣！

注释

①揆 kuí：估量；衡量。这里指衡量利害的轻重。

②非治所揆：目的不仅仅是为了惩罚那个犯罪的人。

③胥靡：服苦役的囚犯。

④悼惧：恐惧。悼，恐惧。

⑤甘利：为得到利益而感到快乐。甘，为……而快乐。

⑥傲：轻视；忽略。

⑦踬 zhì：绊倒。

⑧垤 dié：小土堆。

⑨易：轻视；忽略。

⑩轻罪：轻罚；轻刑。

⑪为民道：作为治理百姓的原则。

译文

明智的君主在制定国家法令的时候，要衡量一下利与害的轻重。惩治罪犯，目的并不仅仅是为了惩治这个罪犯本人；如果仅仅是为了惩治这个罪犯本人，那就是在惩治即将死去的人了。惩办盗贼，目的也并不仅仅是为了惩办这个盗贼本人；如果仅仅是为了惩办这个盗贼本人，那就是在惩办即将服苦役的囚犯了。因此说：重重地惩罚一个邪恶之人，就能够阻止全国的民众去干邪恶的事情，这才是惩罚邪恶之人的目的。受到重罚的人，是那些盗贼；而因此感到恐惧的人，则是全国的良民。

希望国家安定的君主怎么能够怀疑严厉刑罚的作用呢？至于君主施行丰厚的奖赏，其目的也并不仅仅是为了奖赏那个建立功劳的人，还是为了鼓励全国的民众去建功立业。获得奖赏的人因为得到利益而感到快乐，那些没有获得奖赏的人们就会羡慕获赏者的功业，这样做就是酬劳一个人的功劳，而鼓励全国的民众建立功业，希望国家安定的君主又怎么能够怀疑丰厚奖赏的作用呢？如今那些不懂得治国原则的人都说："严厉的刑罚将会伤害百姓，轻刑就可以用来禁止奸邪之人了，何必非要施行严厉的刑罚呢？"这些人就是不懂得治国原则的人。用重刑能够制止的坏人坏事，用轻刑就未必能够制止他们；用轻刑能够制止的坏人坏事，那么用重刑也就一定能够予以制止。因此君主设置重刑，而坏人坏事就会销声匿迹，坏人坏事销声匿迹了，那么重刑对于百姓又有什么伤害呢？所谓的重刑，就是指坏人得到的利益很少，而君主施加在他们头上的惩罚很重。百姓决不愿意为了很小的一点儿利益而去接受很重的惩罚，因此那些坏人坏事就一定会被禁止。所谓的轻刑，就是指坏人得到的利益很多，而君主给予他们的惩罚却很轻。百姓羡慕那些大的利益而忽略了很轻的惩罚，因此那些坏人坏事就无法得以禁止。从前的圣人有句谚语说："人们不会被高山绊倒，而会被小小的土堆绊倒。"因为山很高大，人们会沿着山坡走；小土堆太小了，所以人们往往会忽略它。现在如果刑罚很轻，那么民众就一定会忽略它。百姓违反了法律而不被惩处，这就等于是在驱赶着全国的百姓而抛弃他们；等到百姓违反法律之后再去惩处他们，这就等于是在给百姓设置陷阱坑害他们。因此轻微的处罚，对于百姓来说就好比是容易被忽略的小土堆。把轻刑作为治理百姓的原则，不是搞乱国家，就是在给百姓设置陷阱坑害他们，这才是伤害了百姓啊！

今学者皆道书筴之颂语[①]，不察当世之实事，曰："上不爱民，赋敛常重[②]，则用不足而下恐上，故天下大乱。"此以为足其财用以加爱焉，虽轻刑罚，可以治也。此言不然矣。凡人之取重赏罚，固已足之之后也[③]；虽财用足而后厚爱之，然而轻刑，犹之乱也。夫当家之爱子[④]，财货足用，货财足用则轻用，轻用则侈泰[⑤]。亲爱之则不忍，不忍则骄恣。侈泰则家贫，骄恣则行暴。此虽财用足而爱厚，轻刑之患也。凡人之生也，财用足则隳于用力[⑥]，上懦则肆于为非。财用足而力作者，神农也[⑦]；上治懦而行修者，曾、史也[⑧]，夫民之不及神农、曾、史亦明矣。老聃有言曰[⑨]："知足不辱，知止不殆[⑩]。"夫以殆辱之故而不求于足之外者，老聃也。今以为足民而可以治，是以民为皆如老聃也。故桀贵在天子而不足于尊[⑪]，富有四海之内而不足于宝[⑫]。君人者虽足民，不能足使为天子，而桀未必以为天子为足也，则虽足民，何可以为治也？故明主之治国也，适其时事以致财物，论其税赋以均贫富，厚其爵禄以尽贤能，重其刑罚以禁奸邪，使民以力得富，以事致贵，以过受罪，以功致赏，而不念慈惠之赐⑬，此帝王之政也。

注释

①道：谈论。书筴：典籍。筴，同“策”，用来写字的竹简。颂语：对帝王歌功颂德的话。

②赋敛：征收赋税。

③固：本来。已足之：已经满足了他们的财用。

④当家：指当家之人，也即家长。

⑤侈泰：奢侈。

⑥隳 huī：毁坏，这里引申为放弃。

⑦神农：人名，传说中的圣君，据说是他发明了农耕。

⑧曾、史：曾参和史鳍。

⑨老聃 dān：即老子。春秋时期的思想家，道家的创始人。

⑩殆：危险。

⑪不足于尊：不满足于自己的高贵。

⑫四海之内：指整个天下。

⑬慈惠：指君主的恩惠。

译文

如今的学者都在谈论典籍中歌颂圣王功德的话语，而不了解现代社会的实际情况，他们说："君主不爱护自己的百姓，赋税的征收一直都很重，那么百姓就会因为衣食不足而怨恨自己的君主，所以导致天下极度混乱。"这种观点就是认为只要让百姓丰衣足食并对他们施以仁爱，那么即使使用轻刑，也能够保证国家的安定。这种说法是不正确的。大凡那些受到严厉惩罚的人，他们的罪行基本上都是发生在他们丰衣足食之后；即使在百姓衣食富足之后君主还去厚爱他们，然而只使用轻刑，依然会导致国家动乱。家长溺爱自己的子女，让他们拥有足够的财富，拥有足够的财富之后，他们就会轻易地挥霍这些财富，轻易地挥霍这些财富就会变得奢侈无度。家长溺爱自己的子女，不忍心约束他们，不忍心约束他们，他们就会变得骄横淫逸。奢侈无度就会使家庭变得贫困，骄横淫逸就会使他们行为暴虐。这就是在财富满足并施以深厚的仁爱之后，而只使用轻刑所造成的恶果啊。大凡人们的生性，在财物富足之后就会懒得努力劳作，君主软弱了他们就会肆无忌惮地为非作歹。财物富足之后依然能够尽力劳作的人，那就是神农一样的人；君主软弱而依然能够尽力修养自我品行的人，那就是曾参、史鳝一样的人，而普通民众比不上神农、曾参、史鳝是不言而喻的事情。老子有这样一句话："知道满足的人就不会受到羞辱，知道适可而止的人就不会遇到危险。”因为担心危险和羞辱，而不再追求衣食满足之外的其他东西，只有老子能够做到这一点。如今以为满足百姓衣食之后就能够保证国家安定，这就是把所有的百姓都看作像老子一样的人了。因此夏桀在贵为天子之后并不满足于自己的高贵，占有整个天下的财富之后并不满足于自己已有的珍宝。君主即使想使百姓满足，也不可能满足他们都想当上天子的欲望，何况夏桀一类的人还不一定会把当上天子视为满足，那么这就说明即使能够满足百姓的衣食需求，又怎么能够保证国家的安定太平呢？因此明智的君主在治理国家的时候，顺应着天时人事去获取财富，研究赋税征收的多少去调节贫富差距，用丰厚的爵禄使那些贤能的人为国尽心尽力，用严厉的惩罚禁止奸人为非作歹，要让民众因为为国效力而获取财富，因为为国办事有功而获取尊贵地位，因为自己犯的罪过而受到惩罚，因为自己立的功劳而受到奖赏，而不让民众去考虑君主的仁慈赏赐，这才是成就帝王大业所应采取的政治措施啊。

人皆寐[①]，则盲者不知；皆嘿[②]，则喑者不知[③]。觉而使之视[④]，问而使之对[⑤]，则喑盲者穷矣[⑥]。不听其言也，则无术者不知；不任其身也，则不肖者不知。听其言而求其当[7]，任其身而责其功，则无术、不肖者穷矣。夫欲得力士而听其自言，虽庸人与乌获不可别也[8]；授之以鼎俎[9]，则罢健效矣[10]。故官职者，能士之鼎俎也，任之以事而愚智分矣。故无术者得于不用[11]，不肖者得于不任。言不用，而自文以为辩[12]；身不任，而自饰以为高。世主眩其辩、滥其高而尊贵之[13]，是不须视而定明也[14]，不待对而定辩也，喑盲者不得矣。明主听其言必责其用，观其行必求其功，然则虚旧之学不谈[15]，矜诬之行不饰矣[16]。

注释

①寐：睡觉；睡着。

②嘿 mò：通“默”，沉默不语。

③喑 yīn：哑巴。

④觉：醒后。

⑤对：回答问题。

⑥穷：本指困窘，走投无路，这里指无法隐瞒。

⑦当：相应，指相应的功效。

⑧庸人：普通人。乌获：人名，战国时期的大力士，据说能力举千钧。

⑨鼎：一种金属制的器具，一般用作食器、礼器。俎 zǔ：祭祀时用来盛装牛、羊、猪等祭品的一种礼器。

⑩罢 pí：通“疲”，疲惫，这里指没有力气。效：献

上，这里指表现出来。

⑪无术者得于不用：不懂得治国原则的人得意于没有被任用的时候。因为没有被实际政务检验过，所以没有能力的人还能够在那里自夸自得。

⑫自文：自我文饰。辩：口才好。

⑬眩：迷惑。滥：不真实，这里指错误地认为。

⑭明：眼力好。

⑮虚旧之学：陈旧空洞的学说。

⑯矜诬：自吹自擂，弄虚作假。矜，夸耀。诬，欺骗。

译文

大家都睡着了，那么就不知道谁是盲人；大家都沉默不语，那么就不知道谁是哑巴。醒来之后让他们去看东西，提出问题让他们回答，那么谁是哑巴、谁是盲人就无法隐瞒。不去听取他们的建议，就不会知道谁是一个不懂得治国原则的人；不去任用他们做事，就不会知道谁是一个没有能力的人。听取他们的建议而要求他们拿出相应的功效，任用他们做事而要求他们建立实际的功劳，那么不懂得治国原则的人和没有能力的人就无法隐瞒了。想要得到大力士而只去听他们的自我吹嘘，那么即使普通人与大力士乌获也无法区别；拿出鼎俎让他们试举一下，那么无力之人与强健之人就一目了然。官职这种东西，就是用来考察有能力之人的鼎俎，把政务交给他们处理，愚蠢之人和聪明之人就能分辨得清清楚楚。那些不懂得治国原则的人得意于没有被使用的时候，那些没有才能的人得意于没有被任用的时候。他们的建议没有被采用的时候，他们就自我粉饰以为自己很有口才，他们本人没有被任用的时候，他们就自我吹嘘以为自己很是高明。君主迷惑于他们的口才，误以为他们确实很高明而尊重他们，这就是不用他们去看东西就认定他们的眼力好，不用他们去回答问题就认定他们的口才好，这样一来哑巴和盲人也就无法被发现了。明智的君主听取他们的建议就一定要求他们拿出实际功效，观察他们的行为就一定要求他们能够建功立业，那么人们就不会再去谈论陈腐空洞的无用学说了，也不会再去修饰那些自吹自擂、弄虚作假的行为了。

五蠹

题解

五蠹，五种蛀虫。“五蠹”具体指危害国家的五种民众：一是指学者（儒家）；二是指言谈者（纵横家）；三是指带剑者（游侠）；四是指患御者（逃避兵役的人）；五是指商工之民（商人和手工业者）。在本篇中，韩非首先将历史和现实进行对比，论证了古代的治国原则不能适用于当今的社会，进一步证明自己的法治思想的合理性。韩非接着明确指出，国家要想富强，必须清除五蠹之民，重用耕战之士。由本篇可以明显看出，韩非法治思想的实质是把人民都变成君主称王天下的“王资”。

上古之世，人民少而禽兽众①，人民不胜禽兽虫蛇。有圣人作②，构木为巢以避群害③，而民悦之，使王天下④，号曰有巢氏⑤。民食果蓏蚌蛤⑥，腥臊恶臭而伤害腹胃，民多疾病。有圣人作，钻燧取火以化腥臊⑦，而民说之，使王天下，号之曰燧人氏。中古之世，天下大水，而鲧、禹决渎⑧。近古之世，桀、纣暴乱，而汤、武征伐。今有构木、钻燧于夏后氏之世者，必为鲧、禹笑矣；有决渎于殷、周之世者，必为汤、武笑矣。然则今有美尧、舜、汤、武、禹之道于当今之世者，必为新圣笑矣。是以圣人不期修古[9]，不法常可[10]，论世之事，因为之备[11]。宋人有耕田者，田中有株[12]，兔走触株，折颈而死，因释其耒而守株[13]，冀复得兔[14]。兔不可复得，而身为宋国笑。今欲以先王之政，治当世之民，皆守株之类也。

注释

①人民：人类；人。

②作：产生；出现。

③构木：在树上构建。木，树。巢：鸟巢。这里指人们居住的形似鸟巢的树上住所。

④王 wàng：统治；治理。

⑤有巢氏：传说中的帝王。

⑥果蓏 luǒ：瓜果的总称。木本植物的果实叫“果”，草本植物的果实叫“蓏”。蚌：生活在淡水中的一种软体动物。蛤 gé：一种水产动物名。即蛤蜊。

⑦燧：古代的一种取火工具。

⑧决：疏导；疏通。渎：河流。

⑨不期：不希望。修：修习；学习。

⑩法：效法。常可：惯例；老规矩。

⑪因：顺应。备：措施；治国原则。

⑫株：断树桩。

⑬释：放下；扔掉。耒 lěi：一种用来耕地的农具。

⑭冀：希望。

译文

在远古时代，人口很少而禽兽众多，人们难以承受各种禽兽蛇虫的侵害。此时有一位圣人出现了，他教会人们在树上构建像鸟巢一样的住处，来避开各种禽兽的伤害，因而百姓们都很爱戴他，让他治理天下，号称为有巢氏。人们生食瓜果、河蚌、蛤蜊等，这些食物腥臭难闻，而且伤害肠胃，人们经常生病。此时有一位圣人出现了，他用钻木取火的办法烧熟食物，以除去腥臊难闻的气味，因而百姓们就拥戴他，让他治理天下，号称燧人氏。在中古时代，天下出现洪水，鲧、禹疏通了河道。在近古时代，夏桀、商纣王残暴昏乱，商汤王、周武王出兵讨伐他们。如果有人在夏朝时期还构木为巢、钻木取火，那么他一定会受到鲧、禹的耻笑；如果有人在商、周时期还忙着疏通河道，那么他一定会受到商汤、周武王的耻笑。如果有人在现在的时代里还赞美尧、舜、商汤、周武、夏禹的治国原则，那么他一定会受到新出现的圣人的耻笑。因此圣人不学古代的治国原则，不效法过去使用的常规，而是观察研究当今的社会情况，据此制定相应的治国措施。宋国有个种地的人，他的田里有一根树桩，一只兔子在奔跑的时候撞上这根树桩，结果把脖子撞断死了，于是这个种地的人就丢掉自己的农具，整天守在树桩旁边，希望再捡到一只撞树而死的兔子。撞死的兔子不可能再得到，而自己却受到宋国人的嘲笑。

想用古代帝王的政治措施来治理当代的百姓，这就是守株待兔之类的事情啊。

古者丈夫不耕[①]，草木之实足食也；妇人不织，禽兽之皮足衣也。不事力而养足，人民少而财有余，故民不争。是以厚赏不行，重罚不用，而民自治[②]。今人有五子不为多，子又有五子，大父未死而有二十五孙[③]。是以人民众而货财寡，事力劳而供养薄，故民争，虽倍赏累罚而不免于乱[④]。

注释

①丈夫：男子。

②自治：自然而然就安定了。治，安定。

③大父：祖父。

④累罚：屡次进行惩罚。累，屡次。

译文

古时候的男子不用耕种庄稼，野草树木结的果实就足够人们食用；妇女不用纺织，禽兽的皮毛就足够人们穿。人们不用从事各种体力劳动，而衣食给养就能满足，人口稀少而财物充足，因此人们不用互相争夺。那时不用施行优厚的奖赏，也不必使用严厉的惩罚，百姓们就自然而然地安定了。如今一个男子生五个儿子还不算多，每个儿子又各自生了五个儿子，做祖父的还没有去世就有二十五个孙子。因此如今人口众多而财物缺乏，人们从事的劳动十分辛苦，而衣食给养却非常微薄，民众开始互相争夺，即使加倍地予以奖赏、屡次地予以惩罚，依然无法避免社会的动乱。

尧之王天下也，茅茨不翦[①]，采椽不斫[②]；粝粢之食[③]，藜藿之羹[④]；冬日麑裘[⑤]，夏日葛衣[⑥]；虽监门之服养[⑦]，不亏于此矣[⑧]。禹之王天下也，身执耒臿以为民先[⑨]，股无胈[⑩]，胫不生毛[⑪]，虽臣虏之劳[⑫]，不苦于此矣。以是言之，夫古之让天子者，是去监门之养，而离臣虏之劳也，古传天下而不足多也[⑬]。今之县令，一日身死，子孙累世絜驾[⑭]，故人重之。是以人之于让也，轻辞古之天子，难去今之县令者，薄厚之实异也[⑮]。夫山居而谷汲者，膢腊而相遗以水[⑯]；泽居苦水者，买庸而决窦[⑰]。故饥岁之春，幼弟不饷[⑱]；穰岁之秋[⑲]，疏客必食[⑳]。非疏骨肉爱过客也，多少之实异也。是以古之易财[㉑]，非仁也，财多也；今之争夺，非鄙也[㉒]，财寡也。轻辞天子，非高也，势薄也；争士橐[㉓]，非下也，权重也。故圣人议多少、论薄厚为之政。故罚薄不为慈，诛严不为戾[㉔]，称俗而行也。故事因于世[㉕]，而备适于事[㉖]。

注释

①茅茨cí：茅草盖的屋顶，这里代指茅舍。翦：同“剪”，裁剪，修整。

②采椽chuán：栎木做的椽子。采，树名，即栎树。椽，承载屋瓦的木条。斫：砍削。

③粝粢lìzī：粗劣的饭食。粝，粗粮，糙米。粢，稻饼。

④藜藿：两种野菜名，这里泛指粗劣的饭菜。藜，一种野菜名。藿，豆叶。

⑤麑ní裘：用小鹿的皮制成的衣服。麑，小鹿。裘，皮衣。

⑥葛衣：用葛的纤维制成的粗布衣。葛，一种植物，其纤维可以织布。

⑦监门：看门人。古代的看门人多由奴仆担任。

⑧亏：少；低劣。

⑨耒臿lěichā：两种农具名。耒，一种用来耕地、挖土的农具。臿，锹一类的农具。以为民先：做民众的表率。

⑩股无胈bá：大腿上瘦得无肉。股，大腿。胈，肉。一说指腿上的毛。

⑪胫不生毛：小腿上没有毛。胫，小腿。以上两句是说大禹整天为百姓奔忙，腿上瘦得没肉，汗毛也被磨掉。

⑫臣虏：奴仆。

⑬多：赞赏。

⑭累世：连续几代人。絜 xié 驾：系马驾车，这里泛指出门有车坐。絜，用绳子套车。

⑮薄厚：指所得利益的多少。

⑯膢 lóu：祭祀名。楚国于二月祭祀饮食神。腊：祭祀名。每年十二月祭祀百神。遗 wèi：赠送。

⑰买庸：出钱雇工。庸，通“佣”，雇工。决窦：开挖水沟以排水。

⑱饷：给食物吃。

⑲穰岁：丰收年。

⑳疏客：疏远的外地人。客，外地人。食 sì：给饭吃。

㉑易：看轻。

㉒鄙：品德低下。

㉓士：通“仕”，当官。橐：通“托”，依托。这里指依托于诸侯、贵族。

㉔戾：暴戾；残暴。

㉕因：顺应。

㉖备：政治措施。

译文

尧在治理天下的时候，他住的茅草屋顶没有加以修剪，栎木做的椽子也没有加以砍削；他吃的是粗糙的饭食，喝的是野菜煮的羹汤；冬天穿小鹿皮制成的衣服，夏天穿葛布制成的粗衣，即使看门奴仆的衣物、给养，也不会比这个更差。大禹治理天下的时候，亲自拿着农具做民众的表率，累得大腿上肌肉消瘦，小腿上的汗毛全被磨掉，即便是奴隶们的劳动，也不会比这个更为辛苦。由此看来，古代的人把天子的位置禅让给别人，是摆脱了看门人的生活，而脱离了奴隶般的劳苦，因此古人把天子的位置禅让给别人这件事情，并不值得赞赏。而如今的县令，即使自己有一天死了，他的子子孙孙连续好几代人，都能够享受出门乘车的富裕生活，因此人们看重这个职务。所以人们在谦让这件事情上，可以轻易地辞去古代的天子职位，却难以辞去如今县令这个职位，这是因为他们所获取的实际利益的多少大不一样。住在高高的山顶上要从深山沟里取水的人们，每逢膢日、腊祭就会把水作为贵重的礼物互相馈赠；而居住在湿地里为水涝所苦的人们，却要出钱雇佣劳力开沟排水。在饥荒年的春天，即便是自己的幼小弟弟也不愿意给他饭吃；而在丰收年的秋天，即便是关系疏远的过往路人也愿意招待他们吃饭。这并不是因为与自己的骨肉兄弟疏远而偏爱过往的路人，而是因为粮食多少的实际情况不同。因此古代的人们看轻钱财，并不是因为他们心地仁慈，而是因为财物充足；如今的人们争夺财物，并不是因为品质变得卑鄙，而是因为财物缺乏。古人轻易地辞去天子这一职位，并不是因为品德高尚，而是因为天子的权势实在是太小了；如今的人们争着当官或依附于权贵，并不是因为品德低下，而是因为当官的权势实在太大。圣人研究社会财富的多少、考察官员权势的大小以制定出相应的治国措施。古代的惩罚轻微，并不是因为那时的统治者仁慈；如今的惩罚严厉，也并不是因为现在的统治者残暴，而是因为他们各自顺应着各社会情况行政而已。政事要顺应时代的变化而变化，具体的政治措施要适应于已经变化的政事。

古者文王处丰、镐之间[①]，地方百里，行仁义而怀西戎[②]，遂王天下。徐偃王处汉东[③]，地方五百里，行仁义，割地而朝者三十有六国[④]。荆文王恐其害己也[⑤]，举兵伐徐，遂灭之。故文王行仁义而王天下，偃王行仁义而丧其国，是仁义用于古不用于今也。故曰：世异则事异。当舜之时，有苗不服[⑥]，禹将伐之。舜曰："不可。上德不厚而行武，非道也。"乃修教三年，执干戚舞[⑦]，有苗乃服。共工之战[⑧]，铁铦短者及乎敌[⑨]，铠甲不坚者伤乎体。是干戚用于古不用于今也。故曰：事异则备变。上古竞于道德，中世逐于智谋，当今争于气力。齐将攻鲁，鲁使子贡说之[⑩]。齐人曰："子言非不辩也[⑪]，吾所欲者土地也，非斯言所谓也。"遂举兵伐鲁，去门十里以为界[⑫]。故偃王仁义而徐亡，子贡辩智而鲁削。以是言之，夫仁义辩智，非所以持国也[⑬]。去偃王之仁，息子贡之智，循徐、鲁之力使敌万乘[14]，则齐、荆之欲不得行于二国矣[15]。

注释

①文王：周文王。姓姬名昌，古代著名的贤君，周武王的父亲。丰：地名，周初的都城，在今陕西西安西南。镐 hào：地名，西周的都城，在今陕西西安西南。

②怀：怀柔；感化。西戎：周代西北部的一个少数民族。

③徐偃王：徐国的君主。徐国在今安徽泗县一带。汉东：汉水以东地区。

④有：古人在整数与零数之间往往加一“有”或“又”字，无义。

⑤荆文王：即楚文王，春秋时期楚国的君主。荆，先秦的楚国又称荆国。

⑥有苗：又称“三苗”，古代生活于长江流域的少数民族。

⑦执干戚舞：手执盾牌和大斧跳舞。表示要把盾牌和大斧这些武器作为歌舞道具，不再发动战争。干，盾牌。戚，大斧。

⑧共工：古代的部落名。一说是传说中的人物。相传共工是尧时的人，后被尧流放（或说被舜流放）。

⑨铁铦 xiān：铁制的锋利武器。铦，锋利。及乎敌：被敌人所击伤。

⑩子贡：孔子弟子，姓端木，名赐，字子贡，善于言谈。

⑪辩：口才好；动听。

⑫去门十里以为界：把齐、鲁两个国家的国界划在距离鲁国都城的大门十里路的地方，意谓齐国几乎灭掉了鲁国。去，距离。门，指鲁国的都城大门。

⑬持国：保护国家。

⑭循：依据；依靠。

⑮欲：欲望；野心。行：实现；得逞。

译文

古时候周文王住在丰、镐一带，土地不过方圆百里，他推行仁义政治而感化了西边的戎族，随后就称王于天下。徐偃王住在汉水以东地区，土地方圆五百里，他推行仁义的政治，割土地给他并向他朝拜的国家有三十六个。楚文王害怕他将来会危害到自己，于是出兵攻打徐国，把徐国消灭了。因此周文王推行仁义政治，称王于天下，徐偃王推行仁义政治却丧失了自己的国家，这就说明仁义政治适用于古代而不适用于今天。因此说：时代变了，应该做的事情也要跟着变。在舜治理天下的时候，有苗族不肯臣服，禹就准备出兵征伐他们。舜说："不行啊。君主的品德不高尚而使用武力征讨，这不符合正确的原则。"于是就修养美德推行文教三年，手拿着盾牌和大斧作为道具跳舞，于是有苗族就臣服了。到了与共工打仗的时候，如果铁质的锋利武器短了，就会被敌人所击中，如果铠甲不够坚固，就会伤害到自己的身体。这就说明用盾牌和大斧做道具跳舞的事情只适用于古代而不适用于今天。因此说：社会情况不一样，具体的政治措施也要跟着变化。上古时代的人们在品德方面相互竞争，中古时代的人们在智谋方面相互角逐，如今的人们在力气方面相互争夺。齐国将要进攻鲁国的时候，鲁国就派子贡前去劝说齐国。齐国人说："您讲的话不是不动听，然而我们想要得到的是土地，而不是您话中讲的那些道理。"随后就发兵进攻鲁国，把距离鲁国都城大门十里的地方划为两国的国界。因此徐偃王推行仁义政治而徐国灭亡，子贡有口才、多智慧，而鲁国却丧失了自己的土地。由此看来，仁义政治和口才智慧，都不是可以用来保护国家的办法。抛弃徐偃王的仁义，丢掉子贡的智慧，依靠徐国、鲁国自身的力量，抵抗大国军队的入侵，那么齐国、楚国的野心就无法在徐、鲁两国那里得逞了。

夫古今异俗，新故异备。如欲以宽缓之政，治急世之民①，犹无辔策而御驲马②，此不知之患也③。今儒、墨皆称先王兼爱天下，则视民如父母。何以明其然也？曰："司寇行刑④，君为之不举乐；闻死刑之报，君为流涕。"此所举先王也。夫以君臣为如父子则必治，推是言之，是无乱父子也。人之情性莫先于父母，皆见爱而未必治也[⑤]，虽厚爱矣，奚遽不乱[⑥]？今先王之爱民，不过父母之爱子，子未必不乱也，则民奚遽治哉？且夫以法行刑，而君为之流涕，此以效仁[⑦]，非以为治也。夫垂泣不欲刑者，仁也；然而不可不刑者，法也。先王胜其法[⑧]，不听其泣[⑨]，则仁之不可以为治亦明矣。

注释

①急世：急剧变动的社会。

②辔 pèi 策：马缰绳和马鞭。辔，马缰绳。策，马鞭。驲，同“悍”，强悍，凶悍。

③知：同“智”，智慧。

④司寇：官名。负责刑罚。

⑤见爱：受到父母的爱护。见，被，受到。

⑥奚遽：为什么就。遽，就。

⑦效：表现；表达。

⑧胜其法：把依法办事放在优先地位。

⑨泣：哭泣。代指仁慈的心肠。

译文

古代和现在的社会情况不同，那么古代与现在的政治措施也就不同。如果想用宽容和缓的政治措施，来治理当今这个急剧动乱的社会，那就好像是没有缰绳和马鞭而去驾驭凶悍的马匹一样，这就是缺乏智慧所造成的灾难啊。如今的儒家、墨家都称颂古代的圣王博爱整个天下的百姓，他们看待百姓就像父母疼爱儿女一样。拿什么来证明是这样呢？他们说："每当司寇执行刑罚的时候，君主为此而停止演奏音乐；听到死刑判决之后，君主就会为此而伤心流泪。"这就是他们所列举的先王例证。他们认为君臣关系如果能够像父子关系一样，那么国家就一定会安定祥和，由此推论开去，那么就应该是没有关系不和睦的父子了。人的所有感情没有超过父母对子女的爱，子女都受到父母的爱护，家庭未必就一定是和睦的，即使是付出了深厚的爱，怎么就能够保证家庭不发生矛盾冲突呢？如今先王对百姓的爱，不会超过父母对子女的爱，然而做子女的未必就不对父母叛逆，那么又怎么保证百姓就能够安定呢？再说依照法令执行刑罚的时候，君主为此伤心流泪，不过是以此来表现自己的仁慈而已，并不是用这种方法治理国家。流着眼泪不愿执行刑罚，这是君主的仁慈；然而不得不执行刑罚，这是国家的法律。先王把依法治国放在优先地位，而不按照自己的仁慈情感去行事，那么仁慈情感不可以用来治国的道理也就很明白了。

且民者固服于势，寡能怀于义。仲尼[①]，天下圣人也，修行明道以游海内[②]，海内说其仁、美其义而为服役者七十人[3]。盖贵仁者寡，能义者难也。故以天下之大，而为服役者七十人，而仁义者一人[4]。鲁哀公[5]，下主也[6]，南面君国[7]，境内之民莫敢不臣。民者固服于势，势诚易以服人，故仲尼反为臣而哀公顾为君[8]。仲尼非怀其义，服其势也。故以义则仲尼不服于哀公，乘势则哀公臣仲尼[9]。今学者之说人主也，不乘必胜之势，而务行仁义则可以王，是求人主之必及仲尼，而以世之凡民皆如列徒[10]，此必不得之数也[11]。

注释

①仲尼：即孔子，名丘，字仲尼。

②修行：修养好自己的行为。明道：阐明大道，也即宣扬仁义学说。

③说 yuè：同“悦”，喜欢，爱戴。为服役者：当他弟子的人。古代的弟子要服侍自己的老师，所以称弟子为“服役者”。

④一人：指孔子。

⑤鲁哀公：春秋时期鲁国的君主。

⑥下主：下等的君主。

⑦南面：面向南做君主。君：统治。

⑧顾：反而。

⑨臣仲尼：使孔子臣服于自己。

⑩列徒：弟子。

⑪不得之数：做不到的事情。数，情况，事情。

译文

再说民众本来就容易屈服于权势，而很少能够被仁义感化。孔子，是天下著名的圣人，他修养自身宣扬大道而周游天下，然而天下能够喜欢他的仁慈、赞美他的道义而跟着他当弟子的只有七十人。这大概就是因为喜欢仁慈的人太少，能够遵循道义的人太难得。因此以这么广大的天下，愿意跟着孔子当弟子的只有七十人，而真正能够做到仁义的只有孔子一人。鲁哀公，是个才智低下的君主，他身为君主统治一个国家，国内的民众没有哪个敢不臣服于他。民众本来就容易屈服于权势，而权势也的确能够轻易地用来制服别人，因此孔子反而做了臣子，而鲁哀公反而做了君主。孔子并不是被鲁哀公的道义所感化，而是屈服于鲁哀公的权势。如果按照道义的原则，那么孔子就不应该臣服于鲁哀公，然而凭借着权势，鲁哀公就可以使孔子臣服于自己。如今的学者在游说君主的时候，不去劝告君主利用一定能够制服别人的权势，而是努力鼓吹只要推行仁义就可以称王于天下，这就是要求君主一定要比得上孔子，以为社会上的普通百姓都会像孔子的弟子一样，这肯定是做不到的事情。

今有不才之子，父母怒之弗为改，乡人谯之弗为动[1]，师长教之弗为变。夫以父母之爱、乡人之行、师长之智，三美加焉[2]，而终不动，其胫毛不改[3]。州部之吏[4]，操官兵[5]，推公法[6]，而求索奸人，然后恐惧，变其节，易其行矣[7]。故父母之爱不足以教子，必待州部之严刑者，民固骄于爱、听于威矣。故十仞之城[8]，楼季弗能逾者[9]，峭也；千仞之山，跛牂易牧者[10]，夷也[11]。故明王峭其法而严其刑也。布帛寻常[12]，庸人不释[13]；铄金百溢[14]，盗跖不掇[15]。不必害，则不释寻常；必害手，则不掇百溢。故明主必其诛也。是以赏莫如厚而信，使民利之；罚莫如重而必，使民畏之；法莫如一而固[16]，使民知之。故主施赏不迁[17]，行诛无赦，誉辅其赏，毁随其罚[18]，则贤、不肖俱尽其力矣。

注释

①谯qiào：责备；批评。

②三美：指上句提到的“父母之爱、乡人之行、师长之智”三者。

③胫毛：小腿上的汗毛，形容细小。

④州部：州长的属下。州，先秦时期二千五百家为州，这里泛指地方官府。

⑤操官兵：带着官府的士兵。

⑥推：推行；执行。公法：国家的法律。

⑦易：改变。

⑧仞：古代的长度单位。七尺（一说八尺）为一仞。城：城墙。

⑨楼季：相传是魏文侯的弟弟，善于跳跃。逾：翻越；跳越。

⑩跛牂zāng：瘸腿的母羊。牂，母羊。

⑪夷：平坦；平缓。

⑫寻常：古代的两种长度单位。八尺为一寻，两寻为一常。

⑬庸人：普通人。不释：不肯放弃。释，放下，放弃。

⑭铄金：熔化的黄金。溢：通“镒”，古代的黄金重量单位，二十四两黄金为一镒，一说二十两黄金为一镒。

⑮掇：拾取。

⑯一而固：统一而固定。

⑰不迁：不改变。

⑱毁：批判。

译文

如今有一个行为不端的孩子，父母愤怒地训斥他，而不能让他悔改，乡亲们责备他，而他无动于衷，老师教育他，而他不会因此而有所改变。用父母的疼爱、乡亲的劝导、老师的智慧这三样美好的东西，一起施加在他的身上，而他始终不会受到触动，没有丝毫变化。然而那些官府的官吏们，带着官府的士兵，执行国家的法令，前来追查奸邪之人的时候，他就感到恐惧了，于是改变过去的品行，纠正过去的坏行为。因此父母的爱是无法用来教育子女的，必须等待官府的严厉惩罚才行，这就是因为人们受到宠爱就会变得骄横放纵、见到威严就会俯首屈服的原因啊。七八丈高的城墙，即使善于跳跃的楼季也不可能逾越，这是因为城墙太陡峭；数百丈高的山峰，即便是瘸腿的母羊也容易爬上去吃草，这是因为它的地势太平缓。因此明智的君王要制定出严峻的法律并严厉地执行刑罚。一丈左右的布帛，一般的人见了都舍不得放手；百镒的黄金熔化了，就连盗跖也不敢去拾取。不一定能够伤害自己的手，那么即使一丈左右的布帛也舍不得放手；肯定会伤害自己的手，那么即使百镒的黄金也不去拾取。所以明智的君主一定要坚决执行惩罚。因此奖赏最好要丰厚而且讲究信用，使民众感到有利可图；惩罚最好要严厉而且坚决执行，使民众感到恐惧；法律最好要统一而且固定不变，要让民众都知道法律的内容。因此君主在施行奖赏的时候不要随意改动，执行惩罚的时候不可随意赦免，给予奖赏的时候要辅以赞美，执行惩罚的时候要严加批判，那么贤能之人与不肖之徒都会竭尽全力地为国效忠了。

今则不然。以其有功也爵之，而卑其士官也[1]；以其耕作也赏之，而少其家业也[2]；以其不收也外之[3]，而高其轻世也[4]；以其犯禁也罪之，而多其有勇也[5]。毁誉、赏罚之所加者，相与悖缪也[6]，故法禁坏而民愈乱。今兄弟被侵，必攻者，廉也[7]；知友被辱，随仇者[8]，贞也。廉贞之行成，而君上之法犯矣。人主尊贞廉之行，而忘犯禁之罪，故民程于勇[9]，而吏不能胜也。不事力而衣食，则谓之能；不战功而尊，则谓之贤。贤能之行成，而兵弱而地荒矣。人主说贤能之行[10]，而忘兵弱地荒之祸，则私行立而公利灭矣。

注释

①卑其士官：鄙视他们出仕为官的行为。卑，鄙视。士，通“仕”，出仕做官。

②少：瞧不起；轻视。

③不收：没有办法被君主收用。外之：疏远他们。

④高：认为……高尚。

⑤多：赞美。

⑥悖缪：矛盾；冲突。

⑦廉：品行方正。

⑧随仇：报仇。

⑨程：通“逞”，逞强，炫耀。

⑩说 yuè：同“悦”，喜欢。

译文

现在却不是这样。因为某人立了功劳而授予官爵，却又鄙视他出仕做官的行为；因为某人努力耕作而奖赏他，却又轻视他以这种方式创立家业；因为某人不接受君主的任用而疏远他，却又推崇他轻视社会名利的志趣；因为某人触犯法令而惩罚他，却又赞美他的勇敢。君主在进行批判和赞誉、奖赏和惩罚的时候，彼此之间相互矛盾相互冲突，所以法律就会受到破坏而民众变得越来越混乱。如果自己的兄弟受到侵害，就必定帮助兄弟去反击的人，被认为是品行方正；如果知心朋友受到了羞辱，就一定前去为朋友报仇的人，被认为是行为忠贞。这些所谓的方正和忠贞的行为付诸实施，君主的法令就被违犯了。君主推崇这些所谓的方正和忠贞的行为，而忘记了他们所犯下的触犯法令的罪过，因此民众就会逞强斗勇，官府也就无法控制他们。不用耕种庄稼而能够丰衣足食的人，被称为有能力；不用作战立功而能够获取尊贵地位的人，被称为贤能。这种所谓贤能的个人行为取得成功，国家的军队就会衰弱、土地就会荒芜。君主喜爱这些所谓的贤能行为，而忘记了军队衰弱、土地荒芜的灾难，那么谋取私利的行为就能成功，而国家的利益就会完全丧失。

儒以文乱法[①]，侠以武犯禁[②]，而人主兼礼之，此所以乱也。夫离法者罪[③]，而诸先生以文学取[④]；犯禁者诛，而群侠以私剑养[⑤]。故法之所非，君之所取；吏之所诛，上之所养也。法、趣、上、下[⑥]，四相反也，而无所定，虽有十黄帝不能治也。故行仁义者非所誉，誉之则害功；文学者非所用，用之则乱法。楚之有直躬[⑦]，其父窃羊，而谒之吏[⑧]。令尹曰[⑨]："杀之[⑩]！"以为直于君而曲于父[⑪]，报而罪之[⑫]。以是观之，夫君之直臣，父之暴子也。鲁人从君战，三战三北[⑬]。仲尼问其故，对曰："吾有老父，身死莫之养也[⑭]。"仲尼以为孝，举而上之[⑮]。以是观之，夫父之孝子，君之背臣也。故令尹诛而楚奸不上闻，仲尼赏而鲁民易降北。上下之利，若是其异也，而人主兼举匹夫之行[⑯]，而求致社稷之福，必不几矣[⑰]。

注释

①文：文献知识，也即儒家所推崇的《诗》《书》《礼》《易》《春秋》等古代文献。

②侠：武侠。

③离：通"罹"，触犯。

④先生：指有学问的儒生。

⑤私剑：不遵守国家法令的仗剑行凶行为。

⑥趣：通“取”，指被君主所取用。上：君主。下：官吏。

⑦直躬：人名。据说因为其正直而得名。

⑧谒：告；告发。

⑨令尹：楚国官名。相当于其他诸侯国的相。

⑩之：代指直躬。

⑪曲：偏邪。这里指不孝。

⑫报：判刑；断狱。

⑬北：败北；逃跑。

⑭莫之养：即“莫养之”，没有人赡养自己的父亲。

⑮上之：使他处于上位，也即让他当了官。

⑯举：推崇；赞赏。

⑰几：通“冀”，希望。

译文

儒家用文献典籍中的知识扰乱国家的法律，侠客用武力违犯国家的禁令，而君主对这两种人都以礼相待，这就是引起国家动乱的原因。触犯法律的人就应该予以治罪，而众多的儒生却依靠研究文献典籍的知识被君主录用；违犯禁令的人就应该受到惩处，而成群的侠客却因为仗剑行凶的个人行为被君主供养。因此法律所要制裁的人，却是君主所要录用的人；官吏所要惩处的人，却是君主所要供养的人。法律所要制裁的、君主所要录取的、官吏所要惩处的、君主所要供养的，这四种情况互相冲突，没有一个确定的标准，那么即使有十个黄帝也不可能把国家治理好。那些推行仁义的人并不值得赞许，赞许了他们就会有害于农耕征战之事；研究文献典籍的人不应该得到君主的录用，录用了他们就会扰乱国家的法律。楚国有一个名叫直躬的人，他的父亲偷了别人的羊，他就把这件事情告发给官吏。令尹说：“杀掉他！”认为他对君主虽然正直忠诚而对父亲却大逆不道，因此就判处他有罪而惩处他。由此看来，那些对君主正直忠诚的臣民，却是父亲的逆子。鲁国有一个人跟随着君主作战，三次交战三次败逃。孔子询问他其中的缘故，他回答说：“我家里有个老父亲，如果我死了就没有人赡养他了。”孔子认为这是个孝子，就举荐他当了官。由此看来，那些对父亲孝敬的儿子，却是君主的叛臣。令尹杀了告发父亲的直躬，楚国再也没有人向上级告发坏人了，孔子奖励了逃兵，鲁国的民众就容易临阵败逃了。君主和臣民之间的利益，就是如此的不同啊。君主想在推崇百姓个人私利行为的同时，又想为国家谋取利益，这一定是无法办到的事情。

古者苍颉之作书也[①]，自环者谓之“私”[②]，背私谓之“公”[③]，公私之相背也，乃苍颉固以知之矣[④]。今以为同利者，不察之患也，然则为匹夫计者，莫如修行义而习文学[⑤]。行义修则见信[⑥]，见信则受事；文学习则为明师，为明师则显荣：此匹夫之美也。然则无功而受事，无爵而显荣，为有政如此，则国必乱，主必危矣。故不相容之事，不两立也。斩敌者受赏，而高慈惠之行[7]；拔城者受爵禄，而信廉爱之说；坚甲厉兵以备难[8]，而美荐绅之饰[9]；富国以农，距敌恃卒[10]，而贵文学之士；废敬上畏法之民，而养游侠私剑之属。举行如此，治强不可得也。国平养儒侠[11]，难至用介士[12]，所利非所用，所用非所利。是故服事者简其业[13]，而游学者日众，是世之所以乱也。

注释

①苍颉jié：相传是黄帝时的史官，发明了文字。作书：创造了文字。作，发明，创造。书，文字。

②自环：自相环绕，象征为个人考虑。“私”的本字为“厶”，字形如自相环绕状，因此这里说“自环者谓之‘私’”。

③背私谓之“公”：“公”从“八”从“厶”，而“八”象征相悖的意思，因此这里说“背私谓之‘公’”。

④以：通“已”，已经。

⑤行义：疑为“仁义”之误。

⑥见信：受到信任。

⑦高：推崇；重视。

⑧厉兵：磨砺兵器。厉，通“砺”，磨砺。

⑨荐绅之饰：这里指儒生的装束。荐绅，把笏插在

衣带上。荐，通“搢”，插。绅，衣带。

⑩距：通“拒”，抗拒。

⑪平：太平；安定。

⑫介士：甲士；战士。介，铠甲。

⑬简：简慢；懈怠。

译文

古时候苍颉在创造文字的时候，把自相环绕的字形叫作“私”，把与私相悖的字形叫作“公”，公与私是互相违背的，这是苍颉早就已经知道的事情。如今有人认为公与私的利益相同，这是他们没有仔细考察所犯的错误，那么站在百姓的角度去考虑，就不如修养仁义的品德，研习古代文献的知识。仁义的品德修养好了就能够取得别人的信任，能够取得别人的信任就能够获取官职；古代文献知识研习好了就能够成为著名的老师，成为著名的老师就能够名声显赫荣耀无比；这都是对百姓个人有利的美事啊。然而没有建功立业就能够获取官职，没有任何官爵就能够声名显赫荣耀无比，君主如果这样处理政事，那么国家必然动乱不安，君主也必然会陷入危险境地。互不相容的公私之利，是不可能同时并存的。勇敢杀敌的人受到奖赏，君主却又推崇那些慈爱仁惠的行为；攻占敌人城池的人获取爵位俸禄，君主却又相信那些廉洁仁爱的学说；加固铠甲、磨砺兵器可以防备灾难的发生，君主却又赞美插笏于腰带的儒生装束；要想使国家富裕依靠的是农民，要想抵抗敌人依靠的是战士，君主却又重视那些研习古代文献知识的读书人；君主抛弃尊敬君主、敬畏法律的民众，而供养那些游侠剑客之类的人。君主如果这样治理国家，那么要使国家安定强大就是不可能的。国家太平无事的时候供养儒生、侠客，一旦发生战争却要依赖战士，君主给予利益的人却不是君主所要使用的人，君主所要使用的人又不是君主给予利益的人。因此那些从事农耕、作战的人就会荒废自己的事业，而游侠和儒生却一天天地多起来，这就是导致社会动乱的原因啊。

且世之所谓贤者，贞信之行也；所谓智者，微妙之言也①。微妙之言，上智之所难知也。今为众人法，而以上智之所难知②，则民无从识之矣。故糟糠不饱者不务粱肉③，短褐不完者不待文绣④。夫治世之事，急者不得⑤，则缓者非所务也。今所治之政，民间之事，夫妇所明知者不用⑥，而慕上知之论⑦，则其于治反矣。故微妙之言，非民务也。若夫贤良贞信之行者，必将贵不欺之士；贵不欺之士者，亦无不欺之术也。布衣相与交，无富厚以相利，无威势以相惧也，故求不欺之士。今人主处制人之势，有一国之厚，重赏严诛，得操其柄，以修明术之所烛⑧，虽有田常、子罕之臣⑨，不敢欺也，奚待于不欺之士⑩？今贞信之士不盈于十，而境内之官以百数[11]，必任贞信之士，则人不足官。人不足官，则治者寡而乱者众矣。故明主之道，一法而不求智[12]，固术而不慕信，故法不败，而群官无奸诈矣。

注释

①微妙之言：深奥玄妙的理论。微，深奥难懂。

②以上智之所难知：把上智之人都难以理解的理论（作为民众的法则）。

③粱肉：代指精美的食物。粱，质量好的小米。

④短褐：粗布短衣。褐，粗布衣。文绣：华美的衣服。

⑤急者不得：紧迫的事情还没有办好。

⑥夫妇："匹夫匹妇"的省略，代指普通百姓。

⑦知：同"智"，智慧。

⑧明术：明智的治国之术。所烛：所洞察到的问题。烛，照，洞察。

⑨田常：人名，春秋末年齐国大夫，也称"田成子"。

⑩奚待：何必等待；何必依赖。

⑪以百数：以"百"为单位来计数。极言所需人数之多。

⑫一法：完全按照法律办事。一，全部。

译文

再说社会上所谓的贤良之人，是指他们具备了忠贞诚实的行为；所谓的有智慧之人，是指他们能够创立一些深奥玄妙的理论。这些深奥玄妙的理论，就连上智之人也难以理解。如今为一般的民众制定法律法规，却使用就连上智之人都难以理解的理论，那么一般民众就更没有办法理解了。连糟糠都吃不饱的人是不会追求精美食物的，连一件完整的粗布短衣都穿不上的人是不会期盼华美衣服的。在处理社会事务的时候，如果紧急的事务还没有得到解决，那么不太紧迫的事务就不要急着去处理。在治理国家政务的时候，在处理民间事情的时候，一般百姓都能明白的道理不去使用，而去追求、使用那些连上智之人都难以理解的理论，这就与正确的治理原则背道而驰了。因此那些深奥玄妙的理论，不是应该让民众追求的。至于那些具备了贤良忠诚行为的人，一定会重视那些搞欺骗的人；不去搞欺骗的人，也就不懂得不被别人欺骗的办法。百姓之间相互交往，他们既没有丰厚的财富施利于对方，也没有权威恐吓对方，因此希望能够找到不搞欺骗的人。如今的君主拥有制服民众的权势，占有了整个国家的丰厚财富，无论是丰厚的赏赐还是严厉的惩罚，君主都能够掌握其权柄，君主可以整顿那些使用明智的治国权术所洞察到的问题，那么即使有田常、子罕之类的奸臣，也不敢欺骗君主，哪里还用得着依赖那些不搞欺骗的人呢？如今能够做到忠贞诚实的人还不到十位，而国内的官职数量却数以百计，如果一定要任用那些忠贞诚实的人，那么合格的人才就不够官职所需要的人数。如果合格的人才不够官职所需要的人数，那么能够办好的事情就很少，而混乱的事情就很多了。因此明智君主的治国原则，就是完全依法办事而不追求所谓的智慧，坚定地使用治国权术而不羡慕所谓的诚信，只要国家的法制不破坏，那么所有的官吏都没有办法欺诈君主。

今人主之于言也，说其辩而不求其当焉[①]；其用于行也，美其声而不责其功。是以天下之众，其谈言者务为辨而不周于用[②]，故举先王言仁义者盈廷，而政不免于乱；行身者竞于为高而不合于功，故智士退处岩穴，归禄不受[③]，而兵不免于弱。兵不免于弱，政不免于乱，此其故何也？民之所誉，上之所礼，乱国之术也。今境内之民皆言治，藏商、管之法者家有之[④]，而国愈贫，言耕者众，执耒者寡也[⑤]；境内皆言兵，藏孙、吴之书者家有之[⑥]，而兵愈弱，言战者多，被甲者少也[⑦]。故明主用其力，不听其言；赏其功，必禁无用。故民尽死力以从其上。夫耕之用力也劳，而民为之者，曰：可得以富也。战之为事也危，而民为之者，曰：可得以贵也。今修文学，习言谈，则无耕之劳而有富之实，无战之危而有贵之尊，则人孰不为也？是以百人事智而一人用力。事智者众，则法败；用力者寡，则国贫：

此世之所以乱也。

注释

①说yuè：通“悦”，喜欢。辩：口才好；能言善辩。

②辨：通“辩”，巧言动听。不周于用：不符合实用。周，合，符合。

③归kuì禄：君主馈送的爵禄。归，通“馈”，馈送。一说“归禄”是归还君主给的爵禄。

④商：指商鞅。管：即管仲。

⑤执耒lěi者：指拿着农具种地的人。耒，农具名，用来耕地。

⑥孙：指孙武，春秋时期的著名军事家，著有《孙子兵法》一书。吴：指吴起，战国时期的著名军事家，著有《吴起兵法》一书。

⑦被pī甲者：指穿着战衣亲自参战的人。被，通“披”，披上，穿上。

译文

如今的君主对于臣民的言谈，喜欢他们的巧言善辩，而不去要求这些言谈恰当实用；对于这些言谈的使用，也只欣赏它们的美好虚名，而不责求它们是否会产生功效。因此天下的民众，其中那些善于辞令的人就致力于巧言善辩，而不考虑其实用价值，因此赞扬先王、宣扬仁义的人就挤满朝廷，而国家的政务却依然不免于混乱；那些善于践行的人竞相标榜自己的清高，而不考虑行为是否有功效，那些有智慧的人隐居到深山老林，拒绝接受君主送来的爵位俸禄，而国家的兵力却依然不免于衰弱。国家的兵力不免于衰弱，国家的政事不免于混乱，其中的原因是什么呢？就是因为民众所赞美的，君主所尊重的，都是一些能够导致国家混乱的做法。如今全国的民众都在谈论治理国家的事情，家家收藏有商鞅、管仲谈论治国方法的著作，然而国家却变得越来越贫穷，这是因为口头谈论农耕之事的人很多，而亲自拿着农具去种地的人却很少。全国的民众都在讨论军事方面的事情，家家收藏有孙子、吴起研究军事的著作，然而国家的兵力却越来越衰弱，这就是因为口头谈论战争谋略的人很多，而真正穿上铠甲去打仗的人却很少。因此明智的君主要使用臣民的力气，而不听从臣民的空谈；赏赐臣民所建立的功劳，而坚决禁止没有实际作用的言行。所以民众就会拼死尽力地跟随着自己的君主。耕种土地使用力气是一件很辛苦的事情，而民众之所以愿意做这些事情，是因为他们认为：这样做可以获取财富。从军打仗是一件非常危险的事情，而民众之所以愿意做这些事情，是因为他们认为：这样做可以得到富贵。如今那些研习古代文献知识的人，那些学习言谈辩论的人，没有耕种土地的辛苦而有了富裕的事实，没有参加战争的危险而有了显贵的尊位，那么人们为什么不去干这样的事情呢？因此就有上百的人从事智力、辩论的活动，而只有一个人用力吃苦。从事智力辩论活动的人多了，那么法制就会受到破坏；使用力气愿意吃苦的人少了，那么国家就会贫穷：这就是导致社会动乱的原因啊。

故明主之国，无书简之文[①]，以法为教；无先王之语，以吏为师；无私剑之捍[②]，以斩首为勇。是境内之民，其言谈者必轨于法[③]，动作者归之于功，为勇者尽之于军。是故无事则国富，有事则兵强，此之谓王资。既畜王资而承敌国之亹[④]，超五帝侔三王者，必此法也。

注释

①书简：书籍。简，用来书写的竹简。

②捍：通“悍”，凶悍。

③轨：遵循。

④既：已经；以后。畜：通“蓄”，蓄养，积累。承：趁着。亹xìn：同“衅”，缝隙，这里指弱点、空子。

译文

因此在英明君主治理的国家里，就没有古代文献等书籍，而是用法律教育百姓；也没有先王的各种学说，而是把执法的官吏当作百姓的老师；更没有游侠刺客凶悍残暴的行为，而是把上阵杀敌视为勇敢。这样一来全国的所有民众，他们有所言谈就一定会遵循法律，有所行动就一定会取得实际功效，想表现勇敢的人就全部送入军队。因此在太平无事的时候国家就会富有，发生战事的时候就会兵力强大，这就是称王于天下的资本。积累了称王于天下的资本之后，又能利用敌国的弱点，那么要想超过五帝赶上三王，就一定要依靠这种方法。

今则不然，士民纵恣于内[①]，言谈者为势于外[②]，外内称恶[③]，以待强敌，不亦殆乎[④]！故群臣之言外事者，非有分于从衡之党[⑤]，则有仇雠之忠[⑥]，而借力于国也。从者，合众弱以攻一强也；而衡者，事一强以攻众弱也：皆非所以持国也[⑦]。今人臣之言衡者，皆曰："不事大，则遇敌受祸矣。"事大未必有实[⑧]，则举图而委[⑨]，效玺而请兵矣[⑩]。献图则地削，效玺则名卑，地削则国削，名卑则政乱矣。事大为衡，未见其利也，而亡地乱政矣。人臣之言从者，皆曰："不救小而伐大，则失天下，失天下则国危，国危而主卑。"救小未必有实，则起兵而敌大矣。救小未必能存，而伐大未必不有疏，有疏则为强国制矣。出兵则军败,退守则城拔。救小为从,未见其利,而亡地败军矣。是故事强，则以外权士官于内[11]；救小，则以内重求利于外。国利未立，封土厚禄至矣；主上虽卑，人臣尊矣；国地虽削，私家富矣。事成，则以权长重[12]；事败，则以富退处[13]。人主之听说于其臣，事未成则爵禄已尊矣；事败而弗诛，则游说之士孰不为用矰缴之说而徼幸其后[14]？故破国亡主以听言谈者之浮说，此其故何也？是人君不明乎公私之利，不察当否之言，而诛罚不必其后也。皆曰:“外事，大可以王，小可以安。”夫王者，能攻人者也；而安，则不可攻也。强，则能攻人者也；治，则不可攻也。治强不可责于外，内政之有也。今不行法术于内，而事智于外，则不至于治强矣。

注释

①士民：主要指儒生、游侠、纵横家一类的人。纵恣：为所欲为。

②言谈者：根据下文，这里具体指善于言辞的纵横家。为势于外：在国外为自己造声势。

③称恶：作恶。称，作。

④殆：危险。

⑤有分于：有关系。从zòng衡：即“纵横”，合纵与连横。从，通“纵”，合纵。南北为纵向，齐、楚、燕、韩、赵、魏呈南北方向联合起来共

同抗击秦国，被称为“合纵”。衡，通“横”。东西为横向，西方的秦国联合东方某个国家以对抗其他国家，被称为“连横”。

⑥仇雠：仇恨。忠：通“衷”，衷心，内心。

⑦持国：保护国家。

⑧实：实际利益。

⑨举图而委：拿着本国的地图交给大国，也即把自己的领土割让给大国。委，交给。

⑩效玺：献上自己的玉玺。如果君主把自己的玉玺献给他国，也即表示臣服于对方。效，献上。玺，君主的大印。

⑪以外权：凭借着外国的权势。以，凭借。士官：做官。士，通“仕”，出仕做官。

⑫以权长重：凭借着权势长期地把持着重要地位。

⑬退处：退居民间；隐居起来。

⑭矰缴zēng zhuó之说：猎取富贵名利的花言巧语。矰，一种用丝绳系着的短箭。缴，拴在箭上的生丝绳。徼幸其后：带着侥幸的心理去获取其后的富贵荣华。

译文

如今却不是这样，儒生、游侠在国内为所欲为，而善于辞令的纵横家则在国外营造自己的势力，国内国外都有人作恶破坏，以此来对抗强大的敌国，不是非常危险吗？因此那些热衷于谈论外交事务的大臣，不是与那些纵横家们有一定的关系，就是内心里对某个国家怀有仇恨，想借用本国的力量去为自己报仇。所谓的合纵，就是联合多个弱小的国家去攻打一个强大的国家；而所谓的连横，就是依附于一个强大的国家而去攻打众多的弱小国家；这些都不是可以用来保护国家的办法。如今大臣中有一些主张连横的人，他们都说："如果不去依附一个大国，那么一旦遇到敌人就会遭受灾难。"依附于一个大国未必就能够获取什么实际利益，却要拿出国家的地图交给这个大国，还要献出君主的大印以请求对方的军事援助。献上本国的地图那么本国的土地就会被削减，献出君主的大印那么君主的名分就会降低，土地被削减了，那么国家也就被削弱了，君主的名分降低了，那么政事就会混乱。依附于一个大国去搞连横，还没有见到任何实际利益，却丧失了土地、搞乱了政事。大臣中有一些主张合纵的人，他们都说："如果不去救援弱小的国家，而去攻打强大的国家，那么就会失去整个天下，失去整个天下那么自己的国家就会陷入危险，国家陷入危险那么君主就会变得卑微低贱。"救援弱小的国家未必就能够获取什么实际好处，却要发动军队与大国为敌。救援弱小的国家不一定能够使它生存下来，而与大国交战未必就没有疏漏之处，一旦有了疏漏之处那么就会被强国所控制。如果出兵进攻强国，那么军队就会被打败，如果退守，那么城池就会被强国攻占。救援弱小的国家去搞合纵，还没有看到其中的任何好处，却导致土地丧失和军队失败。因此那些主张依附于强国的大臣，就会依靠外国的权势而在本国当上大官；那些主张救援弱小国家的大臣，就会依靠本国的权势而在国外谋取自己的私利。国家的利益还没有获取，而这些大臣们却得到了土地分封和高官厚禄；君主的地位降低，而这些大臣们的地位却尊贵了；国家的土地被割走，而这些大臣们的家庭却富裕了。这些大臣主张的事情如果办成功，那么这些大臣就会凭借着权势而长期地把持着重要位置；这些大臣主张的事情如果失败，那么这些大臣们就会依靠获得的丰厚财富隐居起来。君主如果听信这些大臣的游说，事情还没有办成功，而这些大臣就已经得到尊贵的官爵；事情失败了也不会受到惩处，那么这些大臣有哪个不愿意凭借着可以猎取名利富贵的花言巧语、带着侥幸的心理去谋取高官厚禄呢？那些国破家亡的君主听信这些善于辞令者的空谈，这其中的缘故是什么呢？就是因为君主不能明辨公与私的利益，不能辨别正确与错误的言论，而在事后又不能进行坚决的惩处。大臣们都说：“从事外交事务，收效大的可以称王于天下，收效小的也可以使国家安定。”称王于天下的人，是指那些有能力进攻别人的人；而所谓的国家安定，就是指自己的国家不可能被别国攻破。所谓的强大，就是指有能力进攻别人；所谓的安定，就是指自己不可能被别人攻破。国家的安定和强大不可能求助于外交活动，只能依靠搞好国内政治才能够取得。如今不在自己的国内推行治国的法术，却在外交上费尽心机，那么这就不可能使国家安定强大。

鄙谚曰[①]："长袖善舞，多钱善贾[②]。"此言多资之易为工也[③]。故治强易为谋，弱乱难为计。故用于秦者[④]，十变而谋希失[⑤]；用于燕者[⑥]，一变而计希得。非用于秦者必智，用于燕者必愚也，盖治乱之资异也。故周去秦为从[⑦]，期年而举[⑧]；卫离魏为衡，半岁而亡。是周灭于从，卫亡于衡也。使周、卫缓其从衡之计，而严其境内之治，明其法禁，必其赏罚，尽其地力以多其积，致其民死以坚其城守，天下得其地则其利少，攻其国则其伤大，万乘之国莫敢自顿于坚城之下[⑨]，而使强敌裁其弊也，此必不亡之术也。舍必不亡之术而道必灭之事[⑩]，治国者之过也。智困于外而政乱于内，则亡不可振也[⑪]。

注释

①鄙谚：民谚；俗语。鄙，俚俗。

②贾 gǔ：做生意。

③工：通"功"，功效，成功。也可以把"工"理解为工巧、精巧。

④用于秦者：在秦国使用谋略的人。也可以理解为在秦国掌权的人。

⑤希：同“稀”，很少。

⑥燕：诸侯国名，是当时最为贫弱的国家。

⑦去秦：脱离秦国。去，背离，脱离。

⑧期jī年：一周年。举：被攻占，也即灭亡。

⑨顿：受到挫折；失败。坚城：坚固的城墙。

⑩道：通过；遵循。这里引申为做、干。

⑪振：挽救。

译文

民谚说：“袖子长了方便跳舞，本钱多了有利于经商。”这就是说基础条件好了就容易取得成功。因此安定强大的国家就容易为它出谋划策，弱小混乱的国家就很难为它谋划事情。所以那些为秦国出谋划策的人，即使反复变化十次也很少失败；而那些为燕国出谋划策的人，即使仅仅变化一次也很少能够成功。这并不是因为那些为秦国出谋划策的人就一定具备智慧，而那些为燕国出谋划策的人就一定十分愚蠢，这是因为秦国安定强大、燕国弱小混乱的基本条件不一样啊。因此周国背离秦国而去参与合纵，一年之后就被秦国消灭；卫国脱离魏国而去参与连横，半年之后就灭亡。这就说明周国是灭亡于合纵这一策略，而卫国是灭亡于连横这一策略。假如周国、卫国不要急于去施行参加合纵和连横的计划，而是严格地加强国内的治理，宣传他们的法律禁令，坚决地执行他们的赏罚，充分挖掘土地的生产能力以增加他们的物质积累，劝导他们的民众拼尽死力坚守城池，那么天下其他诸侯国即使夺取了他们的土地，获取的利益也会很少，即使攻占了他们的国家伤亡也会十分惨重，那些拥有万乘战车的大国就不敢在这种坚固的城防之下长期用兵而拖垮自己，从而使其他强大的敌国趁着自己疲惫不堪来进攻，这才是保证自己的国家一定不被别人消灭的办法啊。如今舍弃了这种能够保证自己不被消灭的办法，而去干一些必然灭亡的事情，这就是治国者的过错啊。外交上无计可施，而国内的政治又陷入混乱，那么国家的灭亡就无法挽救了。

民之政计[①]，皆就安利如辟危穷[②]。今为之攻战，进则死于敌，退则死于诛[③]，则危矣。弃私家之事而必汗马之劳[④]，家困而上弗论[⑤]，则穷矣。穷危之所在也，民安得勿避？故事私门而完解舍[⑥]，解舍完则远战，远战则安。行货赂而袭当涂者则求得[⑦]，求得则私安，私安则利之所在，安得勿就？是以公民少而私人众矣。

注释

①政计：正常的打算。政，通“正”，正常，通常。

②就：接近；追求。辟：通“避”，避开。

③诛：指被军法处死。

④汗马之劳：形容参战的劳苦。汗马，像奔跑的战马那样浑身是汗。

⑤弗论：不管；不关心。

⑥事：侍奉；服劳役。私门：指权贵。完解xiè舍：修缮好官舍，代指当官。解，通“廨”，官署，官吏办公的地方。一说“解舍”是指免除兵役和劳役。一说“完解舍”是为权贵修缮房舍。

⑦袭：沿袭，这里引申为追随。当涂者：当道者，也即掌权的人。涂，通“途”。

译文

民众的正常打算，就是要追求安全和利益，避开危险和穷困。如今让民众去打仗，向前冲锋就会死于敌人之手，向后败逃就会被军法处死，那么这就陷入危险了。抛弃自己的家庭事务，而去承受肯定要遭受的战争之苦，家庭陷入贫困而君主又不加以关心，那么这就陷入穷困了。凡是穷困和危险所在的地方，民众怎么能够不逃避呢？因此侍奉权贵重臣就能够出仕为官，能够出仕为官那么就能够远离战争，远离战争也就安全了。使用贿赂的手段去追随当权者，就能够满足自己的要求，能够满足自己的要求，那么个人就能够得到安全，个人的安全也就是利益的所在，民众又怎么能够不去追求呢？因此，为国家出力的民众就少了，而为权贵私人出力的民众就多了。

夫明王治国之政，使其商工游食之民少而名卑，以寡趣本务而趋末作[1]。今世近习之请行[2]，则官爵可买；官爵可买，则商工不卑也矣。奸财货贾得用于市[3]，则商人不少矣。聚敛倍农而致尊过耕战之士，则耿介之士寡而商贾之民多矣[4]。

注释

①以：因为。趣：通“趋”，走向，从事。本务：指农业，古代视农业为本务。末作：指工商，古代视工商为末业。

②近习：指君主身边的亲信。请：指私人请托。

③贾gǔ：做买卖。

④耿介之士：品行耿直的人。

译文

英明的君主治理国家的政治措施，是使那些商人、手工业者和游手好闲的人数量减少而且使他们的名声卑贱，这是因为他们很少从事农业生产而经营工商业。如今君主身边亲信的请托能够得到满足，那么官爵就可以用钱买到；如果官爵可以用钱买到，那么从事工商业者的地位就不会卑贱了。谋取不义之财的投机买卖能够在市场上通行，那么经商的人就不会少。商人聚敛的钱财数倍于农民，而且所获取的尊贵地位又超过种地打仗的人，那么品行耿直的人就会变少，而从事商业的人就会多起来。

是故乱国之俗：其学者，则称先王之道以籍仁义[①]，盛容服而饰辩说，以疑当世之法[②]，而贰人主之心[③]。其言谈者，为设诈称[④]，借于外力，以成其私，而遗社稷之利[⑤]。其带剑者，聚徒属，立节操，以显其名，而犯五官之禁[⑥]。其患御者[⑦]，积于私门，尽货赂，而用重人之谒[⑧]，退汗马之劳[⑨]。其商工之民，修治苦窳之器[⑩]，聚弗靡之财[⑪]，蓄积待时，而侔农夫之利[⑫]。此五者，邦之蠹也。人主不除此五蠹之民，不养耿介之士，则海内虽有破亡之国，削灭之朝，亦勿怪矣。

注释

①籍：通“藉”，凭借，假借。

②疑：使民众怀疑，也即扰乱。

③贰：使……三心二意。

④为：通“伪”，虚假。

⑤遗：抛弃。

⑥五官：指司徒、司马、司空、司士、司寇五种官员，这里泛指官府。

⑦患御：逃避兵役的人。患，害怕，不愿意。御，应为“役”，兵役，一说“患御”指君主身边的亲信。患，应为“串”，近，亲近。

⑧重人：权贵之人。谒：谒请；请托。

⑨退：摒弃。汗马之劳：立下汗马之劳的有功之人。

⑩苦窳 yǔ 之器：质量低劣的器具。窳，粗劣。

⑪弗靡：即“沸靡”，奢侈。

⑫侔 móu：谋取。

译文

因此扰乱国家风气的就是：那些研习古代文献典籍的学者，称颂先王的学说而凭借仁义的说教，讲究仪表服饰而修饰自己的理论言辞，用这种方法来扰乱当今的法律，动摇君主依法治国的决心。那些善于辞令的纵横家，捏造事实编造谎言，借助于国外的势力，以谋取自己的私利，而抛弃国家利益。那些身佩刀剑的游侠，聚集党徒，标榜气节，以此宣扬自己的名声，而触犯各级官府的禁令。那些不愿意当兵打仗的人，聚集在权贵的私人门下，竭尽全力进行贿赂，利用重臣的请托，摒弃那些立下汗马功劳的人。那些从事工商业的人，制造质量低劣的器具，赚取供人挥霍浪费的财物，囤积居奇以等待出售的良机，谋取农民的利益。以上这五种人，都是国家的蛀虫。君主如果不除掉这五种蛀虫一样的民众，不任用光明耿直的人，那么即使天下出现残破沦亡的国家，出现削弱灭亡的朝廷，也就不必感到奇怪了。

图书在版编目（CIP）数据

韩非子译注 /（战国）韩非著；张松辉，张景译注．
—北京：北京联合出版公司，2015.7（2023.8重印）
ISBN 978-7-5502-3274-7

Ⅰ．①韩…　Ⅱ．①韩…　②张…　③张…　Ⅲ．①法家②《韩非子》－译文③《韩非子》－注释　Ⅳ．①B226.5

中国版本图书馆CIP数据核字（2015）第143337号

韩非子译注

作　　者：（战国）韩非
译　　注：张松辉　张　景
出 品 人：赵红仕
选题策划：梁明德　邵鹏军
责任编辑：王　巍
特约编辑：刘文硕
封面设计：格林文化
版式设计：格林文化

北京联合出版公司出版
（北京市西城区德外大街83号楼9层　100088）
天津丰富彩艺印刷有限公司　新华书店经销
字数175千字　960毫米×640毫米　1/16　印张25.5
2015年9月第1版　2023年8月第3次印刷
ISBN 978-7-5502-3274-7
定价：58.00元